AF497588

Bento XVI:

Papa "Emérito"?

ESTEFANÍA ACOSTA

BENTO XVI:

PAPA "EMÉRITO"?

Tradução, revisão e notas de Airton Vieira

– 2020 –

ILUSTRAÇÃO DA CAPA:

AO FUNDO: Brasão de Bento XVI. A BATINA BRANCA, símbolo do poder papal. OS SAPATOS VERMELHOS, símbolo da potestade e o martírio. A BENGALA E OS PASSOS: de um lado o aparente fracasso e debilidade. De outro, uma "perna", a do ministerium, golpeada, paralisada, carecendo apoio. A outra, do munus, com passo, firme e decidido, para frente, já que "o sempre é também um para sempre". O PISO VATICANO: Bento ainda permanece "no recinto de São Pedro". SOMENTE OS PÉS: Sua oculta e discreta prudência no manejo de todo o impasse sofrido pelo Papado.

Foto: Getty Image

BENTO XVI: PAPA "EMÉRITO"?

Estefanía Acosta

Título original: *Benedicto XVI: ¿Papa "Emérito"?*

Revisión y aportes: Mauricio Ozaeta

TRADUÇÃO, REVISÃO E NOTAS	Airton Vieira
REVISÃO	Cleunice Maria L. G. Corrêa
CAPA, DIAGRAMAÇÃO E COORDENAÇÃO EDITORIAL	Adolfo José G. Corrêa e Lunyzbreid López

ISBN: 978-65-5872-038-6

Os direitos desta edição pertencem ao tradutor.

Contacto: www.katejon.com.br — katejon2tes@gmail.com
Siga-nos: www.instagram.com/_katejon/ —
YouTube: https://bit.ly/Katejon

ÍNDICE

A seriedade da decisão reside precisamente também no fato de que a partir daquele momento me comprometia sempre e para sempre com o Senhor. [...] O "sempre" é também um "para sempre". Minha decisão de renunciar ao exercício ativo do ministério não revoga isto. Não abandono a cruz, mas permaneço de maneira nova junto ao Senhor Crucificado.

(Bento XVI)

stefanía Acosta Ochoa (1989-) é natural de Medellín, Colômbia. Mestre em Direito pela Universidad de Medellín (com menção honrosa em sua tese de mestrado na área de direito constitucional), foi por anos funcionária do Poder Judiciário Estadual e professora universitária, atuando nas áreas do direito civil e comercial.

De berço católico, sua formação escolar deu-se em ambiente também católico, possibilitando com que, anos mais tarde, os êxitos profissionais e materiais em ascensão, ao serem interpelados por um decisivo e definitivo processo de conversão, não a demovessem de doravante utilizar os não poucos talentos recebidos, em primeiro lugar ao "Reino de Deus e sua justiça", o que é, em termos inacianos, fazer tudo A.M.D.G. É o que vemos neste seu trabalho em defesa dos direitos de Deus, da Igreja e do Papado.

Data venia ao tom inevitavelmente jocoso de alguns trechos deste Prefácio, creio que em certa medida nenhum outro matiz expressaria tão bem *Bento XVI: Papa "Emérito"?* que o cinematográfico, aqui tomado do Dr. Mazza e sua menção ao *Superman*[1]. E se em uma palavra tivesse de expressar-me esta seria "Assombro!". Com o termo advirto que ao se terminar de assistir a toda a trama aqui apresentada sob luzes, cenários e figurinos jurídicos, não há como dela não sair assombrados. Antes e acima de tudo pela Sabedoria divina, incorporada na débil e franzina figura de um bravo bávaro, que vence seus pujantes oponentes ao dar-lhes a impressão de serem os vencedores, com isso revelando-se não um *Übermensch*, senão um verdadeiro **Vigário de Jesus Cristo**, quem "apaixonado", atado a um madeiro, quieto salvou a humanidade.

†

Houve um tempo... em que na Igreja a verdade não encontrava maiores barreiras para adentrar, dos humildes lares aos suntuosos castelos, da mais singela capela à catedral mais exuberante. Eram os tempos das *disputatios*, onde a dor maior era a de se ver e estar no erro, que não deve ter direitos; quando os homens sequer sonhavam com apostasias silenciosas, misto de ignorância, prudência humana, medo e covardia.

Neste sentido, contra vento e tempestade(s), silêncio cúmplice e tibieza, e em auxílio de uma verdade amordaçada para que o erro se propale dos telhados, nos chega, por inteira disposição da Providência, ao modo do grão de mostarda, o presente e premente estudo sobre a renúncia de Bento XVI e a eleição do cardeal Jorge Mario Bergoglio ao sólio pontifício, destinado em sua versão portuguesa (a primeira a receber uma publicação!), de modo especial ao Clero lusófono, em geral ao católico de mesma língua, e para além destes, a todos, de toda língua, credo ou nação, em que a integridade intelectual é parte integrante de seu caráter. Estes não sairão defraudados.

Uma aclaração: por não ser improvável que os envolvidos neste trabalho possam incorrer em alguma sorte de sanção, é mister, de saída, dar ciência de que questionar a validade, tanto da renúncia quanto da eleição de um

---

[1] *RENÚNCIA AO PONTIFICADO: BENTO AINDA PERMANECE PAPA?* Acesso em: 05 out. 2020. Disponível em: <https://katejon.com.br/wordpress/?p=374#.X3tRO2hKifA>

Romano Pontífice ou de quem receberá este ofício, por ser válido e lícito, não é, por isso, um pecado. Elementar, se se respeitam as regras. Destarte, por pretendermos um "jogo limpo", há que deixar claro também: não somos sedevacantistas. *Habemus Papam*, mas cremos, piamente, que este ainda é **Bento XVI**. Pelo que em tudo seguimos submissos à Igreja, una, santa, católica e apostólica, ao modo de Santo Tomás e seus escritos[2]. Os plurais, como se verá nas páginas que seguirão, se deve a que este tradutor não está só. E cada dia menos só[3].

Boa parte do que me alentou à tradução desde estudo, pode ser encontrada na *Nota do Tradutor* ao texto "É a hora! Análise de Direito Canônico de por que Francisco não é Papa", de Michaël Steenbergen (<https://katejon. com.br/wordpress/?p=325>). Mas isso *per se* não bastaria.

Desde o início dos eventos de 2013 muito se tem escrito, porque muito se tem inquirido, de onde se vê, para ficar em um dos muitos aspectos desta trama, que em definitivo não se pode falar em uma *pacifica universalis ecclesiae adhaesio* (ver nota 244) com relação à validade da eleição do cardeal J. M. Bergoglio ao sólio de São Pedro. Até hoje. E do que se tem dito e escrito, uma voz em especial alcançou condensar, de maneira criteriosa, jurídica, didática, mas sobretudo católica (quanto à justiça e o direito divinos), muito do imbróglio por trás da assunção do cardeal Bergoglio. À idiossincrasia daquela voz, agregue-se alguns elementos peculiares da preferência divina, que assim poderíamos condensar: é a voz de uma simples e desconhecida jovem advogada interiorana da periférica Colômbia, quase, portanto, uma "voz do que clama no deserto" (Mt 3,3). E isto é sintomático: que uma jovem senhorita da *periferia* nos venha mostrar, a nós, respeitáveis homens do centro, ainda que católicos, ainda que clericais, o que há mais de sete anos está diante dos olhos, mas que dada nossa condição de "(...) homem fraco, de vida breve, incapaz de compreender vosso julgamento e

---

[2] "... Se, por ignorância, fiz o contrário (do que pretendia), revogo tudo e submeto todos os meus escritos ao julgamento da Santa Igreja Romana".

[3] A título de exemplificação existe um recente manifesto de leigos solicitando aos bispos de todo o orbe, "devido a grave desordem manifesta nos órgãos da Sé Apostólica", dentre outros, o reexame da validade da renúncia: *BREAKING: Call for International Inquest into Vatican Corruption.* Disponível em: <https://www.thepostemail. com/2020/02/28/breaking-call-for-international-inquest-into-vatican-corruption/>. Acesso em: 20 jul. 2020. Ao final deste estudo (Anexo II) será exposta a relação de um seleto número de vozes em que a comunhão com Bento já se dá de forma pública, o que envolve, inclusive, no caso de clérigos, a menção de "Bento XVI" em lugar de "Francisco", no cânon de suas Missas. Não obstante, para além destas "vozes públicas", há um número ainda maior que de forma ainda velada mantém a comunhão com BVXI (ver, p. ex., introdução ao referido anexo), aguardando a hora propícia a se desvelar.

vossas leis...", quase já não se alcança "(...) compreender o que está sobre a terra, dificilmente encontrar o que temos ao alcance das mãos" (Sb 9, 5.16). Contudo, a misericórdia, de muitos modos ainda nos fala (cf. Hb 1,1).

Sem embargo, em que pese o que aqui se desvelará, é possível que nos equivoquemos na interpretação canônica de que a renúncia de Bento XVI e, por conseguinte, a própria eleição do cardeal Bergoglio tenham sido inválidas? Sim, como tudo o que envolve as coisas humanas. Ocorre que depois do que aqui se exporá, primeiro sob o ponto de vista do direito objetivo divino e, ato contínuo, do direito eclesiástico divinamente assistido, ainda que, elementar, este último sem a dotação do carisma da infalibilidade, e passados mais de sete anos do "pontificado" bergogliano, torna-se cada dia mais hercúlea a tarefa dos que insistem em convencer-nos se tratar de um papa legítimo. Tanto pior ao se tentar fazê-lo por vias como as do "papa herege", do "papa comunista", do "papa mau", ou mesmo de um "papado compartilhado" (sic!), um castigo divino... mas, ao fim e ao cabo, um Papa. Por isso, ao se tentar encaixar este outrora cardeal, especialmente após o trabalho de fôlego que é o Denzinger Bergoglio (DB: <https://denzingerbergoglio.com/>), na categoria de "Papa", resta-me a forte impressão de um certo patenteamento da nossa incapacidade de ver "o que temos ao alcance das mãos". Para a hipótese mais generosa.

De outra parte, os santos são concordes em admitir, com as Escrituras e a Tradição, que o personagem conhecido pelos apodos de "Falso Profeta" e "Besta da Terra" terá como uma de suas idiossincrasias capitais a mesma de seu senhor, o "Anticristo" (a "Besta do Mar"): o **engano**. Insinuo com isto que o prelado que aí está, até que nos provem o contrário usurpando a cadeira de Pedro, seja o próprio? Não me atreveria a tal. Ainda que recentemente tenha inquirido a este respeito de alguns respeitáveis sacerdotes o seguinte: "dada a conjuntura, podemos nos considerar já no capítulo 13 do Apocalipse?', obtendo como resposta o que assim se poderia resumir: "se não estamos nele, seguramente em sua antessala".

Daí que, consoante ao caráter *esjatológico* (Castellani) desses eventos, corroborado pelo mesmo Bento XVI e suas referências aos tempos apocalípticos atuais, a autora gentilmente acatou a proposta da inserção de algumas profecias acerca da Igreja e do Papado (Anexo I), visto que a história é antes história da salvação[4]. Neste sentido, a título exemplificativo vem-me à mente uma em especial. Trata-se das supostas aparições da Virgem Maria sob

---

[4] Sempre com as ressalvas feitas pela autora (ver nota 16) e na introdução do referente Anexo.

a invocação de Nossa Senhora do Carmo, em uma aldeia ao norte da Espanha[5], à época com uns 500 católicos —como os que tiveram o privilégio de ver a Cristo ressuscitado—, na região cantábrica de Santander, por nome São Sebastião de Garabandal, a quatro adolescentes semianalfabetas. Ali, entre tanta prodigalidade de eventos, um, assim conhecido como a "profecia dos papas"[6], anuncia, à ocasião da morte de João XXIII, faltar quatro papas para o início do *fim dos tempos*. Aqui e a este respeito, me limitarei à transcrição de um mais credenciado juízo, o do Pe. François Turner, um dos teólogos da preferência de Bento XVI e estudioso, favorável, dessas aparições, que em artigo intitulado *João Paulo II: é o último Papa?*, publicado em 1979, escreve[7]:

> Quanto à segunda questão, de acordo com *Star on The Mountain* (o livro escrito pelo Pe. Laffineur), esta profecia não nos diz se haverá ou não papas depois de JP II. É possível que o papel do papado mude em alguma de suas modalidades — alguns podem estar tentados a dizer que provavelmente assim será. Mas dizer que o papado desaparecerá não parece enquadrar com o que disse Paulo VI de que opapado é uma instituição permanente da Igreja — um princípio que é tradicional na Igreja Católica.

A soma destes e de outros elementos me levaram à tradução do presente trabalho, resultado, antes de tudo, de um profundo amor, por Deus, pela Igreja e o Papado, repleto de *sentire cum Ecclesia*, que graças à Estefanía Acosta, e em alguma medida a seu compatriota e colaborador neste estudo, Mauricio Ozaeta, a quem externo meus agradecimentos também pela concessão de sua tradução, nos chega *en hora* (mais que) *buena*, dado ainda termos conosco o Papa Bento XVI. Até quando, só Deus sabe. E no ensejo, aproveito para estendê-los ainda à (providencial) Edições São José, que tornou possível a que este livro viesse a lume nesta *hora das trevas* (cf. Lc 22,53).

Como diz sua autora, a presente investigação não traz a pretensão de ser a palavra final sobre o tema, antes, intenta incentivar a que se prossiga com sua prospecção, que em nenhum momento e sob qualquer hipótese esteve,

---

[5] A mesma Espanha vaticinada por Bento XVI como baluarte dos últimos tempos. Ver: <https://www.youtube.com/watch?v=xteIIKoBbkA>. Acesso em: 15 jul. 2020.

[6] Em detalhes no Anexo I.

[7] **LANÚS, Santiago.** *Mãe de Deus e nossa Mãe*: Fátima, Amsterdam e Garabandal. São Paulo: Ed. Imaculada, 2020, 259p.

durante estes mais de sete anos, encerrado, já que no dizer do mesmo Papa em relação ao seu *fiat* naquele 19 de abril de 2005: "**o *sempre* é também um *para sempre***". Mas posso adiantar que os que tentarem interpor refutações a este estudo se depararão com uma bastilha bem estruturada e guarnecida, quase intransponível.

Para concluir e dar passo ao que interessa, ressalto que quanto ao *roteiro* adotado, detalhado a seguir pela autora em sua Apresentação, podemos descrevê-lo resumidamente como se segue: em um primeiro *bloco* se abordará de início as duas principais razões de invalidade da renúncia de Bento XVI. Em seguida, as três principais razões de nulidade da eleição de Jorge Mario Bergoglio, para encerrar com as considerações finais. O segundo *bloco*, por sua vez, conterá dois anexos, dos quais o primeiro será composto por profecias a respeito da Igreja e o Papado, no intuito de servir como uma "lâmpada que brilha em lugar escuro" (2 Pe 1,19ss), e o segundo, pela relação de alguns dos nomes que já tornaram, de forma pública, à sua adesão e obediência ao Papa Bento XVI.

Vale lembrar que as notas deste tradutor, com prévia aquiescência da autora, virão com [ndt].

Queira Deus Pai, e Nosso Senhor Jesus Cristo, que pelas luzes do Espírito Santo e a intercessão da Bem-Aventurada Virgem Maria, *Mater boniconsilii*, *Advocata nostra* e *Sede sapientiae*, unida à de São José, Patrono da Igreja, saiamos todos, o mais rápido que se possa, do engano e da confusão. Para isso, que todos, bons e maus, façamos depressa o que temos de fazer (cf. Jo 13, 27; Ap 22 10s).

Na festa de Nossa Senhora do Rosário de 2020

Airton Vieira

Em tempo: entre inúmeras "pérolas" de Mons. Jorge Mario Bergoglio, há uma que gostaria de destacar por aportar alguma luz sobre o homem que até hoje muitos, "mas, nem todos", consideram o legítimo sucessor de São Pedro. Em uma de suas peripécias mundo afora a fim de propalar seu "magistério", falou sobre o "fracasso de Deus"[8]. Desta e de outras *macanadas*

---

[8] Acesso em: 02 jul. 2020. Ver: <https://www.youtube.com/watch?time_continue=21&v=OPJ3QQE-ZLo4&feature=emb_logo>.

já se encarregou o DB. Aqui interessará outro detalhe de não somenos importância. O vídeo acima nos mostra que ao iniciar sua pregação sobre o tal "fracasso", retira do bolso de sua batina (sem comentários da forma e com que expressão o faz) dois objetos que diz sempre levar consigo. O primeiro, um terço, que diz sempre rezar. O segundo, uma *Via Sacra* em miniatura. Este objeto em especial é o utilizado para mencionar/simbolizar o dito fracasso divino. Compreensível, afinal, trata-se de uma *Via Sacra*, a referência humana de um aparente malogro de nosso Senhor Jesus Cristo. Muito bem. O que, porém, a quase totalidade do mundo não sabe é a origem deste objeto. E ela nos diz muito!

Esta *Via Sacra* pertencia a quem pouco antes monsenhor Bergoglio, no que seria um de seus primeiros muros como pontífice, escorraçara, sem hipérboles e justa causa, aos 69 anos, de sua sede episcopal. Sem direito, inclusive, à residência episcopal, própria dos bispos eméritos. Este foi *Mons. Rogelio Ricardo Livieres Plano*, bispo de Ciudad del Este-PY. Sobre este bispo, três dados bastariam: foi o prelado incumbido por Bento XVI de erigir um seminário diocesano com o objetivo de "formar um novo clero" (palavras do Papa transmitidas pelo bispo aos seus seminaristas e formadores) na Diocese, e que no entendimento da Conferência Episcopal paraguaia seria um concorrente intolerável ao seminário de Assunção, até então único existente[9]. Foi o prelado que pouco antes da "renúncia" de Bento se indispôs com a mesma Conferência graças a suas denúncias de "joio homossexual" e corrupção nesta Instituição. Por fim, foi o prelado que, pouco antes disso havia barrado de forma enérgica certa tentativa de ingerência em sua diocese de CDE-PY por parte de um arcebispo forasteiro, de Buenos Aires-AR. Quem era este arcebispo? Jorge Mario Bergoglio.

Menos de um ano de sua sumária destituição morria Dom Livieres[10]. Poucas semanas após sua morte chegava às mãos de *Francisco* a Via Sacra do falecido desafeto bispo, um de seus objetos mais estimados. Três meses depois

---

[9] De fato, menos de três anos após a destituição de Mons. Livieres, e dois de sua morte, o referido seminário, que em seus melhores tempos chegou a contar com aproximadamente 200 seminaristas, maiores e menores, de diversas partes das Américas, incluso o Brasil (ver link da nota 205), deixaria de existir. Assim, todo o país voltava a ter um único seminário, não por acaso notório celeiro progressista.

[10] Em 14.08.2015. Registre-se: perdoando seu algoz, em plena comunhão com a Igreja e, segundo fontes abalizadas, recebendo visitas do *Niño Jesús*, de quem era especialmente devoto. Que possamos, nós também, por sua intercessão, perdoar e rezar por nossos algozes, que mesmo a contragosto, nosso e deles, são instrumentos de salvação.

o bispo, vestido como o "Bispo vestido de branco"[11], a apresentava às multidões como símbolo do "fracasso de Deus".

Tais fatos podem ser atestados por muitos dos que pertenceram ao *Seminário Mayor San José*, fundado por Dom Livieres a pedido de Bento XVI. Em especial por um ex seminarista brasileiro, hoje leigo e residente em seu país, que conheço bem e que obteve a graça de estar com o bispo dias antes de seu falecimento, dele recebendo a benção apostólica.

Pelo acima exposto não poderia menos que dedicar a **Dom Rogelio Livieres**, outrora doutor em Direito Canônico, a colaboração neste trabalho. Que seu "fracasso" vá unido ao de seu e nosso Senhor para auxiliar-nos, a nós que ficamos, a saber, com a mesma coragem e zelo apostólico por ele demonstrados, barrar as indevidas ingerências de um bispo forasteiro, não em uma, mas em todas as dioceses do mundo, há mais de sete anos.

---

[11] Assim se auto intitulou em Fátima. Ver: <https://odogmadafe.wordpress.com/2017/05/10/francisco-assume-em-fatima-a-personificacao-do-bispo-vestido-de-branco/>. Acesso em: 07 jul. 2020.

Há mais de sete anos de sua "renúncia" ao pontificado, Joseph Ratzinger conserva ainda o nome de "Bento XVI", faz-se chamar "Sua Santidade" e assina suas declarações e comunicações com as siglas "P.P." ("*Pastor Pastorum*"/"Pastor de Pastores" ou "*Pontifex Pontificum*"/"Sumo Pontífice"), embora acompanhadas, na maioria dos casos, do apelativo de "Papa «Emérito»". Por sua parte, há mais de sete anos de sua "eleição" ao pontificado, Jorge Mario Bergoglio se designa a si mesmo com um simples "Francisco". Ambos "Pontífices" —o "emérito" e o "eleito"— vestem branco e residem no Vaticano. Bento *ora* e *cala* a maior parte do tempo, e conforme sua própria declaração, *sofre* sem cessar; apenas rompe o silêncio em contextos críticos de confusão e desvio doutrinal, moral e litúrgico, e isso o faz, ao que parece, no intuito de emitir mensagens chaves —às vezes "em código"— dirigidas a reafirmar a Igreja Católica em seu verdadeiro fundamento: Jesus Cristo, e desta forma lhe devolver, por assim dizer, a visão de *transcendência* que lhe corresponde. Francisco, em troca, *age* e *fala* permanentemente, quase sempre marcado por um *imanentismo*: governa, viaja, "dialoga", se reúne e propõe acordos com os poderes do mundo, em uma constante lide com as questões sociais, econômicas, ambientais, políticas etc. Bento reside em *Mater Ecclesiae*; Francisco, em *Domus Sanctae Marthae*, duas figuras reconhecidas por suas funções aparentemente contrárias: a contemplativa e a ativa, que, ademais, parecem guardar uma certa ordem de precedência, indicada por nosso Senhor em Lc 10,41s[12].

Esta situação, de um "Papa Emérito" que, embora retirado, *ora, sofre* e *defende com autoridade* as verdades *eternas*, contraposto, de certo modo, a outro "Papa" (sem mais) que, na suposta posse de seu cargo, *governa* e *dialoga* em especial sobre as realidades *temporais*, abre a porta a uma legítima pergunta: acaso a "renúncia" de Bento XVI e a "eleição" de Francisco, ambas referentes ao cargo de Romano Pontífice, podem ser consideradas como simples *miragem*? Há uma

---

[12] *"Marta, Marta! tu te esforças e te agitas por muitas coisas. Uma só é necessária. Maria escolheu a melhor parte, que não lhe será tirada"*. Embora uma seja a figura designada com a expressão *Mater Ecclesiae* (Mãe da Igreja), a Virgem Maria, Mãe de Deus, e outra a referida na passagem evangélica citada, Maria, a irmã de Marta, é certo que na segunda comumente se representa a atitude da primeira, a saber: a disposição orante e reflexiva; a escuta atenta, aos pés do Mestre; a assunção da vida de frente a Deus, em chave de eternidade.

realidade distinta, que na esteira destes supostos atos jurídicos, se oculta de tal maneira que quem *apareça* como Papa em exercício —Francisco— não seja, *de direito*, o titular de tal cargo, e quem não *apareça* —Bento—, sim, o seja? O qualificativo de «emérito» assumido por Bento XVI desde sua suposta renúncia ao pontificado trata-se em definitivo de um mero agregado sem valor substancial —jurídico ou espiritual— algum?

Por certo, confrontar-se e lidar com a *possibilidade* de que as aparências em torno a uma determinada situação se afastem da realidade, constitui, por si, um autêntico drama para qualquer católico, o que parece razoável uma vez que a dúvida, a incerteza, a confusão, sempre torturam, independentemente da matéria sobre a qual recaiam, as almas famintas de verdade, como justo haverão de estar as almas crentes. Mas quando a situação em pauta se refere nada menos que à identificação da única e verdadeira autoridade suprema da Igreja Católica, a quem se deve fidelidade e santa obediência filial enquanto Vigário de Cristo e Sumo Pastor de Seu rebanho na terra, o drama sem dúvida se converte em uma crise, e mais concretamente, em um cisma.

Em efeito, a perplexidade e o escândalo que surgem da confusão existente em tema tão delicado não pode mais que provocar divisão minimamente entre dois grupos de fiéis bem delimitados: o primeiro, composto por aqueles que, talvez assumindo como pecaminosa, ou ao menos temerária a questão de saber se Bento XVI continua sendo o único e verdadeiro Pontífice, optarão pura e simplesmente por evadi-la, recusando ver as razões pelas quais a mesma se origina. O segundo grupo, em troca, se compõe de quem, conscientes destas razões, buscarão discerni-las com equanimidade, à dupla luz da fé e do entendimento, visando obter uma resposta que, para além de seu significado concreto, supere todas as dúvidas razoáveis, na medida das (limitadas) possibilidades humanas.

Natural que na presente investigação nos alinhemos com a segunda das posições acima, para assim buscarmos, não apenas que tantos outros a adotem, como também que aqueles que já o fizeram tenham um panorama ainda mais amplo, claro e objetivo das razões por trás da suspeita de que Bento XVI é verdadeiramente o "Papa" (sem mais), e com isso sejam capazes de adotar, com um número suficiente de informação, sua decisão pessoal sobre o assunto.

Por que nos propusemos traçar este duplo propósito, e como procuraremos alcançá-lo?

Quanto ao "porquê", consideramos que, dada a situação de confusão apontada nas linhas precedentes, não só não é um pecado ou uma culpa, como até mesmo um dever cristão indagar a si mesmo, e tentar responder, honesta e responsavelmente, qual é o verdadeiro *status* de Bento XVI na Igreja Católica. Afinal, como manter a plena comunhão com a Igreja, preservando os vínculos do regime eclesiástico (cf. Cân. 205 do Código de Direito Canônico[13]) —ou, o que é o mesmo, mantendo *"a sujeição ao Sumo Pontífice"*, ou antes, expressado em termos negativos, evitando o *"cisma"* (cf. Cân. 751 ibidem[14])—, se não se conhece com certeza quem é o verdadeiro *"Sumo Pontífice"*? Ademais, não é o entendimento um dom dado por Deus aos homens? Não será imperativo, portanto, que os fiéis exerçam este dom para esclarecer circunstâncias que dizem diretamente respeito não só à observância de leis meramente eclesiásticas, como as relacionadas à pertença ao Corpo Místico de Cristo e, por isso, à salvação eterna?[15] A "questão de Bento" não é, por fim, justamente uma dessas circunstâncias?

Com relação ao "como", entendemos que para resolver esta questão é necessário examinar se as circunstâncias em que ocorreram a "renúncia" de Bento XVI e a "eleição" de Francisco ao cargo de Romano Pontífice estavam ou não em conformidade com os requisitos de validade jurídica exigidos pela lei canônica. Obviamente, se algum dos requisitos aplicáveis a estes dois atos jurídicos —renúncia e eleição— estiver faltando, teríamos por conclusão que Bento XVI nunca deixou de ser, e segue sendo, o verdadeiro Papa, sem o qualificativo de "emérito"; ao invés, caso estes se cumprissem plenamente, a qualidade de verdadeiro Papa corresponderia então a Francisco.

Para compreender o significado e o alcance do exame assim proposto, será útil recorrer a uma hipótese baseada no direito civil.

Suponhamos que seja necessário estabelecer quem é o verdadeiro proprietário de um determinado lote de terra. O sujeito X, o proprietário inicial do imóvel, decide retirar-se materialmente dele, sem deixar de manter com ele certa proximidade ou mesmo desocupar-se de sua situação —estado físico de conservação, perspectivas de exploração, nível de endividamento etc. Ao ser desocupado por X, o sujeito Y entra no terreno, começando de imediato por realizar os atos próprios de um "proprietário" —introduz reformas na

---

[13] Cân. 205: *"Está em plena comunhão com a Igreja católica, nesta terra, os batizados que se unem a Cristo dentro da estrutura visível daquela, isto é, pelos vínculos da profissão de fé, dos sacramentos e do regime eclesiástico".*

[14] Cân. 751: *"Chama-se [...]* **cisma, a rejeição da sujeição ao Sumo Pontífice** *ou da comunhão com os membros da Igreja a ele submetidos".*

[15] O dogma segundo o qual "fora da Igreja não há salvação" é explicado, com as devidas nuances, nos numerais 846 a 848 do Catecismo da Igreja Católica.

infraestrutura, modifica a destinação econômica, muda os esquemas de administração e exploração etc. Caso surgisse a dúvida sobre quem é o verdadeiro proprietário do terreno, X ou Y, que tipo de análise deveria ser feita? Seria pertinente investigar qual dos dois sujeitos mostrou mais diligência na administração da propriedade, ou qual produziu mais frutos de benefício comunitário? Seria necessário perguntar se as reformas introduzidas por Y são positivas ou não? Na verdade, a abordagem investigativa demandada por estas questões é problemática, pois se baseia na controversa premissa de que somente o "bom administrador" de um bem é seu "verdadeiro proprietário" —ou, *contra sensu*, que o "mau administrador" é um "falso proprietário". Parece, então, que conviria partir de perguntas como as seguintes: X agiu livremente ao *retirar-se materialmente* do terreno, ou foi pressionado para tal? Esta *retirada física* foi uma autêntica *renúncia (jurídica)* ao *direito de propriedade?* De que *maneira* —pacífica, violenta, fraudulenta etc.— Y ocupou o lote? Essa *maneira* se encontra reconhecida ou censurada pelo direito civil? Sem dúvida, a direção que este segundo conjunto de perguntas esboça para a análise oferece maior solidez ao se basear na proposição inquestionável de que é o *meio*, legal ou ilegal, no qual um sujeito se desfaz da possessão de um bem ou consegue adquiri-la, o que determina se ele deixou de ser, ou se tornou, seu "verdadeiro proprietário". Ou há alguém que ouse afirmar que o proprietário de um bem deixaria de ser no caso de o desapossarem ilegalmente, e que o título de propriedade passaria então ao autor da desapropriação? Ou será que, em tal caso, o "vitimizador" se tornaria o dono da propriedade caso a administrasse com maior diligência do que a "vítima"? Por suposto que não. Qualquer pessoa em seu juízo argumentará que a vítima continuará sendo o dono, enquanto o autor do crime, um ladrão, salteador ou usurpador.

Bem, raciocínios idênticos ao apresentado são os que decidimos aplicar à presente investigação. Neste sentido, para determinar se Bento XVI é o atual Papa da Igreja Católica ou se ele foi realmente sucedido por Francisco em seu pontificado, vamos investigar, não qual deles foi "melhor administrador" do cargo de Romano Pontífice —quem foi mais fiel às verdades reveladas, quem transmitiu a fé com maior eficácia, quem testemunhou melhor o amor de Cristo etc.—, mas se a *forma* pela qual o primeiro se afastou e o segundo acedeu à Cátedra de Pedro foi ou não regular, legal ou, mais tecnicamente, válida, à luz do ordenamento canônico. Procederemos desta forma porque, à semelhança do que acontece com o direito (civil) de propriedade, conforme suficientemente ilustrado na hipótese acima proposta, a pergunta feita pelo verdadeiro titular de um determinado ofício —neste caso, do ofício eclesiástico de Romano Pontífice— pode ser resolvida de forma mais segura se abordada de uma perspectiva *formal* e não *substancial* ou *material*, ou seja, se estiver ligada, não ao *conteúdo* dos atos realizados durante o exercício do respectivo ofício, mas à *forma* na qual o mesmo foi "adquirido" e, no caso de Bento, "abandonado"[16].

Na verdade, é esta visão *formal* que parece prevalecer entre os fiéis hoje, ao se tratar de identificar a suprema autoridade eclesiástica. De fato, mesmo entre as altas esferas eclesiásticas há muitos que, embora sem esconder sua "nostalgia" pelo pontificado de Bento, nem sua tristeza pelas tentativas de apostasia promovidas pela atual hierarquia, negam categoricamente que ele ainda detém o "direito de comando" sobre a Igreja, somente dispostos a abrir mão de sua posição caso se apresente uma rigorosa demonstração canônica de que a titularidade do primado jamais se transmitiu validamente a Francisco[17].

Não ignoramos que as razões que a princípio dariam sustento a tal demonstração já foram desenvolvidas em não poucos estudos jurídicos, linguísticos e teológicos, e que ainda houve quem as denunciasse, de maneira mais informal, através de canais virtuais de comunicação liderados por leigos comprometidos. No entanto, nenhum destes estudos e denúncias apresentam, a nosso ver, o nível desejável de sistematicidade, integridade e clareza face a tão delicada matéria.

Para começar, a maior parte das pesquisas existentes sobre o tema omite o que deveria ser um primeiro passo obrigatório de contextualização, a saber: a descrição do conjunto (hierárquico) de fontes do direito canônico, com suas respectivas categorias normativas, e a localização ou tipificação concreta que dentro desse conjunto correspondesse aos atos jurídicos examinados — ou seja, a "renúncia" de Bento XVI e a "eleição" de Francisco para o cargo de Romano Pontífice. A falta deste primeiro passo levou a duas falhas concretas, que

---

[16] Fica claro então que nesta pesquisa, estritamente ligada a uma questão de validade canônica, os qualificativos relativos à forma como Francisco desempenhou o ofício de "Papa" são irrelevantes, ou, pelo menos, secundários, como também o serão os estudos existentes sobre profecias bíblicas e revelações privadas. No entanto, ambos serão mencionados marginalmente neste trabalho, quer para reforçar os seus argumentos centrais, quer como um apêndice.

[17] O presente estudo nasceu justo em função desta posição de "preferência" aos argumentos de tipo canônico, defendida por um líder de determinada associação católica de fiéis com origem em Medellín (Colômbia) e atual presença internacional, a fins de 2019. Nesta oportunidade, foi manifestado que, mesmo compreendido o fato de que Francisco tenha incorrido em múltiplas heresias, continuaria reconhecida sua autoridade como chefe da Igreja enquanto não se apresentassem evidências precisas da ilegitimidade canônica de seu pontificado. Ao transmitir-nos esta espécie de "desafio", decidimos por aceitá-lo, o que resultou no presente Estudo.

consistem, por um lado, em identificar apenas parcialmente as condições de validade aplicáveis aos atos em questão e, por outro, em atribuir aos mesmos, condições de validade impertinentes, previstas pelo direito canônico para atos de natureza distinta. Obviamente, estas deficiências, por sua vez, levaram a resultados de pesquisa incorretos ou imprecisos, comuns a quase todos os estudiosos do assunto.

Por outro lado, é frequente encontrar análises que tratem com relativa profundidade apenas uma ou algumas das razões indicativas da possível invalidade dos atos de "renúncia" de Bento XVI e/ou de "eleição" de Francisco ao papado, sem que até hoje encontremos algum trabalho que ofereça um completo e ordenado panorama destas razões, onde surjam e se desenvolvam numa sequência lógica, com referência discriminada a cada um destes atos e em função dos pressupostos normativos pertinentes e das circunstâncias factuais concretas a eles associadas.

Não bastasse, os erros de ordem lógica, ligados, por exemplo, à adoção de falsas premissas normativas, ou à demonstração indevida ou insuficiente de premissas normativas verdadeiras, são também constantes nas investigações até agora disponíveis.

Deste modo, com o presente estudo procuramos corrigir até onde alcançamos as lacunas e erros apontados, a fim de fornecer não a palavra final e definitiva sobre o tema, ao contrário, um novo ponto de apoio mais sólido, calcado em uma base ampla e depurada, que sirva a futuras pesquisas.

Por ao menos três razões, seria temerário, para não dizer insensato de nossa parte pretender uma visão acabada da matéria.

A primeira delas é a extensão de conteúdos desenvolvidos neste trabalho, determinada pela intenção de abarcar plenamente as causais que, possivelmente viciariam, tanto a "renúncia" de Bento XVI —em concreto duas causais de invalidade, que identificaremos sob os numerais (I) e (II), respectivamente, e que conformarão a "PARTE 1" do estudo—, como a "eleição" de Francisco — três causais de nulidade, correspondentes aos numerais (III), (IV) e (V), constitutivos da "PARTE 2"—, assim como a totalidade dos fatos que configurariam estas causais —fatos cujo exame individualizado demarcará ambas as subdivisões no interior dos literais assinalados (exceção feita ao terceiro), disto resultando as subseções (I-A), (I-B), (I-C), (II-A), (II-B), (II-C), (IV-A), (IV-B), (IV-C), (V-A) e (V-B). Logicamente, tão vasta extensão obriga-nos a renunciar a um exame detalhado e exaustivo de todas as informações e indicações que poderiam ser relevantes à presente investigação.

Em segundo lugar, devemos considerar o horizonte geral de confusão e perseguição em que a Igreja está imersa, graças ao qual não só as verdades eternas a que é chamada a ensinar e a defender, como ainda as realidades que rodeiam sua própria estrutura, foram obscurecidas, ao ponto de para poder discernir quem são os verdadeiros pastores do rebanho, já não basta prestar atenção a meras aparências burocráticas, facilmente verificáveis, mas é preciso examinar, quase como que às apalpadelas, com grande cautela e prudência, os discursos, os gestos e mesmo os antecedentes e o próprio caráter daqueles que se fazem passar por tais. Como esta situação de "camuflagem" também é previsível para as altas hierarquias eclesiásticas, e mais especificamente para o ápice da Igreja, é óbvio que em nosso estudo haverá "trechos obscuros" onde não prevalecerão as manifestações absolutas e diretas, mas sim reconstruções baseadas em indícios. Isso será particularmente evidente no parágrafo destinado à análise da situação pessoal em que Francisco se encontrava em relação à fé católica no momento de sua "eleição" ao pontificado —subseção (IV-A)—, bem como nos pontos referentes às circunstâncias em que se desenvolveu o conclave de 2013 —subseções (V-A) e (V-B)— ou que de alguma maneira puderam influir no resultado eleitoral ali produzido, ou afetar, inclusive, o vínculo de plena comunhão eclesial nos cardeais eleitores (o próprio Francisco incluído) —subseção (IV-C). É que, à diferença dos pontos (I) a (III), nos quais a maior parte dos fatos relevantes se encontram documentados em fontes oficiais do Vaticano, em meios audiovisuais ainda disponíveis na web ou em informações jornalísticas não controversas, as subseções mencionadas —(IV-A), (IV-C), (V-A) e (V-B)— se nutrem de circunstâncias fáticas que, por disposição canônica ou por conveniência dos implicados, se encontram sob o manto do sigilo e, da mesma forma, as informações que a elas se referem não são de todo patentes[18].

Em todo caso, é preciso ter em conta que os dados indicativos, desde que sérios e convergentes —como parece ocorrer em nosso caso—, são *per se* meios probatórios de valor considerável. De resto, estas margens de incerteza, inevitáveis em qualquer investigação humana, também fazem parte do teste de

---

[18] De tudo isso se desprende que a "**PARTE 1**" de nosso estudo, referente à "renúncia" de Bento, será, por sua maior solidez, a principal. Todavia, a "**PARTE 2**", atinente à "eleição" de Francisco, mantém certa relevância, de um lado, pelas pretensões de sistematicidade e integralidade que inspiraram a presente investigação, e de outro, porque as normas do direito canônico que em princípio são pertinentes para o tema próprio desta segunda parte foram objeto de uma manipulação tal que a turbidez envolvendo os fatos relevantes sobre a questão se tornou extensiva ao direito aplicável, e em tal medida torna-se conveniente o trabalho de aclaração normativa oferecido por este estudo, na consideração de que, caso algum dia se esclareça o aspecto fático do assunto, o aspecto normativo se encontraria já desanuviado podendo ser então adotadas conclusões plenamente sólidas. Além disso, a mesma turbidez de tudo o que diz respeito à "eleição" de Francisco é *per se* sintomática de que "algo não anda bem" na Cadeira de Pedro, e que, portanto, as investigações de prospecção a respeito se mantêm necessárias.

fé a que todos os fiéis são chamados a enfrentar na hora de escuridão por que atravessa a Igreja[19].

Por fim, na medida em que os acontecimentos, provas e informações relevantes sobre o objeto deste estudo continuem a surgir —em virtude, por exemplo, de novas ações e declarações vindas tanto de Bento XVI como de Francisco— nosso trabalho pode inevitavelmente perder sua atualidade.

Não obstante, confiamos em que todas essas limitações serão superadas por estudos sucessivos e, em algum momento, pela própria Verdade, que se autorrevela em seu devido tempo e pelos meios apropriados.

À força da Verdade confiamos, portanto, esta obra, não sem também apelar, em nossos leitores, aos dons (inseparáveis) da fé e a razão. Com esta dupla invocação, esperamos cooperar para que a realidade subjacente às aparências que atualmente circundam o mais importante ofício da Igreja Católica possa ser cuidadosamente perscrutada e decifrada.

Seja qual for esta realidade... as aspas e interrogações puramente retóricas e sugestivas, figuradas, por exemplo, em nosso título em torno ao qualificativo de «emérito» o ilustram bem: podemos afirmar, sem riscos de *latae sententiae*, tampouco temor de consciência, que Bento XVI é Papa (sem mais)[20].

Estefanía Acosta
Na festa de São Pedro e São Paulo de 2020

---

[19] Cf. Numerais 675 a 677 do Catecismo da Igreja Católica.

[20] Portanto, o nome "Franciso" nada mais é do que uma enteléquia. Assim sen- do, em honra à coerência, o suprimiremos do corpo deste estudo. Neste caso, então, como designar Jorge Mario Bergoglio? Sem dúvida, o título de "cardeal" é perfeitamente aplicável se nos referirmos aos momentos anteriores à sua "eleição" para o pontificado. E nos posteriores? Bem, evitando nos envolver na controvérsia em torno da possível perda do cardinalato como resultado da aceitação de tal "eleição" — válida ou não— e o subsequente abandono das funções próprias de um cardeal, optaremos pela qualificação de "bispo". Sem dúvida, Jorge Mario Bergoglio continua sendo, até sua morte, um bispo, ao menos no sentido sacramental da palavra —ou seja, no tangente aos efeitos (indeléveis) da ordenação episcopal—, ainda que não no sentido burocrático ou administrativo —isto é, ainda que não seja, de direito, o bispo da Diocese de Roma—.

Dois atos jurídicos controversos: a renúncia de Bento XVI e a eleição de Jorge Mario Bergoglio ao cargo de Romano Pontífice. Um panorama das causais que afetariam sua validade, à luz do ordenamento canônico

Durante o transcurso destes sete anos e meio da "renúncia" de Bento XVI (doravante BXVI), foram denunciadas duas categorias de razões que indicam que, apesar das aparências, elecontinua sendo o único e verdadeiro Papa da Igreja Católica[1]: a primeira categoria de razões vem relacionada à possibilidade da invalidade da renúncia em si, comunicada por BXVI em 11 de fevereiro de 2013; a segunda diz respeito à probabilidade da invalidade da provisão do cargo de Romano Pontífice (mediante eleição em conclave) na pessoa do cardeal Jorge Mario Bergoglio (doravante JMB), em março do mesmo ano.

Por sua vez, cada uma destas categorias de razões possui diversas causais de nulidade, baseadas igualmente em múltiplas circunstâncias. Assim, face à renúncia de BXVI sustentou-se, de um lado, o que bem poderia se denominar um "incumprimento dos requisitos formais pertinentes" **(I)**, seja devido ao ato de renúncia ter recaído não sobre o cargo ou o próprio ofício (*munus*) de Romano Pontífice, mas sobre algumas das funções inerentes a esse cargo (*ministerium*) **(I-A)**, pela efetivação da renúncia ter sido postergada em relação ao momento de sua declaração **(I-B)**, ou ainda porque o texto da renúncia foi redigido e pronunciado com erros de latim **(I-C)**; por outro lado, foi declarado ainda que a demissão careceu de liberdade **(II)**, devido ao fato de em momentos anteriores ao seu anúncio ter existido ameaças contra a vida de BXVI **(II-A)**, ameaças de cisma **(II-B)** e pressões econômicas materializadas por um bloqueio das contas do Vaticano **(II-C)**.

Quanto à eleição de JMB, a primeira causal de nulidade —até o momento não explicitamente denunciada, mas cuja configuração automática seria evidente caso se confirmasse a nulidade da renúncia de BXVI, refere-se ao fato do ofício de Romano Pontífice não estar vacante no momento de sua provisão no conclave de 2013 **(III)**; a segunda causal, por sua parte, consiste em que, no momento de sua eleição, JMB estaria excluído da plena comunhão com a Igreja Católica **(IV)**, tanto pelos fortes indícios de sua pertença à maçonaria **(IV-A)**, como por ter possivelmente incorrido em apostasia, ou ao menos em heresia **(IV-B)**, ademais, por sua credível participação na denominada "Máfia de São Galo" **(IV-C)**; a tudo isto se agregam, como terceira causal de invalidez, as irregularidades que teriam ocorrido no conclave de 2013 **(V)**, a saber: a indevida anulação de uma eleição **(V-A)** e a indevida realização de uma quinta votação em um mesmo dia **(V-B)**.

Este panorama de causais de invalidade que tanto afetariam a renúncia de BXVI como a eleição de JMB, pode apresentar-se graficamente como se segue:

A VALIDADE DA RENÚNCIA DE BENTO XVI AO OFÍCIO DE ROMANO PONTÍFICE
A VALIDADE DA ELEIÇÃO DO CARDEAL JORGE MÁRIO BERGÓGLIO AO OFÍCIO DE ROMANO PONTÍFICE
(I) CUMPRIU OS REQUISITOS FORMAIS PERTINENTES?
(II) A DECLARAÇÃO DE RENÚNCIA FOI LIVRE?
(III) NO MOMENTO DA ELEIÇÃO DE JMB O OFÍCIO DE ROMANO PONTÍFICE ESTAVA VACANTE?
(IV) NO MOMENTO DE SUA ELEIÇÃO O CARDEAL ESTAVA EM PLENA COMUNIHÃO COM A IGREJA?
(V) HOUVE IRREGULARIDADES FORMAIS NO CONCLAVE DE 2013 QUE O ELEGEU?
(I-A) O OBJETO DA DECLARAÇÃO DE RENÚNCIA
(II-A) AMEAÇAS À VIDA DE BXVI
(IV-A) INDÍCIOS DE PERTENÇA À MAÇONARIA OU AFINS
(V-A) A INDEVIDA ANULAÇÃO DE UMA ELEIÇÃO
(I-B) A POSTERGAÇÃO ENTRE A DECLARAÇÃO E A EFETIVAÇÃO DA RENÚNCIA
(II-B) AMEAÇAS DE CISMA
(IV-B) APOSTASIA/HERESIA
(V-B) UMA QUINTA INDEVIDA VOTAÇÃO
(I-C) OS ERROS DE LATIM DO TEXTO DA DECLARAÇÃO
(II-C) PRESSÕES ECONÔMICAS
(IV-C) INDÍCIOS DE IMPLIÇÃO NA DENOMINADA "MÁFIA DE SÃO GALO"

Assim exposto, passaremos a examinar em separado cada uma destas causais canônicas de invalidade, mediante uma referência também individualizada às circunstâncias que supostamente as configurariam, a partir de uma análise sistemática das normas pertinentes ao ordenamento canônico.

* * *

PARTE I:

A VALIDADE DA RENÚNCIA DE BENTO XVI AO OFÍCIO DE ROMANO PONTÍFICE

(I) A RENÚNCIA DE BENTO XVI CUMPRIU OS REQUISITOS FORMAIS PERTINENTES?

Antes de nos debruçar sobre as três circunstâncias pelas quais se afirmou que a renúncia de BXVI ao cargo de Romano Pontífice não cumpriu os requisitos formais, torna-se necessária uma breve aproximação ao direito canônico, e mais concretamente às suas fontes.

Como todo ordenamento jurídico, o direito canônico está conformado por normas (mandatos, autorizações, proibições), que neste caso se referem aos distintos aspectos da vida da Igreja Católica (bens patrimoniais, assuntos de governo, administração dos sacramentos, direitos e deveres dos fiéis etc.). Elementar que nem todas as normas que compõem o direito canônico possuem a mesma importância ou hierarquia. Com efeito, uma primeira hierarquização pode ser feita entre as normas de "direito divino" —instituídas diretamente por Deus e não suscetíveis de modificação ou revogação por parte dos homens, p. ex., a norma segundo a qual o sacramento do matrimônio deve ser celebrado exclusiva e necessariamente entre um homem e uma mulher, ou aquela que prescreve que a Igreja deve ter um Pastor Supremo na terra (o Romano Pontífice)— e as normas de "direito humano", também conhecido como direito "meramente eclesiástico" —introduzidas pelas autoridades competentes no interior da Igreja, p. ex., as que determinam os requisitos que devem ser cumpridos para que a provisão de um determinado cargo ou ofício eclesiástico seja válida. Mas também no interior do "direito humano" existe uma hierarquização: num primeiro lugar de importância se encontram as <u>leis</u>, sejam elas universais (emitidas para a Igreja Universal) ou particulares (dirigidas a cada Igreja particular), para cuja criação estão habilitados, entre outros, o Romano Pontífice, o colégio episcopal em concílio ecumênico, os bispos diocesanos e as conferências episcopais. Adicionalmente têm-se os <u>costumes</u>, que por regra geral e sob determinadas condições se situam na mesma categoria das leis[1]. Em um grau inferior ao das leis e dos costumes, e com a finalidade de especificar, detalhar ou esclarecer o conteúdo dos mesmos, à sua adequada execução, encontram-se as normas administrativas nas suas diferentes denominações ("decretos gerais executórios"[2] e "instruções"[3]), cuja expedição compete, por exemplo, a certos organismos da Cúria Romana e das cúrias diocesanas (sem prejuízo da faculdade do Romano Pontífice e dos bispos diocesanos para emitir normas administrativas). E, por último, com alguma diferença em relação a estas três categorias mencionadas (leis, costumes e normas administrativas), de caráter geral, impessoal e abstrato, estão os atos jurídicos, isto é, decisões ou manifestações de vontade, adotadas para situações ou casos concretos, específicos e que se encontram reguladas pelas normas gerais. Os atos jurídicos oriundos das autoridades da Igreja são chamados atos administrativos; os que podem vir também de particulares são chamados negócios jurídicos. Os atos administrativos[4], por sua vez, podem ser preceitos (ordens dirigidas a pessoas determinadas[5]), rescritos (privilégios, dispensas ou outras graças[6]) ou decretos (qualquer outra classe de decisão ou manifestação de vontade por parte da autoridade eclesiástica[7]); enquanto que, entre os negócios jurídicos, podem encontrar-se por exemplo os contratos (negócios de tipo econômico ou patrimonial) e os atos de profissão de fé[8].

É importante especificar que tais categorias regulamentares (leis, costumes, normas administrativas —decretos gerais executórios e instruções— atos administrativos —preceitos, rescritos e decretos— e negócios jurídicos —contratos, atos de profissão de fé etc.)— compõem o que é conhecido como fontes principais do direito canônico (humano ou meramente eclesiástico). Junto a elas existem outras fontes, já não principais, mas subsidiárias ou auxiliares, aplicáveis nos casos em que as fontes principais forem insuficientes ou pouco claras. Entre estas fontes auxiliares estão os princípios gerais do direito aplicados com equidade canônica, a jurisprudência e práxis da Cúria Romana e a opinião comum e constante dos doutores[9].

O panorama completo do sistema canônico pode esquematizar-se assim:

Direito divino	
Direito humano ou meramente eclesiástico: Fontes Principais	Direito humano ou meramente eclesiástico: Fontes Subsidiárias ou Auxiliares
1. Leis (universais — particulares) / Costumes.	1. Princípios gerais do direito aplicados com equidade canônica.
2. Normas administrativas: decretos gerais executórios e instruções.	2. Jurisprudência e práxis da Cúria Romana.
3. Atos administrativos: preceitos, rescritos (que abrangem os privilégios, as dispensas e as graças) e decretos.	3. Opinião comum e constante dos doutores.
4. Negócios jurídicos: contratos, atos de profissão de fé etc.	

Se, no entanto, se quiser especificar a hierarquia das fontes normativas principais que acaba de ser delineada em um exemplo próximo ao tema desta pesquisa, pode-se tomar como referência o cânon 332 §2 do Código de Direito Canônico (CDC —este último código foi promulgado em 1983 pelo Papa João Paulo II e está atualmente em vigor—). O referido cânon, que reveste categoria de lei, estabelece de maneira geral, impessoal e abstrata os requisitos que devem ser cumpridos para que a renúncia ao ofício de Romano Pontífice seja válida. No caso em que um determinado Papa efetivamente renunciasse a seu ofício, tal renúncia configuraria, já não uma lei, ou sequer uma norma administrativa, mas um ato administrativo (pois se trataria da aplicação de uma lei a um caso concreto, através de uma decisão ou manifestação de vontade adotada por uma autoridade eclesiástica), e mais especificamente um decreto (e não um preceito, já que uma renúncia não é propriamente uma ordem, como tampouco um rescrito, pois ao renunciar não se está conferindo nenhuma graça)[10].

Esclarecido o anterior, e tendo em mente sobretudo o fato de que a renúncia ao cargo ou ofício de Romano Pontífice —como a aparentemente efetuada por BXVI em fevereiro de 2013— configura um ato administrativo na modalidade de decreto, é possível analisar os requisitos necessários à sua validade.

(I-A) O objeto da declaração de renúncia

1. Das normas pertinentes para a análise da "renúncia" de BXVI ao cargo ou ofício de Romano Pontífice

Perante a renúncia ao cargo ou ofício de Romano Pontífice são pertinentes as normas que se ocupam dos atos jurídicos em geral (uma vez que os atos administrativos são atos jurídicos) e dos decretos em particular, e naturalmente, da renúncia aos ofícios eclesiásticos em geral e ao ofício de Romano Pontífice em particular. Qualquer análise sobre o ato de "renúncia" realizado por BXVI deverá, necessariamente, partir de uma referência a todos estes conteúdos normativos.

Ora, face aos requisitos dos atos jurídicos em geral, convém citar os seguintes cânones do CDC[11]:

Cân. 124 § 1 CDC: *"Para que um ato jurídico seja válido, é necessário que tenha sido realizado por uma pessoa capaz, e que nele estejam reunidos os elementos que constituem essencialmente esse ato, bem como as formalidades e requisitos impostos pelo direito para a validade do mesmo"*.

Comentário: "Entre os requisitos, distinguem-se aqueles que pertencem à essência ou natureza do ato e que são seus elementos constitutivos, e aqueles outros que são requeridos por lei positiva para sua validade. No caso de faltar os elementos constitutivos ou essenciais, o ato torna-se inválido por não existir (ato inexistente). Assim, enquanto ato humano, o ato jurídico deve ser livre (com exercício da inteligência e da vontade) e ter um objeto adequado (que a doutrina jurídica chama causa, e que é o resultado social que se pretende); na falta de vontade ou de objeto essencial, o ato seria inexistente. Além disso, a lei positiva pode exigir outras formalidades (forma) e condições que não afetam a existência do ato, mas sem cuja presença o ato seria nulo *ipso iure* (invalidade), ou ao menos poderia ser anulado por sentença do juiz (rescindibilidade). Tais requisitos de lei positiva podem afetar ainda os pressupostos de capacidade, dado que para sua existência o direito natural apenas exige a discrição de juízo necessária, segundo o objeto e natureza do ato".

Cân. 125 § 1 CDC: *"Tem-se como não realizado o ato executado por uma pessoa em consequência de uma violência exterior à qual de modo algum pôde resistir".*

Cân. 125 § 2 CDC: *"O ato realizado por medo grave injustamente infundido, ou por dolo, é válido, a menos que o direito determine outra coisa; não obstante pode ser rescindido por sentença do juiz, tanto a pedido da parte lesada como de quem lhe sucede em seu direito, como de ofício".*

Cân. 126 CDC: *"É nulo o ato realizado por ignorância ou por erro quando afeta ao que constitui sua substância ou recai sobre uma condição* sine qua non; *de outro modo, é válido, salvo disposição em contrário do direito, mas o ato realizado por ignorância ou por erro pode dar lugar a ação rescisória conforme o direito".*

Cân. 39 CDC: *"Somente dizem respeito à validade do ato administrativo as condições expressas pelas partículas «se», «a menos que» ou «desde que»".*

Cân. 10 CDC: *"Devem ser consideradas invalidantes ou inabilitantes apenas aquelas leis em que de forma expressa se estabelece que um ato é nulo ou uma pessoa é inábil".*

Quanto aos decretos, deve-se ter em conta especialmente o Cân. 51 CDC, que indica: *"O decreto deve ser dado por escrito, e caso se trate de uma decisão, fazendo constar os motivos, ao menos sumariamente".*

Sobre os decretos que têm por objeto a renúncia a um cargo ou ofício eclesiástico (em geral), são estes os cânones relevantes:

Cân. 145 § 1 CDC: *"Ofício eclesiástico é qualquer cargo, constituído estavel-mente por disposição divina ou eclesiástica, a ser exercido para um fim espiritual"* / *"Officium ecclesiasticum est quodlibet munus ordinatione sive divina sive ecclesiastica stabiliter constitutum in finem spiritualem exercendum".*

Cân. 187 CDC: *"Quem se encontra em seu perfeito juízo pode, com justa causa, renunciar a um ofício eclesiástico".*

Cân. 188 CDC: *"É nula em virtude do direito mesmo a renúncia por medo grave injustamente provocado, dolo, erro substancial ou simonia".*

E finalmente, sobre o decreto de renúncia ao cargo ou ofício de Romano Pontífice em particular, o cânon 332 § 2 do CDC estabelece: *"Se o Romano Pontífice renunciar a seu ofício, se requer para a validade que a renúncia seja livre e se manifeste formalmente, mas não que seja aceita por ninguém"* / *"Si contingat ut Romanus Pontifex muneri suo renuntiet, ad validitatem requiritur ut renuntiatio libere fiat et rite manifestetur, non vero ut a quopiam acceptetur"*.

A partir da leitura deste conjunto de normas se pode concluir o seguinte:

(i)   Para que o ato de renúncia ao cargo de Romano Pontífice seja válido, se requer que este seja feito por pessoa capaz, que tenha um objeto[12], seja livre, se manifeste formalmente, e não proceda de medo grave injustamente provocado, dolo, erro substancial ou simonia. Sobre este último deve-se ressaltar que a contradição existente entre os cânones 125 § 2 e 188 —contradição consistente em que o primeiro cânon citado assinala que, por regra, o ato realizado com *medo grave injustamente infundido* ou com *dolo* é válido mas rescindível, e o segundo cânon estabelece que o ato de renúncia a um ofício eclesiástico que se realize sob as circunstâncias mencionadas é nulo— se resolve com o critério de prevalência da norma especial sobre a geral —sendo, elementar, o cânon 188 a norma especial.

(ii)   O ato de renúncia ao cargo de Romano Pontífice deve ser feito por escrito, com registro dos motivos e com justa causa, embora o não cumprimento destes requisitos não seja expressamente sancionado com nulidade.

(iii)   É evidente que **o objeto que a renúncia ao ofício ou cargo de Romano Pontífice deve ter, é justamente o ofício ou cargo de Romano Pontífice** (não pode ser outra coisa). De fato, o cânon 332 §2 fala expressamente desse objeto: que em latim é *muneri* e em português, refere-se a ofício.

Naturalmente, não é que as palavras cargo ou ofício devam ser mencionadas de forma explícita na renúncia, como se fosse uma fórmula sacramental —não há nenhuma regra expressa que ordene que estas palavras sejam mencionadas, muito menos que estabeleça uma sanção de nulidade para o caso em que tal menção não seja feita—, mas deve ficar claro que este será o objeto da renúncia, caso contrário, o ato seria nulo ou inexistente por falta de objeto[13].

Observemos neste ponto que até agora falamos de cargo ou ofício (*munus* ou *officium*) como de duas palavras intercambiáveis, sinônimas, e isso porque o cânon 145 § 1 já citado assim o sugere, na medida em que define o ofício eclesiástico (*officium ecclesiasticum*) como um cargo (*munus*) qualificado, isto é, como um cargo com as qualidades de estabilidade, constituição divina ou eclesiástica e finalidade espiritual.

Agora, a pergunta é: o cânon 332 § 2, que fala da renúncia do Romano Pontífice ao *munus*, poderia ter usado alguma outra expressão, distinta de *munus* e de *officium*, como sinônimo? Mais concretamente: teria o referido cânon podido recorrer, por exemplo, ao vocábulo *ministerium*? São sinônimos, de um lado, os termos *munus* e *officium* e, de outro, *ministerium*?

Um ato jurídico concreto de renúncia por parte do Romano Pontífice, que tenha por objeto o que a palavra *ministerium* significa, seria válido?

2. Do objeto do ato administrativo de renúncia ao cargo ou ofício de Romano Pontífice como requisito de validade e sua relação com os termos *munus* e *ministerium*

O primeiro significado, técnico, específico, especial ou próprio, da palavra *munus* é o que se contempla no já mencionado cânon 145 § 1, e que corresponde a cargo ou ofício. Em relação a este primeiro significado, a doutrina tem definido o termo *munus* como encargo, isto é, como complexo de atribuições e de competências, de obrigações e de direitos anexos a um ofício[14], ou conjunto de direitos e deveres encomendados ao mesmo tempo à mesma pessoa[15]; ou seja, sob este entendimento, a palavra *munus* corresponderia a uma verdadeira situação ou posição jurídica que envolve deveres e direitos. Além disso, indo mais longe, Steenbergen[16] associa este primeiro sentido de *munus* a uma questão ontológica, que, no caso do ofício do Romano Pontífice, reveste um **caráter transcendente e sobrenatural**, ao ser conferido ao sucessor de Pedro como presente ou dom divino.

Estas definições doutrinais realmente encontram apoio canônico, tanto no CDC como na Constituição Apostólica Universi Dominici Gregis (UDG)[17]. Assim, por um lado, há vários cânones do CDC e da UDG que utilizam o termo *munus* no sentido de <u>encargo</u> (cf. 358 CDC, 1206 CDC, 13 "d" UDG, 80 UDG[18]). Por outro lado, têm-se os cânones do CDC e da UDG que se referem a *munus* como sinônimo de <u>cargo</u> ou <u>ofício</u> (cf. 253 § 1 CDC, 333 § 1 CDC, 377 § 2 CDC, 425 § 1 CDC, 430 § 1

CDC, 478 § 2 CDC, 481 § 2 CDC, 494 § 2 CDC, 622 CDC, 623 CDC, 749 § 1 CDC, 810 § 1 CDC, 83 CDC, 1381 § 2 CDC, 1420 § 5 CDC, 14 UDG, 15 UDG e 21 UDG[19]). Adicionalmente, encontra-se ainda um cânon do CDC (o 366), em que a palavra *munus* é traduzida como unção[20]. E por último, o cânon 874 §1 permite associar mais claramente o termo *munus* com o que seria um título[21].

Ora, a palavra *munus* tem um segundo significado, sob o qual se torna sinônimo de *ministerium*. Neste sentido, ambos os termos significam função, tarefa, labor, missão, objetivo, serviço etc. Com efeito, frente a este segundo sentido do termo *munus* a doutrina se pronunciou assim: "a palavra *munus* (função) —com poucas exceções— significa quase sempre uma tarefa a fazer, com um acento teológico especial no caso das três funções (*tria munera*) de Cristo e da Igreja"[22].

Ao longo do CDC abundam os cânones em que a palavra *munus* é utilizada com este entendimento (cf. 116 § 1, 173 § 4, 204 § 1, 225 § 2, 231 § 1, 239 § 2, 253 § 3, 256 § 1, 260, 274 § 2, 278 § 3, 317 § 3, 334, 337 § 3, 375 § 2, 358, 360, 364, 381 § 1, 383 § 1, 412, 443 § 1, 447, 450 § 1, 452 § 1, 482 § 1, 493, 501 § 1, 502 § 2, 503, 506 § 2, 508 § 2, 510 § 3, 519, 531, 533 § 1, 539, 541 § 1, 544, 550 § 1, 571, 588 § 3, 617, 628 § 1, 633 § 1, 651 § 3, 676, 713 § 2, 756 § 1, 756 § 2, 762, 775 § 3, 780, 807, 822 § 3, 834 § 1, 835 § 1, 835 § 4, 837 § 1, 839 § 1, 843 § 2, 861 § 2, 874 § 1, 893 § 2, 899 § 2, 904, 1008, 1063, 1105 § 1, 1173, 1213, 1278, 1280, 1282, 1283, 1284 § 1, 1301 § 2, 1333 § 1, 1386, 1428 § 1, 1428 § 3, 1433, 1454, 1470 § 2, 1490, 1577 § 2, 1733 § 2, 1741, 1747 § 1[23]). De fato, há cânones do CDC (v.gr. 756 § 2) onde se utilizam ambas as palavras conjuntamente, de maneira a ser evidente sua permutabilidade. Além disso, na UDG há também cânones onde a palavra *munus* se utiliza neste mesmo sentido de função (cf. 7, 16, 32, 40, 46, 84[24]).

É importante notar que em nenhum dos cânones em que se utiliza a palavra "ministerium" (ou suas associadas), se designa com ela o primeiro significado atribuído ao termo "munus". No CDC, "ministerium" designa sempre atividade, tarefa, missão, objetivo, função, serviço, ajuda, intervenção etc. (cf. cânones 41, 1481 § 1, 1502, 1634 § 1) —ou então, "conjunto de atividades", como quando se refere a ministério pastoral, ministério da palavra, ministério sagrado, diversos ministérios etc. (cf. cânones 230 § 3, 232, 233 § 1, 233 § 2, 237 § 1, 245 § 1, 249, 252 § 1, 256 § 1, 271 § 1, 271 § 2, 276 § 1, 278 § 2, 281 § 1, 324 § 2, 385, 386 § 1, 392 § 2, 509 § 2, 545 § 1, 545 § 2, 548 § 2, 551, 559, 611, 618, 674, 713 § 3, 756 § 2, 757, 759, 760, 836, 1035 § 1, 1036, 1041, 1050, 1051, 1370 § 3, 1375, 1384, 1548 § 2, 1722, 1740) — e nunca cargo, ofício, título, dignidade, unção ou encargo[25].

Tudo isto evidencia que são acertadas as seguintes reflexões doutrinais em torno dos termos ministério, cargo e ofício: *"A palavra ministério, em seu significado mais típico, exprime a ação de servir, que nem sempre se distingue claramente da própria tarefa a realizar. No entanto, este termo refere-se mais à ação do que ao conjunto de direitos e deveres"*[26]. *"Munus pertence à ordem do 'ser'; ministerium à ordem do 'fazer'. Isto é, o 'munus' existe, o 'ministerium' é exercido (embora nem sempre). [...] O 'ministerium' deriva ontologicamente do 'munus' e o pressupõe (e não o inverso). 'Munus' pode designar um aspecto que 'ministerium' não pode: em concreto, um caráter transcendente e sobrenatural. 'Munus' designa (ou pode designar) a 'dimensão vertical' do ofício [de Romano Pontífice]; a que é garantida ao sucessor de Pedro em virtude da* **divina instituição do ofício**. *'Ministerium', por definição, indica a 'dimensão horizontal', o aspecto social do mesmo ofício. Em outras palavras: enquanto 'munus' refere-se ao ofício como presente ou dom, 'ministerium' refere-se ao ofício como serviço"*[27]. *"As ações desenvolvidas em nome da Igreja, ou seja, as atividades públicas da mesma, podem chamar-se ministérios. [...] Se o exercício de algum ministério se efetua no quadro de uma instituição jurídica que implique a atribuição de um complexo de direitos e de deveres referidos a uma pessoa para uma atividade pública, se pode falar de um cargo ou seja de um* munus *público em sentido especial. [...] Aqueles cargos públicos estavelmente constituídos que respondem aos critérios incluídos no cânon 145, se chamam ofícios eclesiásticos"*[28].

Tendo em mente esta precisão terminológica[29], cabe retomar, e inclusive reformular, as interrogações deixadas em suspenso em linhas precedentes: será que, em lugar de "munus", o cânon 332 § 2 do CDC poderia ter utilizado a palavra "ministerium"? Ou melhor: no contexto do cânon citado, o significado da palavra "munus" que ali se emprega coincide com o sentido do termo "ministerium", ou corresponde em vez disso à definição de "officium ecclesiasticum"? Um ato jurídico concreto de renúncia por parte do Romano Pontífice, que se refira ou recaia sobre o que a palavra "ministerium" significa, seria válido?

Há pelo menos duas razões pelas quais se pode afirmar de modo categórico que, no contexto do cânon 332 § 2, o sentido do termo "munus" corresponde, não ao de "ministerium", mas ao de "officium ecclesiasticum":

Em primeiro lugar, deve-se ter em conta que segundo o cânon 17 *"As leis eclesiásticas devem ser entendidas segundo o significado próprio das palavras, considerado em seu texto e contexto* [...]", e que, como ficou dito, o significado próprio da palavra "munus" corresponde a encargo, cargo, ofício, título, dignidade etc. Em consequência, o sentido impróprio, genérico, lato da palavra "munus", que a associa a função, atividade, serviço etc., deve ser afastado.

Mas além disso, e é esta segunda razão a determinante, seria ilógico assumir que o cânon 332 § 2 se refere a "munus" em seu sentido impróprio (isto é, como <u>função</u>), dado que um ofício eclesiástico envolve múltiplas funções, e não se pode renunciar às funções próprias de um ofício sem renunciar ao próprio ofício[30]. Uma tal renúncia não somente seria ilógica, como, tratando-se do ofício de Romano Pontífice, iria contra a mesma essência, imutável, deste ofício, tal como estabelecida por direito divino sob a fórmula "tu és Pedro e sobre esta pedra edificarei minha Igreja. [...] Dar-te-ei as chaves do reino dos céus; e o que atares na terra será atado nos céus, e o que desatares na terra será desatado nos céus" (Mt 16, 18-19), e consoante ao mandato, também dirigido a Pedro por nosso Senhor Jesus Cristo: "Apascenta os meus cordeiros! (...) Apascenta as minhas ovelhas!" (Jo 21, 15-17). Lembremos que a partir destas citações bíblicas a Igreja definiu[31], entre outros dogmas associados ao ofício de Romano Pontífice, aqueles que assinalam sua instituição divina direta e imediata[32], sua outorga a um único e exclusivo titular, que portanto ostenta um primado de jurisdição sobre toda a Igreja de Deus —o que dá lugar a uma forma de governo não fracionada, não compartilhada[33], e a plenitude deste primado[34], no sentido de que o mesmo compreenda, não só o concernente à fé e aos costumes, mas também o relacionado com a disciplina e o regime da Igreja[35]. De fato, este último traço encontra apoio inclusive no CDC, o qual, no cânon 331 ratifica a potestade "plena" ostentada na Igreja pelo Romano Pontífice — ali apontado como *"Bispo da Igreja Romana"*, *"cabeça do Colégio dos Bispos, Vigário de Cristo e Pastor da Igreja universal na terra"*[36], em concordância com o cânon 375, que descreve as três funções inseparáveis inerentes ao ofício episcopal, a saber: as funções de santificar, ensinar e reger[37].

Por tudo isto, fica claro que a palavra "munus" empregada no cânon 332 § 2 do CDC necessariamente deve ser entendida como sinônimo de "officium ecclesiasticum", e de nenhuma maneira seu significado pode ser equiparado ao de "ministerium". De admitir tal equiparação, a norma não somente ficaria ininteligível, na medida em que não permitiria conhecer a respeito de qual destes "ministerium" próprios do ofício de Romano Pontífice se regularia a renúncia, como, além disso, ao se entender que a regulação se refira a qualquer um ou a vários desses "ministerium", contradiria o direito divino, o qual, ao prescrever a "plenitude" e a "unidade" ou "exclusividade" do primado de Pedro, proíbe qualquer separação ou fracionamento dos mesmos.

Por certo, pela mesma razão de direito divino, também seria inadmissível qualquer ato jurídico em virtude do qual o Romano Pontífice pretendesse renunciar apenas a algum ou alguns dos "ministerium" inerentes a seu cargo, reservando-se os restantes[38].

Ora, o ato de renúncia pronunciado por BXVI em 2013, recaiu indubitavelmente sobre o "munus" (cargo) de Romano Pontífice, ou se referiu somente a alguns dos correspondentes "ministerium"? Verifiquemos isso.

3. O objeto da "renúncia" de BXVI: "munus" ou "ministerium"?

3.1 A literalidade do documento que contém a "renúncia" feita por BXVI

Para determinar o objeto sobre o qual recaiu a "renúncia" efetuada por BXVI em 2013, o primeiro que devemos examinar é, naturalmente, a literalidade do documento no qual a mesma se plasmou, sem perder de vista o critério interpretativo que frente aos atos administrativos proporciona o cânon 36 § 1 do CDC, a saber: *"O ato administrativo deve ser entendido segundo o significado próprio das palavras e o modo comum de falar [...]"*.

O texto da renúncia, tanto em latim como em português, é o seguinte:

"Fratres carissimi:

Non solum propter tres canonizationes ad hoc Consistorium vos convocavi, sed etiam ut vobis decisionem magni momenti pro Ecclesiae vita communicem. Conscientia mea iterum atque iterum coram Deo explorata ad cognitionem certam perveni vires meas ingravescente aetate non iam aptas esse ad munus Petrinum aeque administrandum.

Bene conscius sum hoc munus secundum suam essentiam spiritualem non solum agendo et loquendo exsequi devere, sed non minus patiendo et orando. Attamen in mundo nostri temporis rapidis mutationibus subiecto et quaestionibus magni ponderis pro vita fidei perturbato ad navem Sancti Petri gubernandam et ad annuntiandum Evangelium etiam vigor quidam corporis et animae necessarius est, qui ultimis mensibus in me modo tali minuitur, ut incapacitatem meam ad ministerium mihi commissum bene administrandum agnoscere deveam. Quapropter bene conscius ponderis huius actus plena libertate declaro me ministerio Episcopi Romae, Successoris Sancti Petri, mihi per manus Cardinalium die 19 aprilis MMV commisso renuntiare ita ut a die 28 februarii MMXIII, hora 20, sedes Romae, sedes Sancti Petri vacet et Conclave ad eligendum novum Summum Pontificem ab his quibus competit convocandum esse.

Fratres carissimi, ex toto corde gratias ago vobis pro omni amore et labore, quo mecum pondus ministerii mei portastis et veniam peto pro omnibus defectibus meis. Nunc autem Sanctam Dei Ecclesiam curae Summi eius Pastoris, Domini nostri Iesu Christi confidimus sanctamque eius Matrem Mariam imploramus, ut patribus Cardinalibus in eligendo novo Summo Pontifice materna sua bonitate assistat. Quod ad me attinet etiam in futuro vita orationi dedicata Sanctae Ecclesiae Dei toto ex corde servire velim. Ex Aedibus Vaticanis, die 10 mensis februarii MMXIII. BENEDICTUS P.P. XVI"[39].

"Caríssimos irmãos,

Convoquei-vos para este Consistório não só por causa das três canonizações, mas também para vos comunicar uma decisão de grande importância para a vida da Igreja. Depois de examinar reiteradamente a minha consciência diante de Deus, cheguei à certeza de que as minhas forças, devido à idade avançada, já não são idôneas para exercer adequadamente o munus Petrinum.

Estou bem consciente de que este munus, *pela sua essência espiritual, deve ser cumprido não só com as obras e com as palavras, mas também e igualmente sofrendo e rezando. Todavia, no mundo de hoje, sujeito a rápidas mudanças e agitado por questões de grande relevância para a vida da fé, para governar a barca de São Pedro e anunciar o Evangelho, é necessário também o vigor quer do corpo quer do espírito; vigor este, que, nos últimos meses, foi diminuindo de tal modo em mim que tenho de reconhecer a minha incapacidade para administrar bem o* ministerium *que me foi confiado. Por isso, bem consciente da gravidade deste ato, com plena liberdade, declaro que renuncio ao* ministerio *de Bispo de Roma, Sucessor de São Pedro, que me foi confiado pela mão dos Cardeais em 19 de Abril de 2005, pelo que, a partir de 28 de Fevereiro de 2013, às 20:00, a sede de Roma, a sede de São Pedro, ficará vacante e deverá ser convocado, por aqueles a quem tal compete, o Conclave para a eleição do novo Sumo Pontífice.*

Caríssimos Irmãos, verdadeiramente de coração vos agradeço por todo o amor e o trabalho com que carregastes comigo o peso do meu ministerii, *e peço perdão por todos os meus defeitos. Agora confiemos a Santa Igreja à solicitude do seu Pastor Supremo, Nosso Senhor Jesus Cristo, e peçamos a Maria, sua Mãe Santíssima, que assista, com a sua bondade materna, os Padres Cardeais na eleição do novo Sumo Pontífice. Pelo que me diz respeito, nomeadamente no futuro, quero servir de todo o coração, com uma vida consagrada à oração, à Santa Igreja de Deus. Vaticano, 10 de fevereiro de 2013. BENTO PP. XVI"*[40].

No texto acima transcrito podem observar-se várias situações:

(i)   Bento utiliza três vezes a palavra "ministerium", e duas vezes a palavra "munus".

(ii)   Tratando-se especificamente da fórmula da renúncia —e não de seus antecedentes ou justificação— a expressão utilizada é *ministerio Episcopi Romae, Successoris Sancti Petri.*

(iii) Nas outras duas vezes em que se utiliza a palavra "ministerium", esta se vincula sempre a um fazer, a um exercício, a uma ação, a uma atividade. Assim, por um lado, Bento expressa que, ao carecer do vigor (de corpo e alma) necessário, se vê incapaz de exercer bem o "ministerium" que lhe foi conferido. Mas, além disso, das palavras precedentes a este uso específico de "ministerium" se depreende que tal administração para a qual BXVI se diz incapacitado consiste em duas atividades concretas: governar (*agendo, gubernandam*) e (*et*) pregar (*loquendo, annuntiandum Evangelium*). E, por outra parte, se refere finalmente a "ministerii" para agradecer pelo trabalho e o amor aos que com ele dividiram o peso de seu *ministerii* (entende-se, então, que uma vez mais neste caso o termo se vincula a um <u>fazer</u>).

(iv) Em uma das ocasiões em que utiliza a palavra múnus, enquanto "munus Petrinum", Bento ressalta a <u>essência espiritual</u> do mesmo, logo assinalando que compreende várias atividades, funções, tarefas etc. — isto é, vários "ministerium" — em concreto quatro: *agendo, loquendo* — sendo que estas duas atividades são retomadas mais adiante sob as palavras "gubernandam" e "annuntiandum Evangelium", respectivamente —, *patiendo* e *orando*. Elementar, assim, que Bento diferencie este sentido de múnus dos sentidos anteriormente expostos de "ministerium": o "munus" seria o todo, o "ministerium" a parte; o "munus" seria o recipiente, o "ministerium", o conteúdo; o "munus" seria o cargo, o "ministerium" as funções; o "munus" seria a posição ou situação jurídica, o "ministerium" sua implantação.

(v) E na outra utilização de múnus, referente a *munus Petrinum*, Bento expressa, sem mais, que por sua avançada idade, suas forças já não correspondem ao exercício adequado do mesmo. Note-se, assim, a sinalização de que suas forças não mais correspondem, não à titularidade do "munus", mas apenas ao seu adequado exercício.

Tudo isso indica que o objeto específico da renúncia de BXVI consistiu no exercício ativo de certas funções ou ministérios associados ao cargo ou múnus de Romano Pontífice, e não a este cargo como tal; isto é, a renúncia de BXVI ao cargo de Romano Pontífice foi aparente, uma vez que o verdadeiro objeto, ainda que oculto ou velado, do ato, foi outro (a saber: as funções de governar a Igreja e anunciar o Evangelho)[41]. Em resumo: no caso de BXVI, o ato de renúncia ao ofício de Romano Pontífice não existiu, por falta de objeto. Poderia ter existido um ato jurídico distinto, com um objeto diferente, que teria sido o ato de renúncia de alguns dos ministérios próprios do ofício em questão, não fosse, como se concluiu acima, uma renúncia fracionada referindo-se a algumas —e não a todas— as funções próprias do ofício de Romano Pontífice, é juridicamente impossível, de acordo com o direito divino. Em conclusão, o ato realizado em fevereiro de 2013 por BXVI jamais existiu, em absoluto, para o direito canônico, de tal sorte que de sua parte houve apenas um afastamento, *de fato* e *parcial*, de suas funções[42].

Ademais, para um maior aprofundamento deste ato de renúncia, convém atentar às declarações posteriores do próprio BXVI, onde parece esclarecer o que quis dizer em sua declaração de renúncia.

3.2 As declarações "aclaratórias" emitidas por BXVI posteriormente ao anúncio de sua "renúncia"

Em três dos atos presididos por BXVI em fevereiro de 2013, foram feitas algumas alusões expressas a sua renúncia, onde podemos compreender melhor o alcance deste ato:

(i)   Assim, no *Angelus* de 24 de fevereiro de 2013, Bento parece indicar que a sua decisão não produziu senão uma mudança na forma como continuaria a dirigir a Igreja, ao expressar: *"O Senhor me convida a «subir ao monte», a dedicar-me ainda mais à oração e à meditação. Mas isso não significa abandonar a Igreja, de fato, se Deus me pede isto é precisamente para que eu possa continuar a servi-la com a mesma dedicação e o mesmo amor com o qual até agora tenho tentado fazê-lo, mas de um modo mais conforme a minha idade e a minhas forças[43]"*.

Em sintonia com estas declarações se encontra a resposta oferecida por BXVI, no verão do mesmo ano de 2013, durante uma entrevista privada ocorrida em sua residência no *Mater Ecclesiae*, onde, ao referir-se às razões de sua renúncia, afirmou: *"Foi Deus quem me disse"*[44].

(ii)   De forma semelhante, na Audiência Geral de 27 de fevereiro de 2013, Bento declarou:

"Nestes últimos meses, notei que as minhas forças diminuíram, e pedi a Deus com insistência, na oração, que me iluminasse com a sua luz para tomar a decisão mais adequada não para o meu próprio bem, mas para o bem da Igreja. Dei este passo com plena consciência de sua importância e também de

sua novidade, mas com uma profunda serenidade de espírito. Amar a Igreja significa também ter a coragem de tomar decisões difíceis, sofridas, tendo sempre diante de si o bem da Igreja e não o próprio.

Permiti-me aqui voltar a 19 de abril de 2005. A seriedade da decisão reside precisamente também no fato de que a partir daquele momento me comprometia sempre e para sempre com o Senhor. [...] O "sempre" é também um "para sempre" — já não existe uma volta ao privado. Minha decisão de renunciar ao exercício ativo do ministério não revoga isto. Não retorno à vida privada, a uma vida de viagens, encontros, recepções, conferências, etc. Não abandono a cruz, mas permaneço de maneira nova junto ao Senhor Crucificado. Já não tenho a potestade do ofício para o governo da Igreja, mas no serviço da oração permaneço, por assim dizê-lo, no recinto de São Pedro. São Bento, cujo nome levo como Papa, me será de grande exemplo nisto. Ele nos mostrou o caminho para uma vida que, ativa ou passiva, pertence totalmente à obra de Deus.

Agradeço a todos e a cada um também o respeito e a compreensão com que acolhestes esta decisão tão importante. Continuarei a acompanhar o caminho da Igreja com a oração e a reflexão, com a entrega ao Senhor e à sua Esposa, com que procurei viver até agora todos os dias e gostaria de continuar a viver"[45].

Destes extratos podemos destacar várias circunstâncias:

— Por um lado, Bento fala da importância e da novidade de sua decisão. Mas, por que novidade, se outras renúncias papais já se deram na história? Algo novo é algo que nunca aconteceu, algo diferente do que ocorreu no passado... Será então que a renúncia de Bento não foi como as anteriores renúncias papais? Em que sentido seria diferente?

— Bento especifica o conteúdo de sua decisão, fazendo-a consistir na renúncia "ao exercício ativo do ministério".

— Da mesma forma, assinala que ao assumir o ministério petrino se comprometeu *"sempre e para sempre com o Senhor"*, de maneira que *"não retorno à vida privada, a uma vida de viagens, encontros, recepções, conferências, etc. Não abandono a cruz, mas permaneço de maneira nova junto ao Senhor Crucificado. Já não tenho a potestade do ofício para o governo da Igreja, mas no serviço da oração permaneço, por assim dizê-lo, no recinto de São Pedro. [...] Continuarei a acompanhar o caminho da Igreja com a oração e a reflexão, com a dedicação ao Senhor e à sua Esposa, com que procurei viver até agora todos os dias e gostaria de continuar a viver"*. Estas palavras guardam um **paralelismo chave** com as que se plasmaram no ato de renúncia, no tocante aos diversos "ministerium" que envolve o "munus" correspondente ao Romano Pontífice, àqueles "ministerium" que se reserva ou que conserva, e àqueles de que abre mão[46]; assim:

	Ato de renúncia **10-11 de fevereiro** **de 2013**	**Audiência geral** **27 de fevereiro** **de 2013**
"Ministerium" que Bento **abre mão**	1. *"Agendo" / "Gubernandam".* 2. *"Loquendo" / "Annuntiandum Evangelium".*	1. *"Já não tenho a potestade do ofício para o **governo** da Igreja".* 2. *"Não retorno à vida privada, a uma vida de **viagens, encontros, recepções, conferências etecetera".***
"Ministerium" que Bento **se reserva ou conserva.**	3. *"Patiendo".* 4. *"Orando" / "Vita orationi".*	3. *"Não abandono a **cruz**, mas permaneço de maneira nova junto ao Senhor Crucificado". "Continuarei acompanhando o caminho da Igreja [...] com a **entrega** ao Senhor e à sua Esposa".* 4. *"Continuarei acompanhando o caminho da Igreja com a **oração** e a **reflexão**". "No serviço da **oração** permaneço, por assim dizê-lo, no recinto de São Pedro".*

De resto, esta distinção entre os "ministerium" depostos e retidos por ele, que claramente correspondem ao que seria uma "vida ativa" e uma "vida contemplativa", se encaixa com a afirmação do próprio Bento no sentido de que São Bento *"nos mostrou o caminho para uma vida que, ativa ou passiva, pertence totalmente à obra de Deus"*, alusão esta que por sua vez parece sugerir uma continuidade entre o antes e o depois da aparente renúncia, como se um e outro momento não fossem mais que duas fases de uma mesma situação (também jurídica) de entrega a Deus e à Sua Igreja.

(iii) E no ato de sua despedida aos fiéis, em 28 de fevereiro de 2013, parece confirmar o paralelismo descrito ao pronunciar estas palavras: "*Sabeis que esta visita é diferente das anteriores: já não serei Sumo Pontífice da Igreja Católica senão até as oito da noite, (quando) serei simplesmente um peregrino que inicia a última etapa da sua peregrinação nesta terra. Mas quisera ainda, com meu coração, com meu amor, com minha oração, com minha reflexão, com todas minhas forças interiores, trabalhar pelo bem comum da Igreja e da humanidade. (…) Vamos em frente com o Senhor para o bem da Igreja e do mundo. Obrigado…*"[48]. Parece-nos evidente como Bento ressalta que reteve os "ministerium" do sofrimento —que neste caso vem referido a partir do amor (pois amar implica, sempre e necessariamente, sofrer) — e da oração.

3.3 BXVI manteve o exercício do "ministério da palavra" (munus docendi) inerente ao cargo ou ofício de Romano Pontífice?

Independentemente do que BXVI expressou, tanto na própria declaração de sua renúncia quanto nos atos que a sucederam, até sua materialização, pode-se verificar que ele não cessou de contribuir com suas análises sobre temas candentes para a vida da Igreja (moral, liturgia, evangelização, conversão, sacramentos etc.). Estas contribuições foram interpretadas por muitos como uma manifestação do exercício efetivo do "ministério da palavra", do anúncio do Evangelho (*munus docendi*); deste ponto de vista, Bento continuaria atuando, apesar de sua renúncia a tal ministério, como um verdadeiro Pastor da Igreja[49].

Em ordem a examinar esta interpretação, convém partir de uma síntese das declarações, intervenções e comunicações emitidas por BXVI depois da materialização de sua "renúncia":

— Fevereiro de 2013: No ato de despedida ao clero romano, emite um discurso sobre a Igreja, e mais especificamente, sobre a renovação da Igreja buscada no Concílio Vaticano II e que ainda não se alcançou[50].

— Fevereiro de 2013: Em seu discurso durante o ato de despedida dos cardeais, insiste novamente na realidade da Igreja[51].

— Agosto de 2013: Escreve uma carta de réplica ao matemático (ateu) Piergiorgio Odifreddi, que por sua vez escreveu, em 2011, o livro "Caro papa, ti scrivo" (Querido papa, te escrevo), no qual confrontou a fé e a doutrina católicas a partir da "Introdução ao Cristianismo" de Bento[52].

— Março de 2014: É publicado um livro sobre João Paulo II, no qual contribui com a citação de várias encíclicas deste Papa —em especial a *Veritatis Splendor*— e a declaração *Dominus Iesus*, e emite as suas avaliações do mesmo[53].

— Outubro de 2014: Responde ao convite feito a ele para assistir a uma Missa tradicional a ser presidida pelo cardeal Burke na Basílica Vaticana. Nesta resposta BXVI se refere a si mesmo como "monge de clausura", e se desculpa por sua ausência, advertindo que só deixa "o claustro em casos particulares, convidado pessoalmente pelo Papa"; além disso, expressa sua alegria pelo fato de que o *usus antiquus* "viva agora em completa paz no interior da Igreja, mesmo entre os jovens, apoiado e celebrado por grandes cardeais"[54].

— Outubro de 2014: Envia uma carta à Universidade Urbaniana, por ocasião de sua "Aula Magna" dedicada a ele, e no texto enfatiza a necessidade da evangelização[55].

— Outubro de 2014: Dirige-se em carta à Fundação Vaticana Joseph Ratzinger-Bento XVI, por ocasião do Congresso por ela organizado na Pontifícia Universidade Bolivariana de Medellín sobre o tema "O respeito pela vida, caminho para a paz"[56].

— Outubro de 2014: Em resposta à mensagem de agradecimento enviada por Nicolas Ollivant, Presidente dos Amigos do Ordinariato, envia uma carta aos católicos ex-anglicanos do Ordinariato de Nossa Senhora de Walsingham[57].

— Novembro de 2014: Publica-se um dos volumes da *Opera Omnia*, no qual se inclui o texto da famosa "retractatio", a correção feita a respeito de um de seus próprios escritos do passado (1972) relativo ao acesso à comunhão por parte dos divorciados novamente casados.

— Julho de 2015: Pronuncia um discurso em Castel-Gandolfo, sobre a relação entre música e liturgia, ao aceitar dois doutorados *honoris causa* nessa mesma matéria[58].

— Outubro de 2015: Mons. Gänswein, então Prefeito da Casa Pontifícia, lê um texto escrito por Bento, no contexto do Congresso organizado pelos jesuítas em Roma, sobre o tema "Por meio da fé.

Doutrina da justificação e experiência de Deus na pregação da Igreja e nos Exercícios Espirituais". Mais tarde, em março de 2016, dá uma entrevista sobre esta intervenção e, por sua vez, o conteúdo da entrevista é incluído num livro publicado sob o mesmo título do Congresso. Aí são abordados os temas da misericórdia, graça, perdão, confissão sacramental, cruz, expiação, fé (cristã) e salvação, missão, entre outros[59].

— Junho de 2016: Emite um pequeno discurso, diante de Bergoglio e dos cardeais, por ocasião dos 65 anos de sua ordenação sacerdotal, centrado na Eucaristia[60].

— Junho de 2016: Envia um escrito para ser lido na apresentação de um livro sobre o (falecido) cardeal e arcebispo de Bolonha Giacomo Biffi, onde o recorda como *"um homem de extraordinária coragem, sem temor à popularidade ou impopularidade, orientado somente pela luz da verdade, que em Jesus Cristo nos aparece em pessoa"*[61].

— 2017: Entrega ao cardeal suíço Kurt Koch, presidente da Comissão Vaticana para o Diálogo com o Judaísmo, um documento intitulado "Graça e chamada sem arrependimento. Observações sobre o tratado 'De Iudaeis'", como reação ao texto que, sob o título "Os dons e a chamada de Deus são irrevogáveis", havia sido publicado em dezembro de 2015, por essa mesma Comissão Vaticana, no 50º aniversário da Declaração "Nostra aetate" do Concílio Vaticano II. Este documento de BXVI, publicado no verão de 2018, suscitou, além de críticas — com as correspondentes respostas de parte de Bento — um intercâmbio epistolar entre ele e o rabino Ariel Folger, por seu turno publicado em formato de livro, em 2019[62].

— Fevereiro de 2018: Recusa-se a comentar uma série de onze livros dedicados ao pensamento teológico de Bergoglio, assinalando, entre outras razões, que *"entre os autores dos volumes figura Hunermann, inimigo do pontificado e do magistério papal, especialmente em matéria de teologia moral"*[63].

— Abril de 2019: É publicado o escrito em que realiza uma análise da crise de abusos sexuais na Igreja[64].

— Abril de 2019: É publicado seu livro *Per amore*.

— Setembro de 2019: Realiza-se o encontro-simpósio anual dos alunos de BXVI, que nesta oportunidade versa sobre o tema da crise do sacerdócio e toma como base seu escrito sobre os abusos sexuais na Igreja. Desta vez, além das reuniões privadas, realiza-se uma reunião pública, em Roma[65].

— Janeiro de 2020: É publicado seu polêmico livro com o cardeal Robert Sarah, sobre o celibato sacerdotal ("Do profundo de nosso coração")[66].

Em princípio, estas intervenções, declarações e comunicações poderiam ser explicadas, ou pelo perfil de acadêmico-teólogo de Bento, ou porque este se viu impelido a responder a eventos organizados em sua homenagem ou a comunicações ou convites e ele dirigidos, sem necessária correspondência com o "ministério" ou à "função" própria de um Pastor, do Pastor supremo da Igreja na terra. "No entanto, há certos aspectos nelas que convidam a investigar o verdadeiro "status" e o papel de Bento XVI na Igreja Católica, a saber:"

(i) Figura reiteradamente a **assinatura "Bento XVI", agregando inclusive a sigla P.P. que significa "Pastor Pastorum" (Pastor de Pastores) ou antes "Pontifex Pontificum" (Sumo Pontífice), título conferido ao Vigário de Cristo**:

JOSEPH RATZINGER
BENEDETTO XVI

per Amore

Benedictus PP XVI

CANTAGALLI

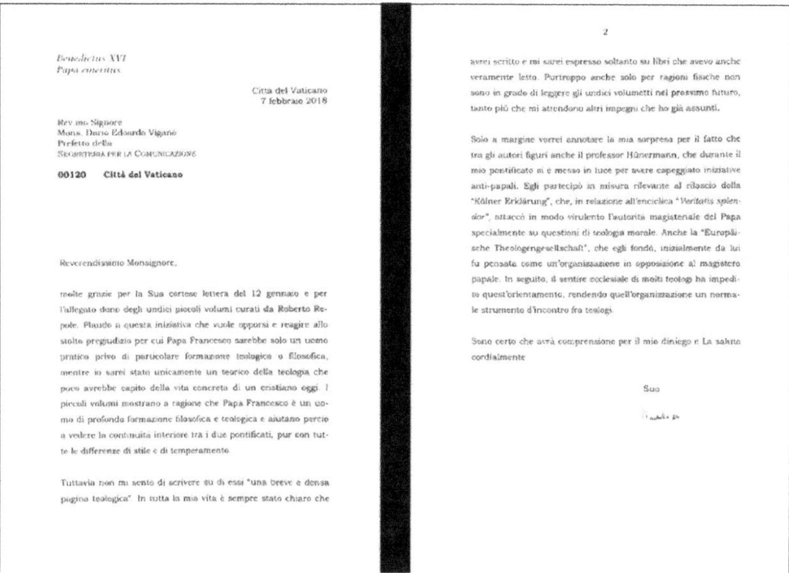

(ii) É concedida a **"Bênção Apostólica"**, exclusiva do Papa ou dos bispos em celebrações especiais da Igreja, e para eventos específicos[67]:

(iii) BXVI se autodenomina "Papa Emérito".

À luz do cânon 185 do CDC, onde encontramos que *"O título de emérito pode ser conferido àquele que cessou num ofício por ter cumprido a idade ou por renúncia aceita"*, este apelativo não tem sentido. Com efeito, o cânon estabelece duas circunstâncias específicas que, tendo determinado a cessação em um ofício, permitem conferir o título de "emérito", e ambas as circunstâncias não se aplicam ao caso de Bento, pois para o ofício de Romano Pontífice não está previsto nenhum limite de idade, tampouco a necessidade de que a eventual renúncia seja aceita[68].

(iv) Em algumas intervenções, declarações e comunicações, BXVI contradiz e com isso **desautoriza várias afirmações "doutrinalmente incorretas" emitidas por Mons. Bergoglio ou pela alta hierarquia eclesiástica**:

— Diante da afirmação de que *"o proselitismo é uma solene tolice"* (01 de outubro de 2013)[69], Bento, em sua carta à Universidade Urbaniana (21 de outubro de 2014), recorda a missão outorgada por Jesus Cristo aos seus apóstolos segundo Mt 28, 19 e assinala categoricamente que o diálogo não pode substituir a missão[70].

— Perante a defesa da comunhão por parte dos divorciados "recasados", apresentada pelo Cardeal Kasper no relatório introdutório ao consistório de cardeais convocado por Mons. Bergoglio para discutir o tema da família (fevereiro de 2014), tendo em vista o sínodo sobre a família previsto para outubro de 2014, BXVI emite a sua "retratação" (novembro de 2014).

— Também devem ser tidas em conta as declarações desencontradas entre Bento e Mons. Bergoglio sobre a Missa Tradicional em latim —enquanto Bento a defendeu (outubro de 2014), Mons. Bergoglio a tem (des)qualificado como um "retrocesso" e como uma "exceção" concedida por Bento a um grupo de "nostálgicos" (março de 2015, novembro de 2016)[71], referindo-se ainda ao jejum eucarístico como uma "cruz tão pesada" (dezembro de 2014)[72].

— Diante do texto do cardeal Koch, onde se sugere, entre outros erros, que os judeus poderiam ser salvos "sem explicitamente confessar a Cristo" (2015), Bento responde em sentido contrário: a necessidade de confessar a Cristo, a necessidade do arrependimento, da conversão (2017)[73].

— Enquanto Mons. Bergoglio, antes de sua viagem à América do Sul, saúda da Praça de São Pedro os bolivianos presentes e destaca seu "rico patrimônio cultural religioso" (junho de 2015)[74], Bento expressa a grandeza da música ocidental, surgida da liturgia, e considera-a uma "demonstração da verdade do cristianismo", como fruto de "um encontro com a verdade, com o verdadeiro Criador do mundo"[75].

— Diante das análises e propostas de Mons. Bergoglio sobre os abusos sexuais na Igreja, referentes ao "clericalismo", Bento oferece seu próprio olhar: a ausência de Deus[76].

— Frente ao Sínodo da Amazônia convocado por Mons. Bergoglio para discutir, entre outros assuntos, a possível abolição do celibato sacerdotal obrigatório, BXVI publica um livro em parceria com o Cardeal Robert Sarah, defendendo a permanência do celibato sacerdotal[77].

(v) Em seu conjunto, estas intervenções, declarações e comunicações emitidas por Bento, unidas às suas orações e sofrimentos, evidenciam que ele vem atuando como um verdadeiro *Katejon*[78]: assim, frente ao discurso "oficial" da hierarquia eclesiástica, de caráter anticristão, materialista, mundano e antropocêntrico, Bento sustenta a visão do Espírito, da transcendência, da Verdade, de Cristo, da cruz...

A partir das circunstâncias expostas, pode-se continuar a sustentar com honestidade que BXVI seja simplesmente um acadêmico desprovido de toda autoridade na Igreja[79]? O próprio parece nos advertir o contrário, através de uma sutil, mas coerente e coesa linha de reflexão ao longo de seus mais recentes discursos, como em seguida explicaremos.

3.4 A mensagem "sutil" nos recentes discursos de BXVI: A Verdadeira Igreja (de Cristo) vs. A falsa igreja (do Anticristo)

Caso sigamos acuradamente as mais recentes intervenções, declarações e comunicações de BXVI, podemos inferir que este vem enviando uma mensagem na forma de "entrelinhas" referente à realidade da Igreja. Mais apropriadamente, Bento parece denunciar a coexistência de duas Igrejas: uma verdadeira e outra falsa, uma de Cristo e outra do Anti-Cristo[80], uma de instituição divina e outra puramente humana, uma remanescente e outra de massas, uma que "vive e cresce nas almas" — pela comunhão com Cristo (tanto na Eucaristia como na Palavra), e outra meramente jurídico-política, burocrática, portanto. Mais: Bento declara que a verdadeira Igreja, a do final dos últimos tempos, a do Apocalipse, é uma Igreja de mártires... **E parece indicar-se como um daqueles mártires cuja vida e sofrimento sustenta a Igreja, parecendo ainda convidar os fiéis a reconhecer, a descobrir esse seu grande martírio** (cabe lembrar que Bento insistiu em que, após sua renúncia, seu serviço à Igreja seria precisamente através da oração e do sofrimento). Será conveniente transcrever de forma pontual alguns trechos dos discursos em questão, a fim de tornar manifestas estas mensagens subjacentes (o que se fará através dos seguintes quadros demonstrativos)[81]:

Em primeiro lugar, em contraste com o discurso oficial comumente empregado pelo Vaticano sobre "alegria cristã", segundo o qual a mesma se obteria e expressaria de modo preponderantemente "terreno", e somente de forma superficial ou marginal se vincularia à dimensão transcendente[82], Bento identifica com clareza o "dom da fé", oferecido através da Igreja que, ainda hoje, segue viva, como base da verdadeira alegria:

Ato de despedida ao clero romano (14/02/13):	Última Audiência Geral (27/02/13):	Despedida dos cardeais (28/02/2013):
"É sempre uma grande alegria ver que a Igreja vive".	*"Estou verdadeiramente comovido e <u>vejo que a Igreja está viva</u>", graças à "Palavra de Verdade do Evangelho". "<u>Esta é minha confiança, esta é minha alegria</u>". "Sim, <u>alegremo-nos pelo dom da fé</u>; é o bem mais precioso, e que ninguém pode nos arrebatar". "Experimentar a Igreja deste modo, e poder quase chegar a tocar com a mão a força de sua verdade e de seu amor, é motivo de alegria, em um tempo em que tantos falam de seu declínio. Mas vemos como <u>a Igreja hoje está viva</u>".*	*"Esta é nossa alegria, que ninguém pode nos arrebatar"* [refere-se à vida da Igreja pela Palavra de Deus, acolhida por e concebida nos crentes, por obra do Espírito].

<table>
<tr><td colspan="3" align="center">Análise da crise de abusos sexuais na Igreja
(Abril de 2019):</td></tr>
<tr><td colspan="3">"Vivo numa casa onde uma pequena comunidade de pessoas <u>descobre continuamente, na vida quotidiana, as testemunhas do Deus vivo, apontando-as com alegria. Ver e encontrar a Igreja viva é uma tarefa maravilhosa que nos fortalece e que nos faz sempre alegrar-nos na fé</u>" .</td></tr>
</table>

Por outro lado, BXVI denuncia um dos erros hoje amplamente difundidos, mesmo pela atual hierarquia eclesiástica, que consiste em atribuir à Igreja uma origem puramente humana e uma essência meramente burocrática, dissociando-a assim da inspiração e origem divinas e da devida obediência aos ensinamentos de Jesus. Sem dúvida, a concepção e construção da Igreja a partir desta perspectiva responde ao plano do Anticristo, revelado neste caso por Bento como *"uma proposta do diabo com a qual ele quer nos distanciar do Deus vivo"*:

Ato de despedida ao clero romano (14/02/13):	**Última Audiência Geral** (27/02/13):	**Despedida dos cardeais** (28/02/2013):
A Igreja como *"Corpo Místico de Cristo"*. *"A Igreja <u>não é uma organização, algo estrutural, jurídico, institucional</u> —também é isto—, mas <u>é um organismo, uma realidade vital,</u> que entra em minha alma, de maneira que eu mesmo, precisamente com minha alma crente, sou elemento construtivo da Igreja como tal"*. *"O verdadeiro «nós» dos crentes, junto ao «Eu» de Cristo, é a Igreja"* .	*"Aqui se pode tocar com a mão o que é a Igreja –<u>não uma organização, uma associação com fins religiosos ou humanitários, mas um corpo vivo, uma comunhão de irmãos e irmãs no Corpo de Jesus Cristo,</u> que nos une a todos"* .	*"A Igreja é uma realidade viva, (…) em devir, como todo <u>ser vivo,</u> transformando-se"*. *"A Igreja é um <u>corpo vivo,</u> animado pelo Espírito Santo e vive realmente pela força de Deus. Ela está no mundo, mas não é do mundo, é de Deus, de Cristo, do Espírito"*. *"A Igreja <u>se desperta nas almas</u>"* .

<table>
<tr><td align="center">Análise da crise de abusos sexuais na Igreja
(Abril de 2019):</td></tr>
<tr><td>BXVI retoma novamente as palavras de Guardini: "«Começou um evento de importância incalculável: a Igreja desperta nas almas». Com isto quis dizer que a Igreja já não era, como antes, simplesmente um aparato apresentado a nós desde fora, mas que começou a sentir-se vivo no próprio coração: não como algo externo, mas tocou-nos a partir de dentro. Cerca de meio século depois, refletindo sobre esse processo e observando o que acabava de acontecer, tive a tentação de reverter a frase: «A Igreja morre nas almas». De fato, atualmente, a Igreja é</td></tr>
</table>

Análise da crise de abusos sexuais na Igreja
(Abril de 2019):
considerada em grande parte apenas como uma espécie de aparato político. Hoje só se fala de categorias políticas, e isso é verdade mesmo para os bispos que formulam sua ideia da Igreja de amanhã em grande parte quase exclusivamente em termos políticos. A crise causada por muitos casos de abuso por parte de sacerdotes nos leva a considerar a Igreja inclusive como algo miserável que definitivamente devemos tomar em nossas mãos e recriar de uma maneira nova. Mas uma Igreja feita por nós não pode representar nenhuma esperança". "[...] o campo continua sendo o campo de Deus e a rede continua sendo a rede de pesca de Deus". "A atualidade do que diz o Apocalipse é óbvia. A acusação contra Deus hoje se centra sobretudo em desacreditar a Igreja em seu conjunto para que assim nos afastemos dela. A ideia de uma Igreja melhor criada por nós mesmos é, na verdade, uma proposta do diabo com a qual quer nos distanciar do Deus vivo, utilizando uma lógica falsa na qual caímos com demasiada facilidade. Não, ainda hoje a Igreja não consiste apenas em peixes maus e joio. A Igreja de Deus é também hoje, inclusive, o instrumento através do qual Deus nos salva. É muito importante contrastar toda a verdade com as mentiras e meias verdades do diabo: sim, há pecado e maldade na Igreja. Mas ainda hoje existe também a santa Igreja que é indestrutível. Ainda hoje há muitos homens que humildemente creem, sofrem e amam, e em quem o verdadeiro Deus, o Deus amoroso, se mostra diante de nós. Ainda hoje, Deus tem as suas testemunhas («mártires») no mundo. Basta estarmos atentos para vê-los e ouvi-los. O termo mártir é tirado do direito processual. No juízo contra o diabo, Jesus Cristo é a primeira e autêntica testemunha de Deus, o primeiro mártir, a quem seguiram inumeráveis outros. A Igreja de hoje é como nunca antes uma Igreja de mártires e, portanto, testemunha do Deus vivo. *Se com um coração vigilante olhamos ao nosso redor e escutamos, em toda parte, entre as pessoas simples, mas também nas altas hierarquias da Igreja, podemos encontrar testemunhas que com sua vida e seu sofrimento estão comprometidas com Deus". "O que devemos fazer? Temos de criar outra Igreja para que as coisas possam ser resolvidas? Esta experiência já foi realizada e falhou. Somente o amor e a obediência a nosso Senhor Jesus Cristo podem nos mostrar o caminho correto" .*

Em consonância com o exposto, Bento XVI aponta o que constitui a verdadeira essência da Igreja —o que não pode ser outra coisa senão o próprio Cristo, em Seu Corpo Eucarístico e Sua Palavra eterna:

Ato de despedida ao clero romano	**Última Audiência Geral**
(14/02/13):	(27/02/13):
"A relação entre Povo de Deus e Corpo de Cristo é precisamente a comunhão com Cristo na união eucarística. Aqui nos convertemos em Corpo de Cristo; isto é, a relação entre Povo de Deus e Corpo de Cristo cria uma nova realidade: a comunhão". *"A comunhão como conceito central".* "É fruto do Concílio que o conceito de comunhão tenha se	*"A Palavra de verdade do Evangelho é a força da Igreja, é a sua vida. O Evangelho purifica e renova, dá fruto, onde quer que a comunidade dos crentes o ouça e acolha a graça de Deus na verdade e na caridade". "A*

Ato de despedida ao clero romano (14/02/13):	Última Audiência Geral (27/02/13):
transformado cada vez mais na expressão da _essência da Igreja_. Comunhão nas várias dimensões: comunhão com o Deus Trinitário, que é Ele mesmo comunhão entre Pai, Filho e Espírito Santo, _comunhão sacramental, comunhão concreta no episcopado e na vida da Igreja_" .	_certeza da vida da Igreja pela Palavra de Deus_".

Despedida dos cardeais (28/02/2013):	65 anos de ordenação sacerdotal de Bento (28/06/2016):
Embora a Igreja seja uma realidade _"em devir"_, em contínua transformação -pois é um _"ser viv o"-_, _"sua natureza continua sendo a mesma e seu coração é Cristo"_. _"A Igreja vive, cresce e desperta nas almas, que -como a Virgem Maria- acolhem a Palavra de Deus e a concebem por obra do Espírito Santo; oferecem a Deus a própria carne e, precisamente na sua pobreza e humildade, tornam-se capazes de gerar a Cristo no mundo de hoje. Através da Igreja, o mistério da encarnação permanece presente para sempre. Cristo continua caminhando através dos tempos e de todos os lugares"_.	_"Eucharistomen, Eucharistomen"._ _"Esta palavra, em todas as suas dimensões, já diz tudo o que se pode dizer neste momento"_. Referindo-se à ação de graças na Última Ceia, Bento expressa: _"A ação de graças evoca a nova dimensão que Cristo nos deu. Ele transformou em agradecimento, e, portanto, em bênção, a cruz, o sofrimento, todo o mal do mundo. E assim fundamentalmente transubstanciou a vida e o mundo e nos dá a cada dia o Pão da Vida Verdadeira, que supera o mundo graças à força do Seu amor. Por fim, queremos inserir-nos neste 'obrigado' do Senhor e assim receber realmente a novidade da vida e ajudar à transubstanciação do mundo: que seja um mundo, não de morte, mas de vida, um mundo em que o amor tenha vencido a morte"_.

Análise da crise de abusos sexuais na Igreja (abril de 2019):
"Nossa relação com a Eucaristia só pode causar preocupação. [...] Não há a predominância de uma nova atitude de respeito profundo diante da realidade da morte e ressurreição de Cristo, mas uma maneira de tratar com ele que destrói a grandeza do mistério. [...] Se refletirmos sobre o que fazer, é claro que não precisamos inventar outra Igreja. O que é necessário, ao contrário, é renovar a fé na realidade de Jesus Cristo que nos foi dada no Sacramento". _"Sim, devemos implorar com urgência o perdão do Senhor e, sobretudo, rogar-lhe que nos ensine a compreender novamente a grandeza de sua paixão, de seu sacrifício. E devemos fazer todo o possível para proteger o dom da Sagrada Eucaristia do abuso"._ _"O martírio é uma categoria fundamental da existência cristã. Mas ao final, na teoria apoiada por Böckle e muitos outros, já não é moralmente necessário. Isto mostra como aqui está em jogo a essência mesma do cristianismo"._

Da mesma forma, indica a tarefa que cabe aos fiéis de hoje, em face da distorção generalizada da natureza e da missão da Igreja e, em última instância, a profunda crise que atravessa. O próprio Bento inclui-se nesta tarefa, não só ativamente –através de sua participação na comunhão eclesial– como também, aparentemente, de forma um tanto passiva —isto é, como objeto de reconhecimento da condição de "mártir" ou "testemunha do Deus vivo":

Ato de despedida ao clero romano (14/02/13):	Despedida dos cardeais (28/02/2013):	Análise da crise de abusos sexuais na Igreja (Abril de 2019):
"A nossa tarefa, precisamente neste Ano da fé, a começar por este Ano da fé, é trabalhar para que o verdadeiro Concílio, com a força do Espírito Santo, se realize e a Igreja se renove realmente".	*"Permaneçamos unidos, queridos irmãos, neste mistério: na oração, especialmente na Eucaristia quotidiana, e sirvamos assim a Igreja e toda a humanidade"*.	*"É a apatia do coração não querer dar-se conta disto" [da existência atual de "mártires" -testemunhas do Deus vivo-, inclusive nas "altas hierarquias da Igreja"]. "Entre as grandes e fundamentais tarefas de nossa proclamação está, dentro dos limites de nossas possibilidades, criar espaços de vida para a fé e, sobretudo, encontrá-los e reconhecê-los. Vivo numa casa onde uma pequena comunidade de pessoas descobre continuamente, na vida quotidiana, as testemunhas do Deus vivo, apontando-as com alegria. Ver e encontrar a Igreja viva é uma tarefa maravilhosa que nos fortalece e que nos faz sempre alegrar-nos na fé"*.

Finalmente, envia uma mensagem de esperança e de confiança em Deus, lembrando que somente a Ele pertence verdadeiramente a Igreja e que, portanto, esta jamais afundará:

Ato de despedida ao clero romano (14/02/13):	Última Audiência Geral (27/02/13):
"Confiemos em que o Senhor nos ajude. Eu, retirado na minha oração, estarei sempre convosco, e juntos avançaremos com o Senhor, com esta certeza: o Senhor vence".	*"A barca da Igreja não é minha, não é nossa, mas é sua. E o Senhor não deixa que se afunde; é Ele quem a conduz"*. *"Queridos amigos, Deus guia a sua Igreja, sustenta-a sempre, também e sobretudo nos momentos difíceis. Nunca percamos esta visão de fé, que é a única visão verdadeira do caminho da Igreja e do mundo"*.

3.5 A linguagem simbólica assumida por BXVI

Como se a linguagem verbal não fosse suficiente, Bento parece ter recorrido a uma linguagem simbólica para reforçar a mensagem de que sua "renúncia" não ocorreu, e que, portanto, ainda ostenta a dignidade papal. Por isso continua a chamar-se "Sua Santidade", veste-se ainda como Papa[83] e continua a residir no Vaticano, sem nunca sair[84].

Em relação ao aspecto da residência, cabe chamar a atenção para duas circunstâncias interrelacionadas: por um lado, o fato de JMB e BXVI terem escolhido como suas respectivas moradas, após a eleição daquele, o *Domus Sanctae Marthae* e o mosteiro *Mater Ecclesiae*; e por outro, o declarado por Georg Gänswein em maio de 2016 durante a apresentação do livro de Roberto Regoli, "Além da crise da Igreja. O pontificado de Bento XVI", no sentido de que, na sequência de sua renúncia, teria surgido um "ministério expandido", com um membro ativo e outro contemplativo[85]. O fato e a declaração apontados, analisados conjuntamente, mostram como os próprios lugares de residência escolhidos por Mons. Bergoglio e por BXVI parecem refletir aquele conhecido trecho do Evangelho: "*Marta! tu te esforças e te agitas por muitas coisas. Uma só é necessária. Maria[86A] escolheu a boa parte, que não lhe será tirada*" (Lc 10, 41-42)[86B].

3.6 BXVI negou explicitamente sua condição de "Romano Pontífice"?

Por fim, é necessário esclarecer que BXVI jamais negou explicitamente sua condição de "Romano Pontífice", e as declarações que emitiu sobre a validade de sua renúncia parecem, uma vez mais, encerrar uma mensagem "cifrada":

(i) Assim, por exemplo, na carta emitida em fevereiro de 2014, em resposta às perguntas colocadas por Andrea Tornielli sobre este último assunto, Bento aparentemente nega a tese da invalidade de sua renúncia e por conseguinte sua condição de Papa, mas no mesmo texto deixa entrever que estas negativas são nada mais que aparentes. Com efeito, enquanto de um lado declara: "*Não há a menor dúvida sobre a validade da minha renúncia ao ministério petrino. A única condição da validade é a plena liberdade da decisão. As especulações sobre a invalidade da renúncia são simplesmente absurdas*", de outro explica: "*Manter a batina branca e o nome de Bento é uma coisa simplesmente prática. No momento da renúncia não tinha outra roupa disponível. Por outro lado, levo a batina branca de forma claramente diferente da do Papa. Também aqui se trata de especulações sem qualquer fundamento"*[87]. Com isso oferece razões absurdas sobre sua maneira de vestir —em um ano, ou mesmo durante os seis anos seguintes, não encontrou outras vestes?— Sem justificar, em absoluto, o fato de ter conservado o nome de Bento. De resto, destaca-se o fato de que, em sua resposta, Bento se refira expressamente à sua renúncia ao "ministério petrino", e não ao "múnus petrino".

(ii) Por outro lado, temos as duas cartas escritas por Bento, em novembro de 2017, em resposta a comentários públicos previamente emitidos pelo cardeal Brandmüller sobre a renúncia, e especificamente sobre o título de "emérito"[88]. Desta resposta chamam a atenção vários aspectos:

— Em primeiro lugar, Bento traz à tona o caso da declaração de renúncia, "condicionada" por ameaças e nunca materializada, de Pio XII, quando bem pôde recorrer a outros exemplos históricos de renúncia papal de fato efetivos (*"Como sabe, Pio XII havia preparado uma declaração para o caso de os Nazistas o prenderem, e de que, desde o momento da prisão ele não fosse mais Papa, mas novamente cardeal. No meu caso por certo não teria sido sensato simplesmente pretender um retorno à condição de cardeal"*). Que têm de análogos os casos de Pio XII e Bento? Acaso as ameaças?

— Em segundo lugar, Bento declara: *"No meu caso por certo não teria sido sensato simplesmente pretender um retorno à condição de cardeal. Eu então estaria constantemente tão exposto à opinião pública, como um cardeal ou, melhor, mais ainda, porque veriam nele um antigo papa. Querendo ou não, isso poderia ter consequências difíceis no contexto atual. Com 'Papa Emérito' procurei criar uma situação na qual não sou de modo algum acessível aos meios e na qual está completamente claro que há um só Papa"*. Qual é a "situação atual" que, segundo Bento, teria causado "consequências difíceis" se, retornando à condição de cardeal, tivesse sido constantemente exposto aos meios e visto pelas pessoas como "o antigo Papa"? E mais: quais são essas "consequências"? Qual é o "único Papa" que, segundo Bento, deve ficar claro que existe? Notemos que ele diz que não quer ser visto como "o antigo Papa".

Quererá, então, que o vejam como o atual Papa? Além disso, Bento não permaneceu exposto aos meios, e isso em grande parte, devido a suas próprias declarações, emitidas com plena consciência e aparentemente com a deliberada intenção de que fossem divulgadas?

— E por último, Bento afirma que, em razão das declarações do cardeal Brandmüller, *"o próprio pontificado está sendo depreciado e misturado à tristeza sobre a situação da Igreja hoje"*, *"Prefiramos rezar, como o senhor fez no final de sua carta, para que o Senhor venha em ajuda de sua Igreja"*. Que quis dizer? A que "situação atual" da Igreja se referia? Sem dúvida, Bento deve ter se referido a uma situação particularmente grave, a tal ponto de conclamar à esperança em que *"o Senhor venha em ajuda de sua Igreja"* —acaso falava, literalmente, da segunda vinda do Senhor (Parusia), como único remédio definitivo à purificação e renovação da Igreja?

3.7 *Os sinais da natureza… mensagens divinas?*

Finalmente, seria necessário atentar aos sinais da natureza que rodearam tanto a renúncia de BXVI como a eleição de JMB: o raio sobre a Capela Sistina no momento da renúncia de Bento[89] (sinal da ira de Deus?), o ataque da gaivota a uma das pombas soltas por Bento de sua varanda[90] e a presença de uma gaivota argenta europeia (*Larus argentatus*) sobre a chaminé da Capela Sistina antes da fumaça branca de 2013[91] (note-se, por um lado, que em Lv 11, 13-19 se assinala que a gaivota será tida por *"imunda"* e se diz dela *"ser —*uma*— abominação"*, e por outro, que Mons. Bergoglio é um argentino descendente de migrantes europeus)[92].

Pura casualidade, ou também aqui poderíamos considerar, através destes sinais, uma revelação de Deus a respeito da "renúncia" de BXVI?[93]

4. Conclusões

4.1. A renúncia de BXVI ao cargo (*munus*) de Romano Pontífice não existiu, por falta de objeto: Bento jamais fez constar o objeto de sua "renúncia" em tal cargo; o que fez, ao contrário, foi renunciar a algumas funções (*ministerium*) inerentes ao mesmo (governo e evangelização), reservando-se as restantes (oração e sofrimento) para si. Ora, como este último proceder é um impossível jurídico, por conduzir a um fracionamento das funções que, por direito divino, são necessariamente incindíveis (pois a titularidade integral das mesmas na cabeça de uma única pessoa é imprescindível à garantia da unidade da Igreja, querida por nosso Senhor Jesus Cristo), propriamente não existiu ato jurídico algum, senão um mero afastamento, *de fato* e *parcial*, frente às funções do cargo, o qual, por isso, não ficou vacante segundo o direito.

4.2. BXVI não apenas não negou de modo explícito o anterior, como, ao invés, o confirmou reiteradamente, de forma mais ou menos velada, tanto de palavra —através de pelo menos três declarações emitidas entre o anúncio e a materialização de sua renúncia— como de obra, isto é, elevando sua voz quando se fez necessário, para combater os erros doutrinais, os desvios litúrgicos, os abusos eucarísticos e em geral o caminho de perdição pelo que vêm transitando o mundo e a Igreja, com o uso inclusive de uma linguagem simbólica: a vestimenta, a residência e o nome mantido durante os últimos sete anos deixam entrever sua prolongada dignidade papal.

4.3. Não foi suficiente para Bento "aparentar" um ato de renúncia ao cargo de Romano Pontífice e dar avisos constantes de tal aparência, mas foi além, advertindo da impostura religiosa que hoje mais do que nunca pretende tomar e falsear a Igreja de Cristo.

4.4. O próprio Céu parece sustentar as advertências de Bento, através de significativos sinais da natureza que rodearam, tanto sua renúncia como a eleição de JMB.

(I-B) A postergação entre a declaração e a efetivação da renúncia

Não é necessário discorrer sobre o fato de que a efetivação da renúncia de BXVI foi realmente adiada no tempo: elementar que essa renúncia tenha sido anunciada em um documento datado de 10 de fevereiro de 2013, lido perante os Cardeais em 11 de fevereiro de 2013, se efetivando a renúncia, conforme esse mesmo texto, a partir de 28 de fevereiro de 2013 às 20:00[94].

O que não está de todo claro são as implicações do adiamento ocorrido.

Por um lado, encontra-se quem, de início, não veja nenhum inconveniente jurídico face a uma renúncia papal submetida a "prazo". Neste sentido, assim defende Tedesco: *"De modo ordinário, uma vez realizada, a renúncia faz decair instantaneamente do ofício: mas, como costuma acontecer com os atos administrativos, a efetividade do ato — que se aperfeiçoa com a declaração e, portanto, no caso de Ratzinger, às 12:00 de 11 de fevereiro — poderia ser postergada e seus efeitos serem desdobrados a partir de um prazo sucessivo ao momento em que se externalizou a renúncia. E é exatamente por isso que Bento XVI optou por colocar a cláusula 'nunc pro tunc' em sua Declaração, descrevendo, diacronicamente, um ato válido e perfeito, mas ainda ineficaz. [...] Portanto, devido à determinação livre e legítima do renunciante, a vaga da sede petrina foi aberta dezessete dias após a apresentação oral do* intentio renuntiandi, *e este adiamento de sua efetivação, em virtude de um* dies a quo *posto como um elemento acidental (não essencial) do ato jurídico, não afetou de modo algum a validade da renúncia nem causou qualquer outro inconveniente jurídico. [...] Por outro lado, no período compreendido entre às 12:00 de 11 de fevereiro e às 20:00 de 28 de fevereiro, Bento XVI, ainda na posse da plenitude de seus poderes primaciais, estaria potencialmente legitimado para retratar-se e se retirar da decisão tomada, de acordo com o cân. 189 §4 do CIC [CDC] 1983. No término do prazo acordado, a resolução do Papa tornou-se irretratável e já não suscetível de revogação retrospectiva: a partir desse momento, o renitente Bento XVI perdeu irrevogavelmente o poder supremo de jurisdição que tinha como bispo de Roma e sucessor do Vigário de Cristo"*[95].

Outro doutrinador refere, por sua vez, suas objeções de modo específico às renúncias pontifícias sujeitas a condição (mas não às submetidas a prazo, com o que parece sugerir que estas últimas seriam válidas)[96]: *"Uma dificuldade particular poderia envolver uma demissão apresentada de forma complexa, com sua eficácia adiada no tempo, quando o Papa condiciona sua demissão à ocorrência de algum evento, cuja verificação seria deixada a determinadas pessoas ou ao colégio cardinalício. Por exemplo, a João Paulo II se atribui um escrito de renúncia, no qual manifesta sua vontade de renunciar em caso de doença prolongada que se presumisse incurável e que lhe impedisse um suficiente exercício de seu ministério apostólico (cf. S. ODER-S. GAETA, Perché è santo. Il vero Giovanni Paolo II raccontato dal postulatore della causa di beatificazione, Milano 2010, p. 130). Nesse caso, aos cardeais indicados pelo Papa caberia verificar se ocorre alguma das circunstâncias mencionadas. Neste contexto, há que assinalar algumas dúvidas e dificuldades surgidas em relação a esta forma de apresentar a demissão. Uma primeira é a diferença sutil, na prática nem sempre tão clara e distinta, entre a mera verificação das circunstâncias que tornariam efetiva a demissão e a decisão substancial a respeito, quando a renúncia do Papa fosse verdadeiramente subordinada à decisão de outro sujeito, que em efeito poderia se tornar uma dissimulada* depositio. *Outra segunda complicação é a impossibilidade de o Papa retirar sua decisão de demissão, se o estado de saúde o impedisse de tomar decisões, e neste caso poder-se-ia questionar a liberdade da renúncia requerida para a validade deste ato. O mesmo se poderia objetar se o Papa condicionasse sua demissão ao cumprimento de uma determinada idade e antes de chegar a ela tivesse caído em doença mental, de tal modo que já não pudesse revogar sua renúncia antes que esta se operacionalizasse"*[97].

Finalmente, há quem defenda a inadmissão de uma renúncia papal se submeter a "prazos, modos ou condições". Juan Suárez Falcó, por exemplo, assim interpela: "*O senhor sabia que a aceitação e a renúncia ao papado são atos de direito divino e que, portanto, não lhes é possível impor prazos, modos ou condições, sob pena de nulidade?*[98]". E Steenbergen, citando Socci, declara: "*Antônio Socci, em seu recente Livro sobre a matéria ('O segredo de Bento XVI. Porque ainda é papa'), adianta uma nova consideração com respeito ao texto da declaração. Se uma das duas partes que contrai matrimônio, na troca dos votos matrimoniais, respondesse:* «Sim, quero; mas desde o primeiro dia do mês que vem às 12:00», *o contrato seria inválido e o matrimônio nulo (não existiu). Socci destaca o fato de que Bento anunciou sua renúncia com 18 dias de antecedência, e põe em cima da mesa a pergunta sobre seu sentido e implicações com respeito à validade de sua renúncia, deste ponto de vista. [...] Se tivesse anunciado com antecedência uma abdicação ao* «munus» *(que supõe uma mudança do estado ontológico) não faria sentido adiar os seus efeitos, e isso significaria perguntar, com toda a razão, sobre a sua validade*[99]".[100]

Do ponto de vista do direito canônico, o CDC não contém

nenhuma regulamentação a respeito, tampouco foram encontradas outras fontes ou documentos da Igreja que possam oferecer uma solução ao problema.

Em consequência, ao não existir unanimidade doutrinal, e ante a falta de uma fonte normativa ou dogmática que clara e diretamente estabeleça como causa de invalidade da renúncia papal o diferimento de sua eficácia no tempo[101], parece prudente excluir do debate a relevância desta circunstância.

(I–C) Os erros de latim do texto da declaração de renúncia

De forma reiterada tem-se denunciado que o texto de renúncia redigido e lido por BXVI contém três erros de latim, e que tal circunstância invalida o ato de renúncia[102]. É conveniente verificar pormenorizadamente ambas as denúncias:

1. Os erros de latim presentes na declaração de renúncia

Frente à declaração de renúncia têm-se denunciado publicamente três erros pontuais de latim, a saber:

(i) Em primeiro lugar, no momento de ler sua renúncia ante os cardeais, Bento teria manifestado que os convocou para anunciar-lhes, literalmente, uma "*decisionem magni momenti pro Ecclesiae vitae communicem*". O erro denunciado neste ponto consiste em que "deveria estar escrito «vita» e não «vitae», pois à preposição «pro», corresponde um ablativo, não um genitivo"[103].

(ii) Em segundo lugar, especificamente na "fórmula de renúncia", Bento teria declarado o seguinte: "*declaro me ministerio Episcopi Romae, Successoris Sancti Petri, mihi per manus Cardinalium die 19 aprilis MMV commissum renuntiare*". Neste caso o erro se explica assim: "Esta frase é gramaticalmente ininteligível, pois «commissum», que depende de «ministerio» e é complemento do verbo "renuntiare", deveria estar em dativo, em concordância com ele, isto é, deveria dizer «commisso»"[104].

(iii)   E por último, Bento teria fixado, como momento a partir do qual sua renúncia se tornaria efetiva, o "*die 28 februarii MMXIII, hora 29*". Aqui o erro é evidente: a "*hora 29*" não existe.

Entretanto, o texto, tal como aparece transcrito na página web do Vaticano[105], não contém os erros aqui denunciados (estes, aparentemente, foram corrigidos).

Contudo, ao menos um destes erros, o mais importante, vinculado à própria "fórmula" da renúncia (onde figura a palavra "commissum"), é ainda hoje verificável, tanto em vídeo[106] como em áudio[107].

A pergunta então é: que implicações jurídicas acarreta tal erro?

2. Os erros de latim mencionados (ou ao menos o que é verificável) verdadeiramente invalidam o ato de "renúncia"?

Sobre este particular têm-se as seguintes opiniões doutrinais:

— "Durante séculos foi um princípio constante de interpretação, que se um ato canônico em latim continha erros não devia ser interpretado como válido, mas deveria ser refeito"[108].

— "É um princípio do direito canônico tradicional que todo rescrito, breve ou bula papal que contenha uma falta em latim é nulo. São Gregório VII (Registrum 1.33) [século XI], declarou nulo um privilégio concedido a um mosteiro pelo seu predecessor Alexandre II, «*em razão da corrupção de latinidade*», que constitui «*um sinal bastante evidente*». O decreto *Ad audientiam* do papa Lucius II [séc. XII], que figura no corpo do direito canônico (Decretos de Gregório IX, 1, I, título III, de Rescriptis, cân. XI [séc. XIII]) estabelece que «*a falsa latinidade invalida um rescrito do papa*». O papa proíbe dar crédito a uma carta pontifical «*visto que ela contém uma falta de construção evidente*». A glosa (dentro do texto oficial editado e publicado por ordem do papa Gregório XII em 1582) explica a este propósito que um <u>rescrito do papa</u> «*não deve conter falta alguma*», já que é «*elaborado com tempo suficiente*». Uma falta em latim constitui tal presunção de nulidade que nenhuma prova em sentido contrário pode ser admitida. Afirmar que um decreto é nulo não significa que se trate de um documento falso, mas que o Papa Bento XVI pode tê-lo redigido com descuido.

[...][109]"[110].

— "Não se pode falar de renúncia formalmente inválida por causa de dois erros grosseiros na frase principal: 'commissum' em vez de 'commisso', que então não concorda com 'ministério'; e logo aparece uma improvável 'hora 29', com um 9 em vez de 0. Trata-se evidentemente de erros de versão do redator, acidentais, não de erros substanciais. O erro da mudança de declinação no verbo não afeta a inteligência do que se quer expressar na frase, não muda o sentido do ato da renúncia. Um erro substancial é aquele que muda a intenção do que fala ou escreve, vicia o consentimento, e recai no objeto do ato da renúncia"[111].

No entanto, tendo em vista as opiniões transcritas, deve se precisar o seguinte:

— Em primeiro lugar, quem afirma que, dado que os erros detectados no ato de renúncia de Bento não são substanciais e por isso não viciam o consentimento, confunde dois assuntos distintos, ou mais pontualmente, duas distintas causais de invalidade do ato canônico, a saber: vícios do consentimento e incumprimento de requisitos formais específicos. Que um erro de latim, por ser irrelevante do ponto de vista da intenção de quem emite o ato jurídico, não chegue a viciar o consentimento — de fato o erro que vicia o consentimento se refere por definição a aspectos factuais, e não a questões jurídicas nem muito menos de redação —, não significa que não possa configurar um defeito formal suficiente para invalidar o ato, se efetivamente existisse uma norma canônica que, por uma parte, exija a "pulcritude" da linguagem (latim) como requisito formal, e por outra, preveja a nulidade de todo ato que se aparte dessa pulcritude.

— Sobre este último, as afirmações doutrinais são bastante imprecisas, por várias razões. Primeiro: o tipo de fonte canônica que supostamente prevê a nulidade de certos atos jurídicos por "corrupção de latinidade" não é claro. Os autores se referem, quer a um **princípio do direito canônico tradicional**, quer a um **princípio constante de interpretação**. Contudo, sabemos que, segundo o cânon 19 do CDC, os *"princípios gerais do direito aplicados com equidade canônica"* são uma <u>fonte auxiliar ou subsidiária do direito canônico</u>, que só se aplica *"quando, sobre uma determinada matéria, não existe uma* *prescrição expressa da lei universal ou particular ou um costume"*, e neste caso ao que parece não existe lacuna alguma, pois o CDC regula integralmente os requisitos de validade dos atos administrativos singulares ou particulares. A questão que se coloca é a seguinte: será possível aplicar um princípio geral do direito numa matéria inteiramente regulamentada por lei? Por outro lado, os "princípios de interpretação" não são de fato uma fonte de direito canônico, mas um guia de interpretação de certas normas ou atos jurídicos, e por sua vez devem estar consagrados em alguma fonte. Ora, tanto aqueles que se referem a "princípio de direito" como a "princípio de interpretação" defendem que a existência de um e outro se sustenta em atos jurídicos emanados de distintos Papas ao longo da história, sem que seja clara a natureza desses atos (isto é, sem que se possa afirmar com certeza se tratar de "leis" ou de "normas administrativas gerais" ou de "atos administrativos"). Neste sentido, seria necessário investigar a validade atual desses mesmos atos, à luz do CDC. Este ponto poderia ser problemático à luz de seus cânones 20 e 38, que em sua ordenação assinalam: *"A lei posterior ab-roga ou derroga a precedente, se assim o estabelece de maneira expressa, ou é diretamente contrária à mesma, <u>ou ordena completamente a matéria objeto da lei anterior</u> [...]"* / *"Todo ato administrativo, ainda que se trate de um rescrito dado* motu proprio, *carece de efeito na medida em que viole o direito adquirido de um terceiro ou seja contrário a uma lei ou a um costume aprovado, a menos que a autoridade competente tenha expressamente aditado uma cláusula derrogatória"*. Perguntamos então: o CDC, enquanto "lei", ordena completamente o tema da validade dos atos administrativos em geral e dos rescritos em particular? Parece que sim, pois existe todo um Título (IV) e um Capítulo (III) dedicados, respectivamente, a uns e outros (Livro I), e em nenhum desses apartes do CDC se prevê uma sanção de nulidade por "corrupção da latinidade". Esta circunstância, em princípio, ou revogaria qualquer "lei" anterior que previsse uma tal sanção (cân. 20 do CDC), ou deixaria sem efeito qualquer "ato administrativo" anterior que fizesse o mesmo (cân. 38 do CDC). Pois bem: a sanção de nulidade por "corrupção da latinidade" poderia talvez ser considerada um <u>costume,</u> seja extralegal ou mesmo contra a lei, historicamente reconhecido e reconhecível através das disposições de nulidade emitidas por vários Papas da Igreja? Possivelmente sim: seu conteúdo não é contrário ao direito divino (cânon 24 § 1 CDC[112]) nem foi de forma expressa reprovado pelo CDC (cânon 24 § 2 CDC[113]), sendo, ao que parece, observado legitimamente durante "*trinta anos contínuos e completos*" (cânon 26 CDC[114]).

Não obstante, ainda que admitamos a vigência atual da previsão da sanção de nulidade por "corrupção da latinidade", há que considerar a segunda razão pela qual os autores que tratam o assunto incorrem em imprecisão, a saber: os documentos pontifícios que vêm em suporte de suas afirmações de modo expresso aludiriam à nulidade, por "corrupção da latinidade", dos rescritos, breves e bulas papais, e ainda dos privilégios (como modalidade específica dos rescritos). É claro que a declaração de renúncia de Bento não configura um rescrito, pois não concede um privilégio, uma dispensa ou alguma outra graça (Cân. 59 § 1). Poderia ser considerada um breve ou uma bula? Para respondermos, tornam-se necessárias estas considerações adicionais:

— No "Diccionario de Derecho Canónico Arreglado a la jurisprudencia eclesiástica española antigua y moderna" (Paris: Librería de Rosa y Bouret, 1854[115]), ao abordar-se a definição dos termos falsário, falsidade e falsificação, consignam as regras indicadas pelo Papa Inocêncio III [séculos XII-XIII] ao então arcebispo de Milão a fim de identificar eventuais falsificações dos rescritos apostólicos ou das bulas antigas, com as quais se pretendia fundar títulos de privilégio ou isenção, assinalando ademais os critérios que um certo autor (Rebuffe) propõe para aplicar essas regras "às contínuas expedições que emanam da chancelaria romana". De acordo com o autor ali citado, "a uma bula podem opor-se defeitos de forma incorrigíveis, e que devem necessariamente produzir a nulidade do rescrito, conforme o defeito oposto se encontrar mais ou menos compreendido no caso de crime de falsidade", e entre esses defeitos encontra-se justamente "um mal latim, mas [...] somente [...] ao se tratar de um vício de linguagem imperdoável [...] encontrado na construção e não em uma letra ou sílaba, e que se vê de manifesto [...] Disseram alguns autores que em Roma não se faz caso desses pormenores, caso a falha não esteja no próprio estilo; o que é certo é que **os defeitos de latinidade nos rescritos   não produzem sua nulidade, mas apenas uma suspeita de** *falsidade* **que se estende a todo o conteúdo do instrumento**". Grifos nossos.

Notemos que, embora, do ponto de vista da forma, a noção de bula tenha sido muito constante —associada a um selo de chumbo— quanto ao seu conteúdo, o conceito de bula tem variado: a partir do século XV, o conteúdo da bula começa a se referir concretamente às "cartas apostólicas relativas à matéria de fé ou interesse geral, concessão de graças e privilégios, ou assuntos judiciais ou administrativos emitidos pela chancelaria apostólica, ou ainda diversos mandatos em matéria de ordenanças e constituições, condenações doutrinais, concessão de benefícios, julgamentos da Igreja, decretos de indulgências, de senhorios eclesiásticos etc."; antes do século XV, porém, as bulas correspondiam, quanto ao seu conteúdo, a qualquer tipo de documento papal[116].

Sendo assim, e considerando que os critérios papais de nulidade por falsidade circularam antes do século XV, que esses critérios tentaram estender-se em geral às "bulas" provenientes da "chancelaria romana", e que nessa época, como se disse, as "bulas" correspondiam materialmente a qualquer documento papal, não poderiam esses critérios, hoje em dia, aplicar-se a qualquer ato jurídico proveniente do Papa, incluindo uma eventual renúncia ao ofício de Romano Pontífice?

No entanto, deve-se ter em conta este detalhe: no dicionário de direito canônico supracitado apresenta-se uma tentativa de ampliar os critérios de nulidade —por falsidade— propostos pelo Papa Inocêncio III em relação aos rescritos, para as contínuas expedições que emanam da chancelaria romana, e ao que parece a "chancelaria romana" não expedia todo tipo de bulas, pois "as bulas, segundo a importância, o objeto e o caso, são emitidas pela Chancelaria, a Câmara apostólica, a Via secreta e a Via da Cúria"; assim: "pela Chancelaria se emitem as bulas de ereção de igrejas, catedrais, colegiatas e mosteiros consistoriais ou não; as provisões de benefício e as dispensas matrimoniais. [...] A câmara apostólica emite as bulas das coadjutorias e dos cargos perpétuos dos mosteiros segundo o cânon indicado nos seus livros. Pela Via secreta são emitidas todas as provisões que se fazem aos familiares do Papa ou àqueles a quem se outorgam por graça especial. [...] Finalmente, pela Via da Cúria são emitidas as bulas que contêm as Constituições ou leis pontifícias, dadas *motu proprio* pelo Papa e também, em certas ocasiões, as concernentes a pessoas da família do Sumo Pontífice ou a outras a quem este as outorga como graça especialíssima"[117]. De acordo com isto, a Chancelaria Romana expede as bulas cujo conteúdo se associaria ao que o CDC define como "rescrito". Permanece, então, a pergunta: podem aplicar-se os critérios de nulidade por falsidade previstos para as expedições contínuas que emanam da Chancelaria Romana, que são bulas materialmente correspondentes a rescritos, a um ato administrativo que, como a renúncia de BXVI, configura, não um rescrito, mas um decreto singular? É que, além disso, deve-se ter em conta que, segundo outra definição de bula, esta vem associada à concessão de benefícios: "É uma expedição de cartas da chancelaria seladas com chumbo. Este nome é normalmente dado às constituições dos Papas; contudo é mais geralmente utilizado para designar as provisões em matéria de benefícios e em geral para todas as expedições sobre dispensas ou outros objetos que são feitos em Roma por *bulas*, ou seja, sob uma das três formas em que se emitem os decretos apostólicos"[118].

Esta última definição nos convida a analisar os nomes e significados que as várias categorias do direito canônico, tais como "constituições pontifícias" e "rescritos", possuíam anteriormente, e que podem, portanto, diferir dos nomes e significados atuais. Segundo o mesmo dicionário[119]: "os canonistas distinguem ainda três espécies de *constituições pontifícias,* a saber: os *decretos,* as *decretais* e os *rescritos.* Os decretos são as disposições que o Papa dá sem ter sido consultado por ninguém; as decretais são as constituições feitas pelos Pontífices a pedido ou pela requisição de bispos ou de algumas outras pessoas que se dirigiram à Santa Sé para a decisão de um negócio eclesiástico; os rescritos são as cartas apostólicas cujas formas explicamos no termo RESCRITO. Também poderiam colocar-se na classe de *constituições pontifícias* as regras de Chancelaria"; RESCRITOS "são as letras apostólicas pelas quais o Papa manda fazer algo em favor de uma pessoa que lhe pediu alguma graça. De acordo com a forma e estilo em que são redigidos, qualificam-se os *rescritos* de breves ou de bulas. Tomamos aqui a palavra *rescrito* no sentido geral das cartas apostólicas emanadas de Roma, independentemente da forma em que são emitidas e do assunto a que se referem"[120].

Em qualquer caso, seja qual for a natureza ou o conteúdo dos rescritos e das bulas, convém ter em conta que, sobre as provas relevantes para examinar se uma bula (em geral) é autêntica ou espúria, se diz: "Em particular, foi previsto um novo teste para o estudo mais acurado do *cursus*, ou cadência rítmica das orações, a qual se observava com bastante cautela nas bulas autênticas do século XII e princípios do XIII. [...] Além disso, **as bulas espúrias são normalmente detectadas por disparates nas cláusulas de _datação_** e outras formalidades. Na Idade Média uma das principais provas para a autenticidade das bulas parece ter sido fornecida pela contagem de números de pontos no contorno circular do selo de chumbo ou na figura de São Pedro pintada sobre ele. Aparentemente os *bullatores* seguiam alguma regra definida ao gravar seus selos"[121].

3. Conclusões

Com base no precedente, podemos tirar três conclusões:

3.1. A vigência ou força normativa atual, da nulidade, ou, pelo menos, a falsidade, de certos atos pontifícios contendo erros em latim pode ser afirmada se a tomarmos como um costume, seja "extralegal" ou mesmo "contra a lei".

3.2. Não está muito claro se o objeto pontual de tal nulidade ou falsidade possa abranger os atos administrativos que, como a renúncia de BXVI, configuram, não um "rescrito", mas um "decreto singular". **Não parece que se possa fazer uma afirmação ou uma negação conclusiva sobre este ponto**.

3.3. Independentemente do anterior, não deixa de chamar a atenção o fato de que a renúncia de BXVI contenha erros de latim — não se trata de qualquer ato jurídico (não é um ato de relevância menor), nem de qualquer autor do ato (Bento é uma das pessoas mais doutas com que a Igreja já contou), nem de qualquer tipo de erros (mesmo um deles, o atinente à hora a partir da qual se efetivaria a renúncia, é um verdadeiro "desatino") — juntamente ao fato de que esses erros foram corrigidos no site oficial do Vaticano (ademais, *a posteriori*). Estas circunstâncias, ainda que não possam configurar exata e precisamente uma sanção de nulidade ou falsidade do ato administrativo, não deixam de constituir um relevante indício nesse sentido, pondo ao menos em questão a veracidade (do conteúdo) da renúncia, ao sugerir que talvez o próprio BXVI quisesse enviar uma mensagem ao mundo, seja sobre os erros como tais, seja sobre outros aspectos relevantes que deveriam ser examinados em profundidade neste seu ato de renúncia.

(II) A DECLARAÇÃO DE RENÚNCIA DE BENTO XVI FOI LIVRE?

Referindo-se à renúncia de qualquer tipo de ofício eclesiástico, o cânon 188 do CDC assinala: *"É nula em virtude do direito mesmo a renúncia feita por medo grave injustamente provocado, dolo, erro substancial ou simonia"*. De forma semelhante, mas já em uma alusão pontual à renúncia do ofício de Romano Pontífice, o cânon 332 § 2 do mesmo código estabelece: *"Se o Romano Pontífice renunciar a seu ofício, se requer para a validade que a renúncia seja livre e se manifeste formalmente, mas não que seja aceita por ninguém"*.

Partindo destes cânones, Tedesco especificou desta maneira o alcance da liberdade necessária para a validade da renúncia: *"Em consideração à importância das consequências que a renúncia comporta na vida da Igreja, para ser válida requer liberdade tanto na iniciativa como na execução; em outras palavras, necessita de duas condições imprescindíveis: a liberdade da pessoa renunciante e a liberdade na manifestação da vontade"*[122].

Neste sentido, diversas vozes denunciaram que o agir de Bento a respeito de sua renúncia não assumiu o designado atributo de liberdade, por três tipos de razões que passamos a estudar em separado.

1. Das circunstâncias que teriam minado a liberdade de BXVI a respeito de sua "renúncia" ao ofício de Romano Pontífice

(II-A) Ameaças à vida de BXVI

Há uma série de eventos suficientemente documentados que teriam revelado um plano para assassinar BXVI por volta de 2012-2013:

— Em fevereiro de 2012, *Il Fato Quotidiano* divulga a notícia de um complô para assassinar BXVI. O jornal publica um documento (secreto) escrito em alemão, datado de **30 de dezembro de 2011**, segundo o qual o cardeal Paolo Romeo teria dito, durante sua viagem a Pequim em **novembro de 2011**, que Bento morreria nos **próximos 12 meses**. O escrito foi entregue pelo cardeal colombiano Dario Castrillón Hoyos a BXVI em **janeiro de 2012**[123].

— Em março-abril de 2012, Bento designa uma comissão de três cardeais —Julián Herranz, Jozef Tomko e Salvatore De Giorgi— dedicada a investigar a fuga de documentos do Vaticano[124].

— Em maio de 2012 deflagra o escândalo dos Vatileaks, com a publicação do livro "Sua Santidade: os papéis secretos de Bento XVI" (Gianluigi Nuzzi). O livro contém, entre outros documentos, as cartas dirigidas por Mons. Viganò a BXVI, onde informava sobre diversos casos de corrupção dentro do Vaticano e pedia não ser destituído de seu cargo como secretário-geral da Governadoria[125]. Nesse mesmo mês o mordomo do Vaticano, Paolo Gabriele, é preso, acusado da publicação dos documentos secretos —finalmente Gabriele é condenado, em outubro de 2012[126].

— A partir de junho de 2012 continua a publicação de documentos secretos do Vaticano[127].

— Em dezembro de 2012, a comissão dos cardeais Herranz, Tomko e De Giorgi apresentam a Bento um relatório de 300 páginas com os resultados de suas investigações[128] —conforme relatado pela jornalista argentina Elisabetta Piqué, BXVI entregou-o diretamente a JMB, após sua "eleição"[129].

— Durante uma entrevista ao cardeal colombiano Castrillón Hoyos, emitida em 08 de fevereiro de 2015, a jornalista diz: "Às mãos de Castrillón chegou uma carta escrita em chinês [sic] na qual se anunciava que Bento XVI morreria vítima de um complô. Meses depois do escândalo, o Papa renunciou". Em seguida a entrevistadora pergunta ao cardeal: "O senhor vê existir aí uma informação dizendo que o Papa Bento XVI está em perigo?". O cardeal responde: "A colocaram em minhas mãos para que eu entregasse ao Papa. Entreguei-a ao Santo Padre e se manteve sempre o segredo; depois, não sabemos por que caminho esse segredo foi revelado, alguém revelou esse segredo. A única coisa que fiz foi a colocar nas mãos do Santo Padre, dizendo-lhe: «Não participo do que está dentro, mas me pediram que pusesse isto nas mãos de Sua Santidade»". E assim continua a entrevista: "—O que dizia esse relatório?— Não sei, não quero repetir agora. —Bom, e por que isso chegou a suas mãos?—Não sei. Há muitas coisas que chegam, como me chegou o sacerdócio, sem saber o porquê. Como tive algumas missões na Igreja, sem saber o porquê.

Como tive de lidar com algumas questões difíceis, sem saber o porquê"[130].

Esta relação de acontecimentos suscita, obviamente, múltiplas interrogações: o complô contra a vida de Bento, denunciado no documento que chegou às mãos do cardeal Castrillón Hoyos e que se divulgou à imprensa italiana, realmente existiu? Até que ponto a notícia desse suposto complô influenciou o ânimo de Bento — lembremos que este ordenou uma investigação, não sobre o complô em si, mas sobre a fuga de documentos que davam conta daquele e, em geral, sobre a fuga de documentos secretos do Vaticano —? Em última análise, pode se afirmar que essa notícia tenha realmente determinado a sua renúncia?

Voltaremos a estas questões mais tarde.

(II-B) Ameaças de cisma

Sobre estas ameaças se destacam os seguintes fatos:

— Em **junho de 2011**, um grupo de mais de 300 párocos austríacos elaboram um "chamado à desobediência", propondo sete ações pontuais: "Não rejeitaremos, em princípio, a Eucaristia aos fiéis de boa vontade. Isto aplica-se em especial aos divorciados em segundo matrimônio, aos membros de outras igrejas cristãs e, em alguns casos, também aos católicos que abandonaram a Igreja. Evitaremos celebrar, na medida do possível, nos domingos e dias de festa, mais de uma Missa, ou encarregá-la aos sacerdotes visitantes ou não residentes. É melhor uma liturgia da Palavra organizada localmente do que as turnês litúrgicas. No futuro, consideraremos celebrar uma liturgia da Palavra com distribuição da comunhão como uma «Eucaristia sem sacerdote», e assim a chamaremos. Desta forma, cumpriremos nossa obrigação dominical em tempos de escassez de sacerdotes. Recusaremos também a proibição de pregar estabelecida para leigos competentes e qualificados e para professoras de religião. Especialmente em tempos difíceis, é necessário anunciar a Palavra de Deus. Comprometemo-nos a que cada paróquia tenha a sua própria cabeça responsável: homem ou mulher, casado ou solteiro, a tempo integral ou parcial. Isto, porém, não se fará por meio de fusões de paróquias, mas mediante um novo modelo de sacerdote. Por isso, aproveitaremos todas as oportunidades para nos manifestarmos publicamente a favor da ordenação de mulheres e de pessoas casadas. Vemo-los como companheiras e companheiros bem-vindos ao serviço pastoral. Sentimo-nos, além disso, solidários com os companheiros que por haver se casado já não podem exercer suas funções, e também com os que, mesmo ao manter uma relação conjugal, continuam prestando seus serviços como sacerdotes"[131].

— Em **fevereiro de 2012** chega um segundo manifesto, um protesto em que os sacerdotes dizem NÃO a várias situações: "quando nos pedem que nos ocupemos cada vez mais de paróquias adicionais, a presidir cada vez mais eucaristias de fim de semana, à união ou ao fechamento de paróquias quando não se pode nomear um pároco, à sobrecarga de trabalho do pároco, quando o direito canônico emite um julgamento excessivamente duro e sem piedade para os divorciados que ousam voltar a se casar, os casais do mesmo sexo que vivem em família, os sacerdotes que, alquebrados pelo celibato, iniciaram uma relação e para tantas pessoas que seguem sua própria consciência antes que uma lei feita por homens"[132].

— Na **Missa Crismal de Quinta-feira Santa de 2012**, Bento assim responde: "Recentemente, um grupo de sacerdotes publicou num país europeu um apelo à desobediência, ao mesmo tempo em que, com exemplos concretos expressava como esta desobediência poderia se dar, ignorando inclusive decisões definitivas do Magistério; por exemplo, na questão sobre a ordenação das mulheres, sobre a qual o beato Papa João Paulo II declarou de maneira irrevogável que a Igreja não recebeu do Senhor nenhuma autoridade sobre isto. Mas a desobediência é um caminho para renovar a Igreja? Queremos crer nos autores desta chamada quando afirmam que são movidos pela solicitude pela Igreja; a sua convicção de que se deve enfrentar a lentidão das instituições com meios drásticos para abrir novos caminhos, para voltar a pôr a Igreja à altura dos tempos. Mas a desobediência é realmente um caminho? Pode-se ver nisto algo da configuração com Cristo, que é a premissa de toda renovação, ou antes não se trata de um afã desesperado de fazer algo, de transformar a

Igreja segundo nossos desejos e nossas ideias? [...] Olhando para a história da época pós-conciliar, pode-se reconhecer a dinâmica da verdadeira renovação, que muitas vezes adquiriu formas inesperadas em momentos cheios de vida e que torna quase tangível a inexaurível vivacidade da Igreja, a presença e a ação eficaz do Espírito Santo. E se olharmos para as pessoas, pelas quais brotaram e brotam estes rios frescos de vida, vemos também que, para uma nova fecundidade, é necessário estar cheios da alegria da fé, da radicalidade da obediência, do dinamismo da esperança e da força do amor. [...] A configuração com Cristo é a premissa e a base de toda renovação"[133].[134]

Diante de tudo isto cabe perguntar: realmente o chamado à desobediência e o protesto que tiveram lugar, respectivamente, em 2011 e 2012, podem qualificar-se como ameaças de cisma? Teria BXVI entendido assim? Pode-se afirmar que, na percepção de Bento, ele era o causador de tais ameaças, de maneira que estas teriam cessado ante sua renúncia? Por certo que não passaram inadvertidas a ele as atitudes desobedientes dos autores destes "chamado" e "protesto", visto se pronunciar publicamente diante delas, mas, de fato pode-se sustentar, por estas circunstâncias, que a renúncia tenha sido "coagida"?

Mais à frente aprofundaremos o assunto.

(II-C) Pressões econômicas

Sobre este ponto existem fatos ao menos estranhos ou suspeitos, que poderiam indicar que o bloqueio econômico às contas do Vaticano, efetivamente ocorrido em fevereiro de 2013, pode ter sido planejado por poderes políticos e econômicos norte-americanos[135]:

— Em **03 de junho de 2011**, o então vice-presidente dos Estados Unidos, Joe Biden, reúne-se secretamente com BXVI.

— Entre os documentos revelados pelo Wikileaks em 2016 estava um e-mail dirigido em **fevereiro de 2012** por Sandy Newman — fundador da organização *Vozes Para O Progresso* (organização para a ideologização jurídica de esquerda) — a John Podesta, ex-conselheiro de Obama, conselheiro, confidente e chefe de campanha de Hillary

Clinton, e anteriormente presidente do *Center for American Progress CAP* (organização de investigação em matéria de políticas públicas e de direito), financiado em grande parte por George Soros, onde buscava conselho sobre a melhor maneira de "plantar as sementes da revolução" na Igreja Católica, descrita por ele como uma "ditadura da Idade Média"[136].

— Em **fevereiro de 2013**, o IOR (Banco do Vaticano) foi excluído do SWIFT (Sociedade para as Telecomunicações Financeiras Interbancárias Mundiais), com o qual suas transações ficaram bloqueadas, mas somente até o anúncio da renúncia de Bento[137].

Nestas circunstâncias, um grupo de católicos solicitou ao Presidente Donald Trump que investigasse, entre outros, as seguintes questões: agentes do governo dos EUA teriam participado no bloqueio econômico do Vaticano? Foi pura coincidência que as transações monetárias internacionais com o Vaticano fossem retomadas em 12 de fevereiro de 2013, um dia após BXVI anunciar sua renúncia? Agentes do governo dos EUA teriam tido contato com a "máfia de São Galo"? A Agência Nacional de Segurança dos EUA teria monitorado o conclave de 2013? Em caso afirmativo, para que fim?

Elementar que as respostas a estas perguntas não há meios de sabermos, como também a da questão de se o possível "bloqueio econômico" acima foi um "gatilho" determinante para que Bento renunciasse. Não obstante, tanto esta questão financeira como as supostas ameaças de morte e de cisma precedentemente relacionadas podem e devem ser analisadas em conjunto com as declarações do próprio Bento sobre as motivações de sua renúncia. A essa análise nos dedicaremos a seguir.

2. Das declarações emitidas por BXVI sobre a liberdade, ou os motivos, de sua "renúncia"

BXVI mencionou várias vezes os motivos que determinaram sua "renúncia".

"Assim, em sua própria *declaratio* (fevereiro de 2013), anunciou o que segue:"

"*Convoquei-vos para este Consistório não só por causa das três canonizações, mas também para vos comunicar **uma decisão de grande***

*<u>importância para a vida da Igreja. Depois de examinar reiteradamente a minha consciência diante de Deus, cheguei à certeza de que as minhas forças, devido à idade avançada, já não são idôneas para exercer adequadamente o</u> **munus Petrinum**.* [...] *No mundo de hoje, sujeito a rápidas mudanças e agitado por questões de grande relevância para a vida da fé,* **<u>para governar a barca de São Pedro e anunciar o Evangelho, é necessário também o vigor quer do corpo quer do espírito; vigor este, que, nos últimos meses, foi diminuindo de tal modo em mim que tenho de reconhecer a minha incapacidade para administrar bem o</u>** <u>ministerium *que me foi confiado. Por isto, bem consciente da gra vidade deste ato, com plena liberdade, declaro que renuncio*</u> *ao* ministério *de Bispo de Roma, Sucessor de São Pedro [...]".* (grifos da autora).

Além disso, em sua última Audiência Geral (fevereiro de 2013), Bento declarou: *"<u>**Nestes últimos meses, notei que minhas forças diminuíram**, e pedi a Deus com insistência, na oração, que me iluminasse com sua luz para tomar a decisão mais adequada não para meu próprio bem, mas para o bem da Igreja. Dei este passo com plena consciência de sua importância e também de sua novidade, mas com uma profunda serenidade de espírito.</u>*

*<u>Amar a Igreja significa também ter a coragem de tomar decisões difíceis, sofridas, tendo sempre diante de si o bem da Igreja e não o próprio</u>. A <u>**seriedade da decisão**</u> reside precisamente também no fato de que a partir daquele momento me comprometia sempre e para sempre com o Senhor"* (grifos da autora).

Por fim, em sua resposta às perguntas feitas por Andrea Tornielli sobre a validade da renúncia (fevereiro de 2014), Bento diz: *"Não há a menor dúvida sobre a validade da minha renúncia ao ministério petrino. A única condição da validade é a plena liberdade da decisão. As especulações sobre a invalidade da renúncia são simplesmente absurdas".* É de notar, por um lado, que se refira expressamente à sua renúncia ao ministério petrino, e não ao múnus petrino. Ademais, devemos ressaltar que após esta aparente negativa sobre a invalidade de sua renúncia e sobre sua condição de Papa, Bento revela que essas negativas são justamente aparentes. Assim, explica: *"Manter a batina branca e o nome de Bento é uma coisa simplesmente prática. No momento da renúncia não tinha outra roupa disponível. Por outro lado, levo a batina branca de forma claramente diferente da do Papa. Também aqui se trata de especulações sem qualquer fundamento".* Tornielli encerra assim seus comentários em torno às respostas oferecidas por Bento: *"Há poucas semanas, o teólogo suíço Hans Küng citou algumas palavras sobre Francisco que Bento XVI lhe escreveu em uma carta. Palavras que, mais uma vez, não deixam lugar a interpretações: «Estou grato por poder estar unido por uma grande identidade de visão e por uma amizade de coração ao Papa Francisco. Hoje vejo como minha única e última tarefa apoiar o seu Pontificado com a oração». Há quem, na Internet, tenha tentado pôr em dúvida a autenticidade da citação ou tentado instrumentalizá-la de outro modo. Por isso pedimos ao Papa que confirmasse o escrito: «O prof. Küng citou literal e corretamente as palavras da minha carta a ele dirigida», explicou. E concluiu com a esperança de ter respondido «de maneira clara e suficiente» às perguntas que lhe havíamos enviado"*[138]. É óbvio que Bento ofereceu razões absurdas sobre sua maneira de vestir —em um ano, e mesmo durante os seis anos seguintes, não encontrou outras vestes? Inclusive, não justificando em absoluto o fato de ter conservado o nome de Bento, e, por fim, ressaltando que esperava ter respondido *de maneira clara e suficiente* às preguntas feitas a si. Que representa então, verdadeiramente, o *"claro e suficiente"* na mensagem de Bento?

As declarações de BXVI sobre a *"seriedade"* de sua decisão, o *"bem da Igreja"* e a *"diminuição de suas forças"* se harmonizam? Existe realmente uma correspondência entre o suposto enfraquecimento físico e espiritual declarado por ele, as consequências drásticas que sua renúncia previsivelmente acarretaria —seria evidente que, diante de tal renúncia, os inimigos da Igreja assumissem seu aparato político-burocrático a fim de (tentar) destruí-la a partir de dentro— e a preocupação com o *"bem da Igreja"*? Bento sofreu realmente um enfraquecimento tão grave que o impedisse de *"governar a barca de São Pedro e anunciar o Evangelho"*? Lembremos que nem mesmo o abatimento de João Paulo II, que em dado momento o impossibilitou de se comunicar, levou este Papa à decisão de renunciar ao seu cargo. Como podemos supor que Bento tenha sido privado da força física e espiritual necessária para *"anunciar o Evangelho"*, se depois da materialização de sua renúncia continuou precisamente a pregar e defender o Evangelho, em múltiplas ocasiões, e em clara oposição às correntes anticristãs desdobradas das altas hierarquias eclesiásticas? Além disso, se, como reconheceu o próprio BXVI, o cargo (*munus*) de Romano Pontífice envolve funções (*ministerium*) adicionais às de governar e pregar, que são as de rezar e sofrer, como podemos admitir que BXVI realmente tenha se demitido do cargo devido a um suposto "enfraquecimento" que, segundo o texto da demissão, não teria afetado de forma alguma o desenvolvimento adequado destas últimas? Como podemos entender, por fim, que tenha se referido à liberdade de sua renúncia ao *ministério petrino* com razões absurdas para explicar sua decisão de continuar se vestindo e se chamando Papa?

Parece, então, que por trás de sua razão expressa —o suposto enfraquecimento de sua força física e espiritual— havia outras razões ocultas.

Por outro lado, deve-se ainda levar em consideração o fato de que Bento tem sido enfático e reiterativo ao afirmar que sua decisão não só foi adotada com plena liberdade e consciência, como também divinamente inspirada, e além disso, que foi "pedida por Deus", ou seja, fruto de uma obediência a Deus.

Diante de todas essas circunstâncias, a questão permanece em aberto: o que realmente houve por trás da renúncia de BXVI? Foi ou não livre? Qual foi a sua verdadeira motivação?

Esta análise será feita em seguida, mas não sem antes precisarmos o que segue: segundo concluímos na seção anterior deste estudo (**I-A**), não houve verdadeira renúncia por parte de BXVI ao ofício de Romano Pontífice como ato jurídico válido, uma vez que o conteúdo do ato não recaiu sobre o ofício em si, mas sobre um objeto juridicamente impossível (do ponto de vista do direito divino), ou seja, duas das funções inerentes a esse ofício —governar e proclamar o Evangelho. Neste sentido, o que Bento fez foi um ato jurídico meramente aparente, para dar, então, um passo puramente factual, que consistiu em retirar-se *de fato*, e *parcialmente*, do exercício de suas funções. Sendo assim, faz sentido levantar o problema da liberdade de um ato que legalmente não existiu? Naturalmente não. Portanto, devemos entender que, ao se tratar este aspecto, nos referiremos à liberdade (ou ausência de liberdade) não de um "ato jurídico", mas de um processo "de fato".

3. Análise dos fatos e declarações em torno da "renúncia" de BXVI

Até agora, estabelecemos, de um lado, a implausibilidade de que a causa da renúncia de BXVI consistisse no seu suposto enfraquecimento físico e espiritual e, de outro, a impossibilidade de afirmar, com certeza, que essa renúncia era coagida por pressões contra sua vida, contra a unidade da Igreja ou contra o normal desenvolvimento financeiro do Vaticano — embora, em qualquer caso, diante de tais pressões, pudemos verificar sérios e convergentes indícios, cuja ocorrência, aliás, se deu em momentos próximos ao anúncio da renúncia (junho de 2011, janeiro de 2012, fevereiro de 2012, fevereiro de 2013). Além disso, destacamos a afirmação enfática e reiterada da liberdade e da consciência de BXVI, e mesmo a origem divina de sua decisão de renunciar. Como podemos decifrar, com base nessas circunstâncias, o enigma ao redor da renúncia de BXVI?

Para isso, seria necessário retomar em parte o que foi dito no parágrafo **(I-A)**, especialmente o fato de que a invalidade e, portanto, a natureza meramente aparente da renúncia foi "velada". Recordemos, com efeito, que Bento nunca defendeu explicitamente ter se reservado certas funções inerentes a seu cargo e muito menos que, por essa mesma razão, não se desprendeu de fato do próprio cargo; seu proceder, ao contrário, foi sempre codificado, cifrado e as suas declarações contiveram mensagens mais ou menos ocultas, nas entrelinhas. Assim, para enviar suas mensagens, Bento tem feito uso de múltiplos recursos: distinções semânticas associadas às palavras latinas *munus* (cargo) e *ministerium* (função); esclarecimentos sobre os vários "ministerium" envolvidos no "munus" do Romano Pontífice e aqueles "ministerium" específicos frente aos quais não poderia exercer, ao contrário dos "ministerium" cujo exercício manteria; pronunciamentos de autoridade diante da realidade atual da Igreja e da forma de enfrentá-la; preservação do nome, do vestuário e da residência inerentes à dignidade do Romano Pontífice; reflexões sobre a impostura religiosa que ameaça tomar conta da Igreja de Cristo etc.

Mesmo os erros de latim presentes no texto da renúncia seriam um aviso marcante sobre a possível falsidade do conteúdo do ato.

Tudo isso leva à conclusão de que Bento, por alguma razão, não tem sido capaz de falar e agir direta e abertamente. Qual seria essa razão? É plausível a situarmos nos inimigos que, *intra* e *extra Ecclesiae*, combateram o seu pontificado. Com efeito, à margem de algumas circunstâncias referidas neste estudo sob os campos de ameaças contra a vida de BXVI, ameaças de cisma e pressões econômicas não possuir indubitável confirmação quanto à sua veracidade, origem e impacto, não há dúvida de que as mesmas revelaram a Bento estar cercado de opositores, mesmo entre o clero. Sob tal situação, era, pois, razoável que o Papa se expressasse com cautela e com uma linguagem até certo ponto "codificada"[139].

Mas, se aceitamos que as ações de Bento tenham sido influenciadas pelo conhecimento sobre seus inimigos, como se pode entender a insistência do Papa para com a liberdade, a consciência e a inspiração divina de sua decisão?

Tal insistência é compreensível ao considerarmos que a liberdade de Bento venha ligada justo à *forma* como decidiu agir, seguindo o conselho de Nosso Senhor Jesus Cristo: *"Sede, pois, sábios como serpentes e simples como pombas"* (Mt 10,16). Bento soube reter juridicamente seu "ofício" a fim de continuar sustentando a Igreja de Cristo a partir de um "retiro" de oração e sofrimento —e com ele impedir ou retardar, como um *katejon*, a plena manifestação do mal, sem que seus inimigos o soubessem ou mesmo admitissem, pois não podiam ou não queriam vê-lo ou entendê-lo para além da mera aparência de renúncia de seu pontificado[140].

4. Conclusão

Em relação às sérias, verificáveis e convergentes indicações apresentadas sobre as supostas ameaças dirigidas contra a vida de BXVI, contra a unidade da Igreja e contra o normal desenvolvimento financeiro do Vaticano, permanece alguma incerteza a respeito de sua veracidade, origem e impacto, não sendo, portanto, possível concluir categoricamente que sua "renúncia" —entendida, não como um ato juridicamente válido, mas como um procedimento puramente factual de afastamento de certas "funções" próprias do "ofício" do Romano Pontífice— teria sido "coagida". Contudo, tais indícios tornam-se relevantes na medida em que reafirmam a conclusão estabelecida no ponto **(I-A)**, de que sua renúncia ao cargo de Romano Pontífice nunca existiu, e que, pelo contrário, sob a inspiração direta do Espírito Santo, reservou esta posição de forma velada para os inimigos do seu pontificado —inimigos cuja existência e determinação foi comprovada, no mínimo, no caso do clero austríaco que, em 2011 e 2012, fez um chamado à rebelião— mas com avisos e alertas claros dirigidos aos verdadeiros fiéis de Cristo[141].

PARTE 2:

A VALIDADE DA ELEIÇÃO DO CARDEAL JORGE MARIO BERGOGLIO AO OFÍCIO DE ROMANO PONTÍFICE

(III) NO MOMENTO DA ELEIÇÃO DO CARDEAL BERGOGLIO O OFÍCIO DE ROMANO PONTÍFICE ESTAVA VACANTE?

Segundo o cânon 153 § 1 CDC, "*A provisão de um ofício que, segundo o direito, não está vacante, é* ipso facto *inválido, e não se valida pela vaga subsequente*".

Comentário: "Um ofício é vacante *de direito* quando carece de titular legitimamente provido; diz-se, em contrapartida, que é vacante *de fato* quando, tendo ou não legalmente um titular, nem este nem outro realizam as funções anexas ao ofício". Este e os seguintes cânones do CDC "contemplam especialmente o primeiro dos pressupostos, protegem a estabilidade do ofício, e as situações de legalidade nascidas ao abrigo do direito".

Caso se aceite o demonstrado em linhas precedentes, isto é, que BXVI não renunciou verdadeiramente ao ofício de Romano Pontífice e, *contra sensu*, continuou como o titular legítimo desse ofício, devemos concluir que este não vagou e, por conseguinte, não podia ser objeto de provisão. Em outras palavras, a provisão que *de fato* foi realizada, mediante eleição, na pessoa de JMB, não o foi *de direito*, sendo então nula[142].

Não bastasse, existem ainda circunstâncias outras, ligadas às condições pessoais de JMB e ao procedimento observado durante o conclave em que foi eleito, que reforçam a referida conclusão de nulidade. Estas circunstâncias serão abordadas mais detalhadamente a seguir.

(IV)   NO MOMENTO DE SUA ELEIÇÃO O CARDEAL ESTAVA EM PLENA COMUNHÃO COM A IGREJA?

O cânon 149 § 1 do CDC assim aponta: *"Para alguém ser promovido a um ofício eclesiástico, deve estar em comunhão com a Igreja e ser adequado, ou seja, dotado das qualidades exigidas para esse cargo pelo direito universal ou particular, ou pela lei de fundação"*.

Mas… o que significa "estar em comunhão com a Igreja"?

Isto é esclarecido, antes de tudo, pelo seguinte comentário sobre o cânon transcrito: "Os requisitos fundamentais que um candidato a qualquer cargo deve satisfazer são os de comunhão eclesial e de idoneidade concreta para o cargo em questão. Com o primeiro deles ressalta-se o fato de não ser suficiente a condição de batizado ou a recepção do sacramento da Ordem, mas que, como cada ofício tem por definição um fim espiritual (cf. Presbyterorum ordinis 20), precisa-se também a comunhão eclesiástica *de fato*. No entanto, nada diz o cânon sobre o que deve ser entendido por "comunhão com a Igreja", não obstante parecer óbvio que a expressão abranja mais que a do puro dado negativo de não se encontrar em situação jurídica de excomungado. Trata-se antes de uma exigência positiva, verificável pela união do candidato com os legítimos pastores, pelo assentimento a seu magistério, e a participação nos meios que realmente vivificam e congregam a comunidade eclesial. Para alguns ofícios é necessário, além do mais, emitir devidamente a profissão de fé (cf. Cân. 833)".

Existem, também, outros dois cânones do CDC que precisam a matéria: Assim, o cânon 204 indica: "§ 1 *São fiéis cristãos quem, incorporados a Cristo pelo batismo, se integram ao povo de Deus, e feitos partícipes a seu modo por esta razão da função sacerdotal, profética e real de Cristo, cada um segundo sua própria condição, são chamados a desempenhar a missão que Deus encomendou cumprir à Igreja no mundo"*.

205 CDC: *"Encontram-se em plena comunhão com a Igreja católica, nesta terra, os batizados que se unem a Cristo dentro da estrutura visível daquela, ou seja, pelos vínculos da profissão de fé, dos sacramentos e do regime eclesiástico"*.

Comentário ao Cân. 205 CDC: "O cânon anterior descreveu o fiel;

agora este cânon explica quais são os vínculos de comunhão para ser fiel de modo pleno. Segundo a vontade fundacional de Cristo, não há mais do que uma Igreja e só existe uma condição de fiel. É-se discípulo de Cristo e membro da Igreja segundo o desígnio divino, quando se está unido ao Corpo Místico de Cristo, que é a Igreja, pelo tríplice vínculo de comunhão: fé, sacramentos e união com a Hierarquia. Mas os homens podem distanciar-se desse desígnio divino de diversas maneiras, reduzíveis a duas, além da *apostasia*: a heresia e o cisma. A primeira consiste em **não professar toda a fé**, sendo redutível a ela a **falta de comunhão nos sacramentos**, pois a **rejeição de algum ou de vários deles** (se se rejeita o Batismo, não se é fiel), há de proceder da falta de fé, não só da falta de prática, para que se rompa a comunhão; se se rejeita a Hierarquia há o cisma. O herege e o cismático — os quais, se foram educados na heresia ou no cisma, e permanecem de boa-fé nessa situação, costumam chamar-se agora irmãos separados, sem que este termo tenha significado científico— não estão em plena comunhão com a Igreja, o que afeta sua própria condição de fiel. Não se é fiel nem discípulo do Senhor plenamente, ainda que se seja fiel e discípulo em algum grau não pleno. Se é membro da Igreja, se é fiel, mas separado. Juridicamente, tal situação comporta a suspensão dos direitos e deveres especificamente eclesiais, com exceção daqueles que se referem à reintegração à plena comunhão eclesiástica. Por caridade, não por justiça, os hereges e cismáticos podem ser admitidos a participar no culto católico ou em alguns sacramentos, sempre que seja autorizado pela legítima autoridade eclesiástica, e somente nas circunstâncias previstas na autorização (cf. Cân. 844 em relação à *communicatio in sacris*)"[143].

Assim, a partir de certos atos realizados por JMB, e de fatos que ocorreram em torno dele, pode-se inferir que não se encontrava, no momento de sua eleição como Romano Pontífice, em plena comunhão com a Igreja, por ao menos três tipos de circunstâncias: aparente pertença à Maçonaria, suposta apostasia ou minimamente heresia e possível implicação na "máfia" eclesial que obteve tal eleição ("máfia de São Galo").

(IV-A) Indícios de pertença à Maçonaria ou afins

A seguir, a lista de indícios, com suas respectivas fontes e imagens, que permitiriam suspeitar, com grande probabilidade factual, que Mons. Bergoglio pertencia à Maçonaria desde antes de sua suposta eleição como Romano Pontífice:

— Em julho de 1999, Mons. Bergoglio envia uma carta ao presidente do Rotary Club em Buenos Aires, agradecendo-lhe por ter sido admitido como Sócio Honorário; ao que parece em 2005 o cardeal Bergoglio recebe uma condecoração por parte do Club. Em abril de 2016, Mons. Bergoglio dirige um convite especial aos rotarianos para que assistam à Audiência do Jubileu[144]:

— No dia seguinte à eleição do cardeal Bergoglio como Romano Pontífice, foram publicadas, no portal argentino *PalermoOnline*, as seguintes palavras emitidas pelo Grão Mestre da Grande Loja da Argentina de Maçons Livres e Aceitos, Ángel Jorge Clavero: "Nossa instituição, enraizada na pátria desde 1857, saúda a designação do compatriota Cardeal Jorge Bergoglio como Papa Francisco I. Homem de vida austera e consagrada às suas devoções, a designação do novo pontífice da Igreja Católica significa um alto reconhecimento para a Nação Argentina. Na Maçonaria Argentina, sustentada nos princípios de Tolerância, Respeito, Liberdade, Igualdade e Fraternidade, militam irmãos que professam sua fé católica junto a outros que pertencem a outros credos, ou que são agnósticos ou que carecem de fé. Em nome de todos, a Grande Loja saúda o cardeal compatriota que acaba de alcançar tão alta distinção mundial".

— Mons. Bergoglio, e alguns outros membros da "máfia de São Galo", fazem parte de uma "linha consecratória"[145] que conduz a Mariano Rampolla del Tindaro — o cardeal maçom que esteve a ponto de ser eleito Papa em 1903[146].

— Em torno de Mons. Bergoglio constantemente figuram os rituais e os signos maçônicos: seu peitoral, a Missa celebrada em Fátima em 2017, o presépio de Belém que se armou no Vaticano em 2017[147] etc.

— Os postulados de Mons. Bergoglio parecem coincidir com os ideais maçônicos[148] —em matéria, por exemplo, de migração e de fraternidade entre as religiões[149].

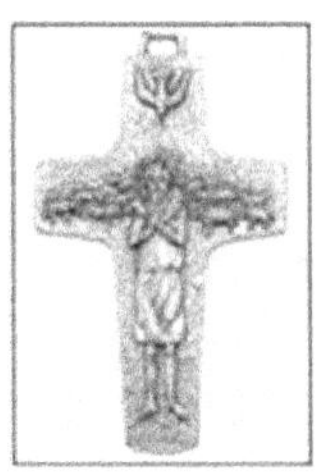

É importante ter em conta que a Igreja Católica condenou e continua a condenar a pertença à Maçonaria[150].

É assim que o anterior CDC (1917), em seu artigo 2.335, sancionava com excomunhão imediata a pertença a seitas maçônicas[151], enquanto que seu artigo 684 exortava aos fiéis a abster-se de participar em associações secretas que se subtraíam à vigilância da Igreja Católica[152]. Embora a expressa excomunhão dos católicos que participem como membros de lojas maçônicas ficasse excluída do atual CDC (1983), a Congregação para a Doutrina da Fé, em sua "Declaração sobre a Maçonaria", de 26 de novembro de 1983, assim o expressou: "Foi apresentada a pergunta se mudou o juízo da Igreja a respeito da Maçonaria, já que no novo Código de Direito Canônico não vai expressamente mencionada como no Código anterior. Esta Sagrada Congregação pode responder que tal circunstância é devida a um critério redacional, seguido também no caso de outras associações que também não foram mencionadas por estarem compreendidas em categorias mais amplas. Portanto, não mudou o juízo negativo da Igreja em relação às associações maçônicas, porque os seus princípios sempre foram considerados inconciliáveis com a doutrina da Igreja; portanto, a filiação a elas continua proibida pela Igreja. Os fiéis que pertencem a associações maçônicas estão em estado de pecado grave e não podem aproximar-se da santa comunhão"[153].

É claro que Mons. Bergoglio nunca reconheceu formalmente sua filiação a nenhuma associação maçônica em particular, mas a "afinidade" que sua linguagem simbólica e seu pensamento sincretista e relativista têm com a Maçonaria, o apoio aberto que recebeu de líderes maçônicos, e sua filiação e proximidade a uma associação como o Rotary Club, historicamente considerada pela Igreja como "suspeita" —para dizer o mínimo[154]—, constitui um conjunto relevante de indícios sobre tal adesão e, portanto, sobre a quebra do vínculo da plena comunhão eclesial que o cardeal Bergoglio teria de sustentar, na época de sua eleição como "Papa", para que fosse válida.

(IV-B) Apostasia e /ou heresia em decorrência da promoção de um falso ecumenismo[155]

Passamos a expor agora as razões e as provas que sustentam a afirmação acima:

— Em abril de 1998, Mons. Bergoglio realiza uma Missa em memória do cardeal Antonio Quarracino —cardeal por cuja iniciativa passa-se a comemorar anualmente, na Catedral de Buenos Aires, a *Noite dos Cristais Quebrados*[156], e cuja sepultura se localiza a metros do Mural Comemorativo das Vítimas do Holocausto[157]. Diz monsenhor: O cardeal Quarracino quis que o mural "estivesse aqui. Isto só o diz um coração de pai, [...] pai que sabe que **todos somos irmãos porque levamos o selo de Deus em nosso coração**"[158].

— O cardeal Bergoglio se ajoelha para receber as orações e bênçãos de pastores evangélicos durante um encontro "ecumênico" assistido em 2006 (Diário *La Nación*):

O jornalista britânico Austen Ivereigh conta que foi o próprio cardeal que, de seu cargo de arcebispo de Buenos Aires[159], conseguiu que o encontro acontecesse no Luna Park —um estádio com capacidade para 7.000 pessoas— e acrescenta que dois terços dos presentes eram católicos. Abaixo está a versão de Ivereigh do que aconteceu naquela ocasião:

> O Cardeal [Bergoglio] passou a manhã sentado no meio do povo, como sempre. Em certo momento, o Pastor Witt convidou os presentes a pegar a mão da pessoa ao seu lado e orar por eles. Bergoglio foi capturado pela câmera do fotógrafo Enrique Cangas em um ato de intensa oração com um evangélico de 42 anos [...]. À tarde, **quando Bergoglio foi convidado a subir ao palco e falar, ele primeiro pediu aos pregadores que rezassem por ele, ajoelhou-se e, baixando a cabeça, deixou que colocassem suas mãos sobre ele**. A oração do pastor foi longa, à maneira carismática, prolixa e urgente. Agradeceu ao Senhor pelo surgimento de uma voz profética na Argentina, e pediu que o cardeal fosse abençoado com os dons da sabedoria e da liderança. 'Senhor, nós como irmãos em Cristo, sem diferenças, sem barreiras, agora o bendizemos... e em nome de Jesus de Nazaré cancelamos o poder de todas as maldições... sobre o teu servo', entoou o Pastor Norberto Saracco que, enquanto os aplausos cresciam no estádio, terminou sua invocação com um crescendo: "Enche-o cada vez mais com o teu Espírito Santo, Deus! Inunda-o com a tua presença, Pai! Em nome de Jesus!" **Quando Bergoglio pegou o microfone, falou da beleza de um povo que estava se tornando uma "diversidade reconciliada", onde ninguém deveria deixar de ser o que era, e ainda assim eles podiam caminhar juntos por um caminho comum**[160].

— Após a referida reunião "ecumênica", o cardeal Bergoglio concebeu e desenvolveu a iniciativa de reunir-se periodicamente, para "rezar", com os pastores participantes do evento[161]. Em 2009, os pastores chegaram a propor ao cardeal um "retiro espiritual para o clero", proposta aceita para se realizar em 2010, na casa de retiros dos bispos em Pilar (província de Buenos Aires), momento em que "os pastores pregaram a cerca de uma centena de sacerdotes durante um dia e meio[162]". Ivereigh diz que "a experiência se repetiu em 2012", e que em tal contexto "ninguém estava tentando converter ninguém, exceto ao único Jesus Cristo. Para Bergoglio, foi um exemplo de «diversidade reconciliada»"[163].

— Em 2006 o cardeal Bergoglio conhece Tony Palmer [+ jul. 2014], anglicano —"ordenado sacerdote" em 2005 "por via da CEEC" (Comunhão de Igrejas Episcopais Evangélicas) e posteriormente, em 2010, nomeado "bispo"— casado com Emiliana, ex evangélica conversa ao catolicismo. Das conversações mantidas entre o cardeal e Palmer destaca-se a relacionada com a distribuição da Eucaristia aos protestantes casados com católicos. Ivereigh assim narra o diálogo:

> Palmer comentou [ao cardeal Bergoglio] que, embora [seu 'matrimônio ecumênico'] funcionasse muito bem — eram complementares em sua diversidade — «havia um problema». «Disse-lhe que desde que a minha família estava integrada na Igreja católica, a mim não me é permitido comungar. Devo ficar no banco no domingo de manhã. Assim, meus filhos retornam ao seu lugar depois de receber a Comunhão e me perguntam: 'Papai, por que nos trouxe a uma Igreja que separa a família?'» Palmer recorda que, ao ouvir a sua história, Bergoglio «ficou com o coração partido, os olhos cheios de lágrimas». [...] Palmer argumentava apaixonadamente que a eucaristia não era um sinal de unidade institucional, mas uma unidade em Cristo, e que as regras da Igreja Católica implicavam que o altar era de Roma, e não de Cristo, ou seja, uma blasfêmia. [...] **O cardeal**, acrescenta [Palmer], **não tentou defender as regras da Igreja, e de fato confirmou a teologia sacramental de Palmer** [!], empatizando profundamente com ele e procurando apenas convencer a este de que tivesse paciência. «Queria me acalmar, tornar-me um reformista, não um rebelde»[164].

Ivereigh também relata que, em novembro de 2009, quando Bento instituiu o Ordinariato:

> Bergoglio chamou o primaz anglicano do Cone Sul, com sede em Buenos Aires (em comunhão com Canterbury), o bispo Gregory Venables. Durante o café da manhã, «disse-me claramente que o Ordinariato era bastante

desnecessário, e que a Igreja precisa de nós como anglicanos». Essa foi também a mensagem de Bergoglio a Palmer, que estudava o Ordinariato e se perguntava se era para ele. «Falou-me que necessitamos contar com construtores de pontes. Aconselhou-me a não dar o passo, porque podia parecer que estava tomando partido, e deixaria de ser construtor de pontes». **Palmer afirma que Bergoglio acreditava que ele devia permanecer anglicano «pelo bem da missão, essa missão de unidade», e que estava «se privando a si mesmo de ser católico «por esta missão, esta missão de unidade»**[165].

— Em julho de 2008 o cardeal apresenta, com elogios, o livro "Argentina Ciudadana. Con textos bíblicos", do rabino Sergio Bergman[166]:

— Em junho de 2010 visita a AMIA (Associação Mutual Israelita Argentina), e chama os judeus de "seus irmãos mais velhos"[167].

— Em outubro de 2012 concede um título *honoris causa* na UCA ao rabino Abraham Skorka e o aplaude após falar da espera do Messias — quando, como sabemos, o "Messias" esperado pelos judeus não é outro que o Anticristo[168].

— Em novembro de 2012 participa de uma cerimônia interreligiosa ocorrida na Catedral de Buenos Aires, em memória da *Noite dos Cristais Quebrados*[169]:

— Em novembro de 2012 participa, em uma Sinagoga, de uma cerimônia interreligiosa pela paz no Oriente Médio[170].

— Em dezembro de 2012 celebra a Hanukkah com os judeus na Argentina, declarando, perante a Agência Judaica de Notícias (AJN), que não é a primeira vez que assiste a uma Sinagoga: "**É algo que costumo fazer. Como os irmãos judeus vêm a nossa casa, eu vou à deles, somos irmãos. O amor nos leva à fraternidade**". Na cerimônia participaram rabinos, sacerdotes católicos e líderes religiosos afro-brasileiros[171]:

Este conjunto de comportamentos e declarações por parte de JMB[172] constituem, se não apostasia[173], ao menos heresia, e dão provas claras de que ele não aderia plenamente à Igreja Católica no momento em que foi eleito "Papa"[174], e que, por esta mesma razão, essa eleição não poderia ser válida.[175]

(IV-C) Indícios de implicação na denominada "Máfia de São Galo"

1. O que é a "máfia de São Galo" e como surgiu?

O jornalista britânico Austen Ivereigh[176] proporciona a seguinte informação sobre a denominada "máfia de São Galo":

"A história de como Bergoglio tornou-se 'papável' no conclave de 2005, sendo eleito Papa em 2013, remonta a um lugar muito distante da Argentina, em uma bela cidade do nordeste da Suíça muito habituada à neve. [...] O CCEE [Conselho de Conferências Episcopais da Europa], que possui como membros trinta e três conferências episcopais de quarenta e cinco países, foi criado nos anos posteriores ao Concílio Vaticano II, num momento em que o Papa Paulo VI —inspirando-se no CELAM latino-americano— encorajava colaborações continentais similares a fim de devolver a força e a identidade à Igreja local [...]"[177]. "Foi a crescente preocupação pelo centralismo romano que suscitou os encontros de São Galo. O seu Bispo, Ivo Furer, começou a organizar, no final dos anos noventa, encontros privados em sua residência de cardeais e arcebispos europeus que, em si mesmos, já eram expressões de colegialidade. A figura dominante era a do cardeal jesuíta Carlo Maria Martini, até 2002 arcebispo de Milão. Outro cardeal de peso, o arcebispo de Bruxelas, Godfried Danneels, também era uma voz significativa nessas reuniões. Normalmente somavam-se seis ou sete outros prelados, da Europa Central ou do Norte, ao redor da mesa naqueles encontros de dois dias. Em 2001, juntaram-se ao grupo três arcebispos nomeados cardeais em 2001, bem como Bergoglio. Um deles era Walter Kasper, bispo de Rottenburgo-Stuttgart, que em 1999 foi nomeado presidente do departamento vaticano encarregado das relações com cristãos e judeus. Os outros dois presidiam as conferências episcopais da Alemanha e Inglaterra e Gales: Karl Lehmann, bispo de Mainz, e Cormac Murphy-O'Connor de Westminster, Inglaterra. Outros, da França e Europa Central, participavam mais esporadicamente, mas aqueles formavam o núcleo do grupo de São Galo"[178]. "O grupo de São Galo começou a se reunir no final da década de 1990, no momento em que a saúde de João Paulo II iniciava sua rápida degenerescência"[179].

Do trecho transcrito se depreende então que a "máfia de São Galo" desempenhou um papel relevante, tanto no conclave de 2005 como no de 2013, e a este papel se vinculou justamente o fato de que JMB chegou "a ser candidato" no primeiro e ser eleito no segundo. Esta mesma ideia parece vir sugerida também na biografia autorizada do (falecido) cardeal Godfried Danneels —um dos integrantes da "máfia"—, escrita em 2015 por Jürgen Mettepenningen e Karim Schelkens, e apresentada pelo mesmo cardeal. Conforme referências a certos trechos dessa biografia, ainda disponíveis na web, a "máfia" operava desde o pontificado de João Paulo II para controlar a sucessão deste Papa, impedir a eleição de Joseph Ratzinger e promover a eleição de JMB, tudo com o propósito de tornar a Igreja "muito mais moderna"[180].

Para corroborar a veracidade deste relato e suas eventuais implicações jurídicas em torno da validade da "eleição" de JMB, procuraremos em primeiro lugar reconstruir, com o maior nível de detalhamento possível, recorrendo a quantas fontes encontramos disponíveis, o que aconteceu durante os conclaves de 2005 e 2013. Em particular, desmembraremos estes conclaves em função de quatro aspectos concretos: (i) o desenvolvimento e os resultados dos escrutínios; (ii) os *lobbies* distintos dos da "máfia de São Galo" gestados antes e durante ambos os conclaves; (iii) as estratégias e operações da "Máfia"; e (iv) os supostos "passos ao lado" ou "marchas ré" assumidos, em determinado ponto dos escrutínios, por certos candidatos ao pontificado. Em seguida analisaremos a credibilidade da reconstrução fática resultante deste trabalho de desmembramento, para finalmente examinar as normas pertinentes da Constituição Apostólica *Universi Dominici Gregis* e estabelecer se efetivamente se constituiu ou não, para JMB, alguma premissa de fato que lhe servisse de impedimento a ser eleito ao cargo de Romano Pontífice.

2. Que ocorreu no conclave de 2005?

2.1. *O desenvolvimento e os resultados dos escrutínios*

Austen Ivereigh[181]	Diário de um cardeal anônimo, publicado por Lucio Brunelli em *Limes*[182]	Declarações anônimas de um cardeal brasileiro, publicadas por Gerson Camarotti em *O Globo*[183]
Ivereigh, apoiado, por um lado, em um "diário anônimo" que um dos cardeais eleitores escreveu e disponibilizou, após o conclave, a Lucio Brunelli de *Limes*, e por outro, em um artigo publicado por Marco Tosatti em *Vatican Insider*, relata: "Na primeira votação, a da segunda pela tarde, Ratzinger obteve 47 votos, seguido de Bergoglio, que obteve 10, e de Martini, que obteve 9. Outros também receberam votos (entre eles Sodano, quatro, Rodríguez de Madariaga [sic], três, e, segundo o cardeal brasileiro anônimo, Hummes também conseguiu alguns). Contudo, a verdadeira surpresa veio de Bergoglio, cujo apoio indicava que mais da metade dos 18 cardeais latino-americanos residentes (isto é, excluindo os curiais) tinham votado nele, e a maioria do restante em Rodríguez e em Hummes. [...] À manhã seguinte houve dois escrutínios. No primeiro, Ratzinger alcançou os 65 votos, enquanto que Bergoglio obteve 35. Os 15 votos restantes foram parar em outros candidatos dispersos: os quatro de Sodano se mantiveram firmes, mas os de Martini, Rodríguez e Hummes tinham ido parar em Bergoglio. No segundo escrutínio [...] Ratzinger chegou aos 72 votos, apenas cinco menos da maioria	"I votação, segunda 18 abril, 18h: Joseph Ratzinger, Decano do Sacro Colégio — **47** Jorge Mario Bergoglio, Arcebispo de Buenos Aires, Argentina — **10** Carlo Maria Martini, Arcebispo Emérito de Milão — **9** Camillo Ruini, ex Vigário Apostólico de Sua Santidade para a diocese de Roma — **6** Angelo Sodano, ex Secretário de Estado do Vaticano — **4** Oscar Rodríguez Maradiaga, Arcebispo de Tegucigalpa, Honduras — **3** Dionigi Tettamanzi, Arcebispo de Milão — **2**". "II votação, terça 19 abril, 9:30: Ratzinger — **65** Bergoglio — **35** Martini — **0** Ruini — **0** Sodano — **4** Tettamanzi — **2**". "III votação, terça 19 abril, 11:00: Ratzinger — **72** Bergoglio — **40**	O cardeal brasileiro "confirmou os números da votação divulgados em setembro pela revista italiana 'Limes': Ratzinger foi eleito com 84 votos dos 115 cardeais e o segundo colocado foi o cardeal argentino Jorge Mario Bergoglio, arcebispo de Buenos Aires, com 26 votos. A revista teria obtido o diário escrito por um dos cardeais do conclave. Para ser eleito, Ratzinger precisava de 77 votos. De acordo com o diário, no primeiro escrutínio, no dia 18 de abril, o alemão disparou com 47 votos. Contra ele, surgiram Bergoglio com 10 votos e o ex-arcebispo de Milão e líder da ala progressista, o cardeal italiano Carlo Maria Martini, com nove votos. No segundo escrutínio, Ratzinger subiu para 65 votos e Bergoglio recebeu 35. No terceiro, o alemão atingiu 72 votos, e Bergoglio, 40. [...] O cardeal brasileiro acrescenta alguns detalhes da votação. Um é que Martini andava de bengala, o que prejudicou muito sua imagem. Ele seria o principal adversário de Ratzinger. Mas ficou nítido para os cardeais que Martini estava muito doente. Na ocasião, foi

Austen Ivereigh[181]	Diário de um cardeal anônimo, publicado por Lucio Brunelli em *Limes*[182]	Declarações anônimas de um cardeal brasileiro, publicadas por Gerson Camarotti em *O Globo*[183]
de dois terços requerida, mas Bergoglio obteve 40". Os dois grupos de cardeais que estavam por trás de uma e outra candidatura "regressaram a Santa Marta em estado de exaltação. Mas então Bergoglio desativou a operação. Embora o que tenha ocorrido durante o jantar não se descreva no diário, outra fonte assegura que Bergoglio suplicou aos demais cardeais, quase com lágrimas nos olhos, que votassem em Ratzinger, mesmo que não esteja claro se o fez falando com eles individualmente ou mediante um anúncio geral [...] Aquela tarde, depois do primeiro escrutínio, o apoio a Bergoglio caiu para os 26 votos, e Ratzinger foi eleito com 84".	Castrillón — **1** Tettamanzi — **0**". "**IV votação, terça 19 abril, 16:30**: Ratzinger — **84** Bergoglio — **26** Schönborn — **1** Biffi — **1** Law — **1**".	divulgado que o italiano sofria de mal de Parkinson. Outra lembrança é de que no primeiro escrutínio o arcebispo de São Paulo, dom Cláudio Hummes, teria obtido cerca de 5 votos. Segundo o cardeal brasileiro, à medida que os votos se concentravam em torno do cardeal alemão, Bergoglio passava a funcionar como um candidato anti-Ratzinger. Na quarta e última votação, quando foi alcançado o voto de número 77, todos os cardeais começaram a aplaudir Ratzinger. Nesse momento, o novo Papa ficou com os olhos marejados. — Ratzinger estava visivelmente emocionado— lembra o brasileiro".

Marco Tosatti, *Vatican Insider*[184]	Elisabetta Piqué[185]	Comentários de JMB sobre as revelações contidas no diário anônimo
Tosatti sintetiza assim o relato do Limes: "Na primeira votação, além de Ratzinger, que havia obtido 47 votos, estiveram: Bergoglio com 10 preferências, Martini com 9, Ruini com 6, Sodano com 4, Maradiaga com 3 e Tettamanzi com 2. Martini, que não tinha intenção de participar na 'disputa', e cujo nome era só uma fachada para coagular	"Alguns dos cardeais que participaram dessa eleição — secretíssima, mas onde se costuma filtrar-se postais, emoções e dados concretos— viram o Cardeal Jorge Mario Bergoglio, então Arcebispo de Buenos	Ivereigh[186] indica que "quando Bergoglio regressou a Roma [...] justo depois da publicação do diário secreto do cardeal anônimo, não gostou [...] de sua imagem apresentada como a de um dos contrários a Ratzinger, ou pior, como candidato de divisão [...]. Bergoglio

Marco Tosatti, *Vatican Insider* [184]	Elisabetta Piqué [185]	Comentários de JMB sobre as revelações contidas no diário anônimo
consensos distintos daqueles que queriam o Papa Ratzinger. De fato, na segunda votação, Ratzinger sobe a 65, e Bergoglio também atrai os votos de Martini, e outros, dos numerosos dispersos do primeiro escrutínio (uns trinta, ao que parece), chegando a 35. Martini e Ruini não têm nenhum (levaram seus próprios votos para os dois lados), Sodano 4 e Tettamanzi 2. Nesta reconstrução, faltam a Ratzinger 12 votos para alcançar o quórum dos 77. A Bergoglio faltam 4 para obter o 'bloqueio'. Na terceira votação, Ratzinger chega a 72, Bergoglio a 40". Na quarta votação "Ratzinger alcança 84 votos, Bergoglio ainda reúne 26 preferências e faltam votos. Mas Ratzinger é o Papa".	Aires de 68 anos de idade, quase desfigurado ao somar mais e mais votos no primeiro escrutínio. Superando, inclusive, o Cardeal Carlo Maria Martini, também jesuíta e grande papável, candidato dos progressistas, mas já não disponível por causa de sua doença". "Segundo informações confirmadas por vários participantes, na terceira e penúltima votação, o Arcebispo argentino [...] colhe uns 40 votos".	estava bastante irritado para declarar ante os jornalistas que estava «confuso e um tanto magoado» por «essas indiscrições», que, segundo ele, apresentavam um quadro falso. Tornar públicos fatos e relatos do conclave dava a entender que eram os homens os que tomavam as decisões —disse—, quando «todos éramos conscientes de ser meros instrumentos, de servir à divina providência na eleição do próximo sucessor de João Paulo II. Isso é o que ocorreu»"[187]

2.2. *O lobby pró-Ratzinger, "avalizado por ele"*

Austen Ivereigh [188]	Diário de um cardeal anônimo, publicado por Lucio Brunelli em *Limes*
"O bloco de cardeais da Cúria levava algum tempo avaliando o cardeal Ratzinger" e "nos dias anteriores ao conclave se esforçaram para que Ratzinger contasse com uma boa parte desse primeiro voto" no primeiro escrutínio.

"Promovendo a candidatura de Ratzinger entre os | Desde o primeiro dia do conclave, "«o cardeal decano Joseph Ratzinger»" é "«o papável número um»". "A primeira votação" (na qual Raztinger obtém 47 votos, Bergoglio 10 e Martini 9), "parece confirmar os prognósticos mais confiáveis da véspera. O conclave se abre com uma única candidatura "organizada" e que pode contar com um bloco de votos predefinidos, o do cardeal Ratzinger. As previsões dos vaticanistas mais informados oscilavam entre trinta e cinquenta votos já seguros para o ex prefeito da Congregação para a Doutrina da Fé. De fato, obtém 47. Um excelente ponto de partida, mas faltava agora a Ratzinger 30 votos para alcançar os dois terços necessários à eleição. Muito mais baixas que as hipotéticas estimativas são as preferências reunidas pelo cardeal Martini. «[...] Deve-se |

Austen Ivereigh[188]	**Diário de um cardeal anônimo, publicado por Lucio Brunelli em _Limes_**
cardeais de língua inglesa e alemã estava Christoph Schonborn, de Viena, enquanto que os dois cardeais curiais latino-americanos — Alfonso López Trujillo e Jorge Medina Estévez— interceptavam os de língua espanhola e portuguesa apenas estes chegassem a Roma. Um cardeal brasileiro que de maneira anônima fez declarações ao jornal _O Globo_ nesse mesmo ano, explicou que pouco depois de desfazer as malas, contou como os dois curiais latino-americanos os convidaram a assistir a reuniões e jantares. «Naquelas conversas deixaram claro que haviam consultado Ratzinger e que este havia dado luz verde à campanha .«Os _rigoristi_ argumentavam persuasivamente que Ratzinger era um teólogo imponente, o único capaz de levar adiante o legado de João Paulo II, e cuja experiência na Cúria significava que também poderia resolver seus problemas".	recordar que, embora a do cardeal bávaro fosse uma candidatura real, o nome do cardeal italiano só tinha sido indicado como um possível "candidato de fachada". Capaz de reagrupar e unir uma parte do "dissenso" à hipótese de Ratzinger. Mas o cardeal Martini nunca se sentiu como um verdadeiro "papável", e não só pelos conhecidos problemas de saúde»". De volta à Santa Marta depois desta primeira votação, "os partidários de Ratzinger se concentram sobre o vasto bloco dos indecisos: mais de trinta preferências estão dispersas. Os amigos do cardeal Ruini deixaram saber que seu pequeno pacote de votos (6) fluirá para o cardeal decano". Nessa altura, "todos os participantes no conclave sabem que, de fato, pelo menos dois cardeais" latino-americanos "estão firmes com Ratzinger: o colombiano Alfonso López Trujillo, ministro do Vaticano para a família, opositor amargo da teologia da libertação, e o chileno Jorge Arturo Medina Estévez, prefeito emérito da Congregação para o culto divino e a disciplina dos sacramentos, ex-responsável da edição chilena da revista _Communio_, a criatura teológica de Ratzinger". Depois da terceira votação do conclave (na qual Ratzinger e Bergoglio recebem 72 e 40 votos, respectivamente), e na própria Capela Sistina, antes do deslocamento à Santa Marta para o almoço, se vê uma "«Grande preocupação entre os purpurados que desejam a eleição do cardeal Ratzinger; os contatos aumentam, o mais ativo é o cardeal López Trujillo...»". "Trujillo é visto por muitos a aproximar-se particularmente dos cardeais latino-americanos; tenta convencê-los de que não há alternativas reais a Ratzinger; insiste no paradoxo de que os cardeais do primeiro mundo, alemães e norte-americanos, são os apoiadores de um candidato latino-americano". Na quarta votação do conclave, Ratzinger sai eleito: "Quanto aos motivos que levaram à maioria dos cardeais a eleger Ratzinger, já foram declarados por numerosos participantes (ver _30 Dias_, n. 5/2005). A indiscutível autoridade moral e intelectual do personagem; a continuidade com o pontificado de Wojtyla, mesmo dentro de uma maior sobriedade de estilo e doutrina; a garantia (outorgada pela idade) de um pontificado menos longo que o anterior; a forma convincente em que Ratzinger organizou, como decano do Sacro Colégio, primeiro o funeral de Wojtyla, logo as congregações gerais que prepararam o conclave: quase uma prova (superada) pelo Papa. Um mérito que a grande maioria dos cardeais eleitores reconheceram".

Declarações anônimas de um cardeal brasileiro, publicadas por Gerson Camarotti em *O Globo*
"A mobilização de Ratzinger não foi discreta. Ele contou com a ajuda dos principais cardeais da Cúria Romana e até de grupos de pressão de grandes movimentos da Igreja, principalmente da Opus Dei —de perfil conservador e com forte influência no Vaticano. A estratégia montada por Ratzinger foi extremamente sofisticada. Ele deu sinal verde a alguns cabos eleitorais, que começaram a trabalhar os votos dos 115 eleitores [...]. Eles se dividiram por continentes. Na América Latina, os principais cabos eleitorais de Ratzinger foram os cardeais Alfonso López Trujillo, colombiano, e Jorge Arturo Medina Estévez, chileno, ambos próximos da Opus Dei. Também ajudou de forma ostensiva o cardeal austríaco Christoph Schöenborn, colocado em Viena por Ratzinger para barrar os ventos progressistas da arquidiocese. Trujillo e Medina organizaram jantares e encontros com cardeais latino-americanos para fazer campanha de forma aberta. Esses encontros ocorriam em conventos e casas religiosas onde cardeais de vários países se hospedaram ao chegar ao Vaticano logo após a morte de João Paulo II. Nessas conversas pré-conclave foram listados os votos necessários para que Ratzinger surgisse de forma antecipada como favorito. —Quando chegamos a Roma, havia muita dúvida e incerteza. Trujillo e Medina organizavam encontros e jantares. Nessas conversas, deixavam claro que tinham consultado Ratzinger e garantiam que o cardeal alemão aceitaria ser Papa e tinha dado sinal verde para a campanha. Também listavam todas as qualidades de Ratzinger para ser o sucessor ideal de João Paulo II— revelou o cardeal brasileiro. Historicamente, são dessas reuniões informais, realizadas entre a morte de um papa e o conclave, que surgem os nomes dos principais papáveis. Esse período é chamado de pré-conclave. Além das reuniões oficiais diárias, chamadas de congregação-geral, ocorrem jantares de confraternização em que os cardeais mais influentes tentam conquistar apoio. Ratzinger evitou aparecer pessoalmente nesses encontros. Imagina-se que não quisesse se expor de forma aberta, e por isso mandava cabos eleitorais. Mas não foi uma tarefa fácil para Ratzinger chegar ao conclave como favorito. Foi preciso que os cabos eleitorais esclarecessem questões que começavam a surgir na imprensa sobre o cardeal alemão. Entre as notícias que mais prejudicaram sua campanha estava a de que ele fora membro da Juventude Hitlerista. No entanto, segundo o cardeal brasileiro, o maior problema foi a veiculação de informações de que Ratzinger não queria ser Papa, pois estava velho e cansado, em busca de uma aposentadoria tranquila, e que por isso sua candidatura não seria para valer. Os jornais italianos publicaram com destaque que Ratzinger era um candidato simbólico. Sua candidatura, diziam, visava a arregimentar um grupo de cardeais conservadores para que num segundo momento fosse lançado um outro candidato, mais competitivo. — Isso abalou a candidatura — lembrou o cardeal brasileiro. Quatro dias antes de começar o conclave, dois dos principais vaticanistas italianos, Luigi Accattoli, do jornal 'Corriere della Sera', e Marco Politi, do 'La Repubblica', anunciaram que Ratzinger estava sendo vetado por cardeais alemães e americanos. Accattoli foi além. Em artigo, afirmou: 'Ratzinger teria dito aos amigos que não considera viável sua própria eleição e que não a deseja'. Era exatamente o contrário do que acontecia nos bastidores. De última hora, rodadas de conversas foram conduzidas por Trujillo e Medina com cardeais latino-americanos. O mesmo foi feito com cardeais de outros continentes. O colombiano e o chileno informaram ao cardeal brasileiro, pouco antes do conclave, que Ratzinger continuava candidato. Àquela altura, acrescentavam, a Cúria já fechara no apoio ao alemão. Fundamental para a eleição de Ratzinger, o trabalho dos cabos eleitorais

Declarações anônimas de um cardeal brasileiro, publicadas por Gerson Camarotti em *O Globo*
continuou durante o conclave. Eles reafirmavam a plataforma de Ratzinger e ressaltavam o fato de ele ser considerado o maior teólogo da Igreja moderna e um intelectual brilhante. Chamavam atenção também para o fato de ele ser idoso (ao ser eleito Papa, Ratzinger contava 78 anos). Depois de um pontificado longo como o de João Paulo II, os cardeais optaram pelo que chamam de um papa de transição. Foi lembrado ainda o fato de Ratzinger ter sido o mais fiel cardeal de João Paulo II e o que ficou mais tempo na Cúria —o que garantia o chamado 'wojtylismo sem Wojtyla'—. [...] O brasileiro lembra que a mesma plataforma utilizada pelos aliados de Ratzinger antes da reunião secreta também foi usada durante o conclave para obter os votos necessários. —Trujillo e Medina fizeram questão de afirmar que a candidatura era para valer. Entramos para o conclave certos disso. O que ficou muito claro desde o primeiro escrutínio. Ali, tivemos a certeza de que ele seria eleito rapidamente, tamanha foi a diferença. No conclave, durante as refeições, era comum ver os mesmos cardeais trabalhando de forma reservada o voto de outros. A campanha aumentou nas votações seguintes —observa o cardeal brasileiro. [...] Para o brasileiro, alguns fatores contribuíram ainda mais para a eleição de Ratzinger. O fato de haver vários cardeais novos e com pouca experiência na Cúria Romana produziu um fato raro: Ratzinger era um dos poucos que tinham contato com quase todos eles. Ele era conhecido por todos os outros 114 eleitores. Um dos argumentos usados pelos eleitores de Ratzinger, lembra o cardeal brasileiro, era que o alemão teria coragem para reformar a Cúria, descentralizando um pouco mais o poder de Roma. [...] Também pesou o fato de, como decano do Colégio de Cardeais, Ratzinger ter rezado a última missa aberta ao público antes do conclave. A homilia do alemão impressionou muito os cardeais eleitores. Na ocasião, ele fez uma defesa da doutrina católica e deu uma dura resposta aos que reivindicavam reformas para adaptar a Igreja aos novos tempos. Como guardião da doutrina da Igreja no pontificado de João Paulo II, ele protestou contra o que chamou de 'ditadura do relativismo'. O tom forte da homilia funcionou como bandeira de campanha. No pré-conclave, ele já demonstrava autoridade ao recomendar que os cardeais não falassem com a imprensa, ao contrário do que aconteceu em 1978, quando vários eleitores deram entrevistas. O cardeal brasileiro lembra ainda que Ratzinger teve vantagem ao comandar o conclave, o que permitiu a ele demonstrar liderança e serenidade, qualidades fundamentais para um papa".

Elisabetta Piqué[189]	Comentários de JMB sobre as revelações contidas no diário anónimo	Georg Gänswein, ao apresentar o livro "Além da crise da Igreja. O pontificado de Bento XVI", de Roberto Regoli[190]
"A 'carta Ratzinger', ex braço direito do Papa polaco — que havia tido uma função	Ivereigh indica que "quando Bergoglio regressou a Roma [...] justo depois da publicação do diário secreto do cardeal anônimo, não gostou [...] de sua imagem apresentada como a de	"Igualmente brilhante e esclarecedora é a completa e bem documentada exposição por Dom Regoli das diferentes fases do pontificado [de BXVI]. Especialmente seu começo no

Elisabetta Piqué[189]	Comentários de JMB sobre as revelações contidas no diário anónimo	Georg Gänswein, ao apresentar o livro "Além da crise da Igreja. O pontificado de Bento XVI", de Roberto Regoli[190]
chave, gentil, equilibrada nas reuniões pré-conclave, como decano do Colégio Cardinalício—, auspiciada por um lobby conservador, era a mais fácil de jogar".	um dos contrários a Ratzinger, ou pior, como candidato de divisão [...]. Bergoglio estava bastante irritado para declarar ante os jornalistas que estava «confuso e um tanto magoado» por «essas indiscrições», que, segundo ele, apresentavam um quadro falso. Tornar públicos fatos e relatos do conclave dava a entender que eram os homens os que tomavam as decisões —disse—, quando «todos éramos conscientes de ser meros instrumentos, de servir à divina providência na eleição do próximo sucessor de João Paulo II. Isso é o que ocorreu»".	conclave de abril de 2005, do qual Joseph Ratzinger, após uma das eleições mais curtas na história da Igreja, saiu eleito depois de apenas quatro votações que seguiram a uma dramática batalha entre o denominado 'Partido do Sal da Terra', em torno aos cardeais López Trujillo Ruini, Herranz, Rouco Varela e Medina, e o denominado 'Grupo de São Galo' em torno aos cardeais Danneels, Martini, Silvestrini e Murphy-O'Connor; um grupo que recentemente o mesmo cardeal Danneels de Bruxelas com tão bom humor chamou 'uma espécie de Clube de Mafiosos'-".

2.3. As estratégias e operações do grupo de São Galo

Austen Ivereigh[191]	Diário de um cardeal anônimo, publicado por Lucio Brunelli em *Limes*
— Sobre os laços entre o cardeal Bergoglio e os membros de "São Galo", Ivereigh comenta que, durante o "consistório extraordinário" convocado por João Paulo II para maio de 2001 —no qual os "cardeais de São Galo" (Martini, Danneels, Lehmann e Murphy-O'Connor) e também o cardeal hondurenho Óscar Rodríguez Maradiaga, expressaram sua posição de que na Igreja deveria adotar-se uma "maior colegialidade"—, Bergoglio "aproveitou para escutar e estreitar laços com cardeais irmãos. Voltou a	Brunelli afirma que "a minoria reácia a votar em Ratzinger" tinha como "núcleo pensante" a "Karl Lehmann, presidente da Conferência Episcopal Alemã", e a "Godfried Danneels, arcebispo de Bruxelas", incluindo ademais "um importante grupo de cardeais estadunidenses e latino-americanos, assim como alguns purpurados da cúria romana". Brunelli revela, de entrada, que "no terceiro escrutínio" esta minoria "havia criado um bloco em torno ao cardeal argentino Jorge Mario Bergoglio, chegando à meta de 40 votos: muito pouco para eleger o primeiro papa latino-americano da história, mas suficiente para impedir, em termos abstratos, puramente aritméticos, a conquista do limite mínimo dos 77 votos necessários para eleger o papa (115-40 = 75)". A explicação detalhada e cronológica de Brunelli sobre a estratégia que tornou possível

Austen Ivereigh[191]	Diário de um cardeal anônimo, publicado por Lucio Brunelli em *Limes*
contatar o cardeal Martini, que conhecia desde que ambos tinham participado como provinciais na Congregação Geral de 1974, e cujos livros citava com frequência. Martini, por sua vez, apresentou-o ao grupo de São Galo, iniciando-se assim uma série de relações que se desenvolveriam durante as fugazes visitas de Bergoglio a Roma ao longo dos anos seguintes". Além disso, Ivereigh relata que o relatório final elaborado por Bergoglio no contexto do Sínodo dos Bispos de outubro de 2001, para o qual foi nomeado relator, "valeu-lhe elogios generalizados"; Ivereigh detalha que o documento "incorporou a visão de Bergoglio do que devia ser um bispo, que incluía a opção pelos pobres e pela missão, alguém que «liberta valores manchados por falsas ideologias», e que está chamado a ser um «profeta da justiça», em quem os marginalizados, decepcionados de seus líderes, depositam sua confiança". O relevante deste episódio é que, segundo Ivereigh, "em retrospectiva parece claro que o sínodo marcou o lançamento de Bergoglio à Igreja universal, e que com ele ganhou para si numerosos admiradores: o cardeal Timothy Dolan, nomeado arcebispo de Nova Iorque depois da renúncia de Egan em 2009 [o cardeal Edward Egan era inicialmente o relator do sínodo, mas se viu obrigado a regressar a Nova Iorque para presidir uma liturgia em memória das vítimas	este resultado é a seguinte: após a primeira votação do conclave (na qual Bergoglio obteve 10 votos), os opositores à eleição de Ratzinger se orientaram para Bergoglio: "mesmo os cardeais que votaram em Martini estão convencidos de centrar-se no arcebispo de Buenos Aires. Seria o primeiro papa latino-americano na história, e seguramente ao menos uma parte dos 20 cardeais da América Latina o apoiam [...]. Por suas virtudes espirituais, o suave Bergoglio disfruta de uma estima transversal aos continentes e aos alinhamentos tradicionais. No entanto, todos são conscientes de que é quase impossível que o jesuíta argentino possa converter-se no sucessor de Wojtyla. Nem sequer é seguro que aceite as eleições. «Vejo-o enquanto coloca sua cédula na urna, no altar Sistino: tem o olhar fixo na imagem de Jesus que julga as almas ao final dos tempos. O rosto sofredor, como se suplicasse: Deus não me faças isto»". "O objetivo realista do lado minoritário que tem a intenção de apoiar Bergoglio é criar um ponto morto, que leve à retirada da candidatura de Ratzinger. Em termos concretos, obter este objetivo significa romper o muro das 39 preferências. Um terço mais um dos votos. De modo a tornar matematicamente impossível, para o candidato mais forte, alcançar os 77 votos". Na segunda votação do conclave, Bergoglio, que alcança os 35 votos, "está a um passo do umbral numérico de 39 votos que, em teoria, pode permitir que uma minoria organizada bloqueie a eleição de qualquer candidato", e na votação seguinte (terceira do conclave) "sobe, de 35 a 40. Supera por pouco, mas supera, o umbral que torna matematicamente impossível a eleição de Ratzinger". Neste ponto, "se os partidários do arcebispo de Buenos Aires decidem de maneira compacta resistir indefinidamente, elevando as barricadas a 40, o cardeal alemão poderia alcançar um máximo de 75 votos. E então se veria malograr as eleições por apenas dois votos"; então "começa a surgir um otimismo bem cauteloso sobre a possibilidade de deter, a poucos metros da meta, a carreira do cardeal bávaro. "Amanhã, uma grande notícia", o cardeal Martini sussurra com um sibilante sorriso a um de seus colegas, durante o almoço. Solicitado um esclarecimento, Martini

Austen Ivereigh[191]	Diário de um cardeal anônimo, publicado por Lucio Brunelli em *Limes*
do 11-S, sendo então substituído por Bergoglio], lembrou que seu predecessor «falava amiúde com entusiasmo daquele arcebispo de Buenos Aires»". De fato, Ivereigh lembra que "em 2002, o renomado vaticanista, Sandro Magister, escreveu sobre Bergoglio que, desde o sínodo «a ideia de fazer com que retorne a Roma como sucessor de São Pedro começou a propagar-se com intensidade crescente. Os cardeais latino-americanos se orientam cada vez mais para ele, assim como o cardeal Joseph Ratzinger. O único dos curiais de peso que vacila quando ouve seu nome é o secretário de Estado, Angelo Sodano, que tem fama de promover a ideia de um Papa latino-americano»". — Já em relação concreta com o conclave de 2005, Ivereigh afirma que, após o funeral de João Paulo II, "o Cardeal Murphy-O'Connor, de Westminster, [...] deu um jantar para o grupo de São Galo e seus convidados no Colégio inglês". Tendo em conta a relação de trabalho que vinculou Austen Ivereigh a Murphy-O'Connor, e tendo em conta, além disso, que o dado mencionado é oferecido sem qualquer fonte, pode-se supor que se tratou de um fato informado diretamente pelo cardeal. — De novo Ivereigh relata que, após o primeiro escrutínio, o grupo de São Galo desenvolveu uma "estratégia" que "passava por aumentar o apoio a Bergoglio até conseguir ao menos 39 votos mediante uma	espera, para o caso das duas próximas votações da tarde também terminarem em nada, uma mudança de candidatos na manhã do dia seguinte. O arcebispo emérito de Milão também realiza algumas pesquisas informais em busca de novos possíveis candidatos ao dia seguinte. Algumas testemunhas o veem aproximar-se do cardeal português José Saraiva Martins ("homem de ponte entre a Europa e a América Latina" definiram-no alguns jornais às vésperas do conclave): os dois se conhecem desde os anos setenta, quando ambos eram reitores de universidades pontifícias em Roma. [...] A condição para que os planos da minoria tenham êxito é que não haja rachaduras no bloco que se formou ao redor da candidatura Bergoglio". No entanto — Brunelli culmina seu relato—, a brecha se abre e na seguinte votação (quarta e última do conclave), Ratzinger sai eleito. Que pode ter ocorrido? "Bergoglio perde 14 e as matemáticas nos dizem que todos foram ao cardeal alemão. Não sabemos quem são estes cardeais e com que razões, na quarta votação, decidiram retirar seu voto ao cardeal argentino para oferecê-lo ao decano do Sacro Colégio. Talvez eles simplesmente sentiram que era inapropriado apontar para uma paralisia prolongada, com o risco de uma brecha grave, na ausência de uma alternativa real e convincente para Ratzinger. «Este Conclave nos diz que a Igreja ainda não está pronta para um papa latino-americano», será o comentário lacônico do Cardeal belga Danneels". Com a ocasião da recente biografia autorizada de BXVI, "Ein Leben" ("Uma vida"), escrita por Peter Seewald, a versão contida neste diário foi, não somente confirma da, como também ampliada. Em efeito, esta nova fonte revela que, antes do conclave, o jornalista Paul Badde se inteirou, por "um prelado do Vaticano", de que o grupo de São Galo havia se proposto bloquear a eleição de Ratzinger, ante o qual decidiu informar do "complô" ao cardeal Joachim Meisner e, em seguida, divulgá-lo através de um artigo de jornal. Na lista com os nomes do grupo de São Galo que Badde havia recebido estavam incluídos os cardeais Achille Silvestrini, Walter Kasper, Karl Lehmann, Godfried Danneels,

Austen Ivereigh[191]	Diário de um cardeal anônimo, publicado por Lucio Brunelli em *Limes*
aliança de europeus e estadunidenses, mais os latino-americanos que estivessem de acordo na consecução de um Governo eclesiástico mais colegial e pastoral. Se o conseguissem, Ratzinger não alcançaria a maioria dos dois terços necessária, isto é, os 77 votos. Em tal caso, outros votos iriam parar em Bergoglio ou, se o colégio permanecesse dividido, surgiria um terceiro candidato, como havia ocorrido no segundo conclave de 1978 que elegeu João Paulo II". Como fonte, Ivereigh cita novamente o "diário anônimo" publicado por Brunelli.	Murphy-O'Connor, Audrys Juozas Bačkis e Carlo Martini. O cardeal Meisner —prossegue a mesma fonte— levou ao conclave o artigo publicado por Badde, "munido de uma imagem do Santo Rosto de Manoppello, que havia visitado umas semanas antes, junto com [o jornalista]. Essa imagem é o rosto de Nosso Senhor impresso de forma milagrosa em um pedaço de tela de seda. Badde conta como Meisner tomou no conclave "esse meu artigo e lutou como um leão contra esta conspiração, ainda que estivesse só, e apesar de seu limitado italiano". "Foi o dia mais difícil de minha vida", me disse mais tarde, sem mencionar nenhum outro detalhe. "Mas quando o conclave terminou", concluiu Badde, "ficou claro que Meisner se havia convertido no criador de reis, ou mais precisamente, no criador de papas".[192]

Marco Tosatti, *Vatican Insider*	Godfried Danneels[193]
Novamente alude Tosatti à versão apresentada por *Limes*: "Jorge Mario Bergoglio tinha um número considerável de preferências, mas não havia tido uma oportunidade real de ascender ao trono de Pedro. Nessa ocasião, os cardeais que temiam a candidatura de Ratzinger haviam feito um bloco em torno ao argentino, em uma tentativa de evitar que se alcançasse a maioria mínima para as eleições, a fim de obrigar a todos a buscar diferentes candidatos, como já havia sucedido em 1978 com o abraço mortal Siri-Benelli, e a eleição de Karol Wojtyla". "Na terceira votação, Ratzinger chega a 72, Bergoglio a 40. Portanto, seria possível bloquear todos os resultados e obrigar a todos a buscar um terceiro candidato. O que ocorreu enquanto isso é desconhecido. Mas [na quarta votação] Ratzinger alcança 84 votos, Bergoglio ainda reúne 26 preferências e faltam votos. Mas Ratzinger é o Papa".	Os meios relatam como, durante a apresentação do livro biográfico de Godfried Danneels —escrito em 2015 por Jürgen Mettepenningen e Karim Schelkens—, ele mesmo admite o que ali se afirma, no sentido de ser ele um membro regular de um secreto grupo de pressão de clérigos que se reuniam no povoado suíço de São Galo. A notícia relata como "Danneels inclusive disse que o que oficial, mas discretamente se denominava como 'grupo de São Galo' era chamado por seus membros como 'a Máfia'. O objetivo auto-imposto da Máfia de São Galo era combater a crescente influência do cardeal Ratzinger sob o pontificado de São João Paulo II, servindo como uma sorte de *outlet* onde cardeais e bispos cuidadosamente selecionados podiam expressar sua impaciência sobre a mentalidade tradicional do Papa e seu conselheiro mais próximo".

Elisabetta Piqué[194]	Comentários de JMB sobre as revelações contidas no diário anônimo
"O Arcebispo argentino" é o "candidato de uma ala mais progressista". "Um cardeal europeu considerado um *kingmaker* [...] fez abertamente campanha para o Arcebispo de Buenos Aires [...] em 2005".	Ivereigh indica que "quando Bergoglio regressou a Roma [...] justo depois da publicação do diário secreto do cardeal anônimo, não gostou [...] de sua imagem apresentada como a de um dos contrários a Ratzinger, ou pior, como candidato de divisão. [...].Bergoglio estava bastante irritado para declarar ante os jornalistas que estava «confuso e um tanto magoado» por «essas indiscrições», que, segundo ele, apresentavam um quadro falso. Tornar públicos fatos e relatos do conclave dava a entender que eram os homens os que tomavam as decisões —disse—, quando «todos éramos conscientes de ser meros instrumentos, de servir à divina providência na eleição do próximo sucessor de João Paulo II. Isso é o que ocorreu»".

Georg Gänswein, ao apresentar o livro "Além da crise da Igreja. O pontificado de Bento XVI", de Roberto Regoli
"Igualmente brilhante e esclarecedora é a exposição completa e bem documentada por Dom Regoli das diferentes fases do pontificado [de Bento XVI]. Especialmente seu começo no conclave de abril de 2005, do qual Joseph Ratzinger, após uma das eleições mais curtas na história da Igreja, saiu eleito depois de apenas quatro votações que seguiram a uma dramática batalha entre o denominado "Partido do Sal da Terra", em torno aos cardeais López Trujillo Ruini, Herranz, Rouco Varela e Medina, e o denominado "Grupo de São Galo" em torno aos cardeais Danneels, Martini, Silvestrini e Murphy-O'Connor; um grupo que recentemente o mesmo cardeal Danneels de Bruxelas com tão bom humor chamou "uma espécie de Clube de Mafiosos—."

2.4. A *"marcha ré"* de JMB *após o terceiro escrutínio do conclave*

Austen Ivereigh[195]	Marco Tosatti, *Vatican Insider*
Ivereigh se refere a como, após a terceira votação do conclave (segunda votação do segundo dia), "ambos os grupos" —isto é, os partidários de Ratzinger e os de Bergoglio— "regressaram à Santa Marta em estado de exaltação. Mas então Bergoglio desativou a operação. Embora o que aconteceu durante o jantar não seja descrito no diário [anônimo publicado por *Limes*], outra fonte assegura que Bergoglio suplicou aos demais cardeais, quase com	"Até agora, a versão mais acreditada [sobre o conclave] é a que se deu a conhecer graças a Lucio Brunelli [...]. Porém só nestes dias uma fonte certamente autorizada nos contou uma história distinta do desenvolvimento do Conclave. Em realidade, nesses dias de abril de 2005 houve um choque de votos e preferências entre o Prefeito da Congregação para a Doutrina da Fé e o cardeal argentino de origem piamontesa Jorge Mario Bergoglio", choque que terminou "quando o purpurado argentino teria pedido, 'quase chorando', a quem votou nele, que desistissem. E só então [...] Ratzinger começou a prevalecer de uma maneira decisiva, mas não como para fazê-lo

Austen Ivereigh[195]	Marco Tosatti, *Vatican Insider*
lágrimas nos olhos, que votassem em Ratzinger, ainda que não esteja claro se o fez falando com eles individualmente ou através de um anúncio geral". Este relato é apresentado por Ivereigh em alusão explícita ao artigo publicado por Marco Tosatti no *Vatican Insider*.	alcançar a maioria de grande relevo que Karol Wojtyla e Albino Luciani haviam desfrutado nos dois conclaves de 1978". "O que ocorreu" entre a terceira e a quarta (e última) votação" é desconhecido. [...] Mas se se deseja combinar a versão de nossa fonte e a versão 'oficial' [isto é, a versão do *Limes*] em uma hipótese, se pode assumir uma crise de consciência na ala de Bergoglio e o temor de prolongar indefinidamente um estancamento perigoso para a Igreja".

Elisabetta Piqué[196]	Comentários de JMB sobre as revelações contidas no diário anônimo
"Tal como em 2005, quando participou na eleição para eleger o sucessor de João Paulo II, [Bergoglio] está convencido de que uma escolha longa, superior aos dois dias, no mundo midiático em que vivemos, de vertigem informática, daria a imagem de uma Igreja dividida. Foi por essa mesma razão que naquele mesmo conclave de 2005, quando foi o cardeal mais votado depois de Joseph Ratzinger, ele mesmo deu um passo ao lado para não bloquear a eleição. Depois de quase 27 anos de pontificado, não era fácil substituir um gigante como João Paulo II, carismático até em seus últimos dias de agonia". "Bergoglio dá um passo ao lado, preocupado de que sua candidatura possa bloquear o conclave mais midiático de todos os tempos, dando ao mundo a imagem de uma Igreja católica dividida".	"Quando Bergoglio regressou a Roma [...] justo depois da publicação do diário secreto do cardeal anônimo, não gostou [...] de sua imagem apresentada como a de um dos contrários a Ratzinger, ou pior, como candidato de divisão. [...]. Bergoglio estava bastante irritado para declarar ante os jornalistas que estava «confuso e um tanto magoado» por «essas indiscrições», que, segundo ele, apresentavam um quadro falso. Tornar públicos fatos e relatos do conclave dava a entender que eram os homens os que tomavam as decisões — disse—, quando «todos éramos conscientes de ser meros instrumentos, de servir à divina providência na eleição do próximo sucessor de João Paulo II. Isso é o que ocorreu»".

3. O ocorrido no conclave de 2013

3.1. O desenvolvimento e os resultados dos escrutínios

Austen Ivereigh[197]	Elisabetta Piqué[198]
"Ao contrário de 2005, nesta ocasião, até hoje não apareceu o «diário secreto» de nenhum cardeal com o relato dos detalhes da votação, o que obrigou os vaticanistas a ligar os pontos a partir dos comentários dos eleitores posteriores ao conclave. Existem variações significativas entre relatos: o objetivo inicial de 25 sufrágios perseguido pelos partidários de Bergoglio foi alcançado sem dificuldades [em 12 de março de 2013], mas não está claro se isso o colocou como candidato mais votado. Scola, Scherer e Ouellet também receberam votos, como a mídia italiana previu. Mas o que todos concordam é que, no dia seguinte, o argentino se distanciou muito do resto, conseguindo mais de cinquenta votos no segundo escrutínio da manhã, a terceira votação do conclave. Neste momento, além de Bergoglio, só Scola mantinha possibilidades. O almoço em Santa Marta foi tenso. [...] Após o primeiro escrutínio de quarta-feira à tarde, a quarta votação do conclave, [...] Bergoglio ficou muito perto dos 77 votos que necessitava. Naquela tarde, o cardeal Dolan comentou: «Havia no cardeal Bergoglio uma serenidade e uma tranquilidade apreciáveis... Claramente sentia que era a vontade de Deus». Mas então houve uma surpresa. O segundo escrutínio da tarde (a quinta votação do conclave) foi anulado quando os escrutinadores descobriram que havia uma cédula a mais da conta: um voto em branco tinha sido colado por engano junto a uma cédula que levava um nome. Embora sua presença não tivesse alterado o resultado, as regras eram claras, e os cardeais tiveram de votar novamente. Uma vez que as cédulas não são queimadas até ao final das votações da manhã ou da tarde, tudo o que se sabia do lado de fora era que até então deviam ter tido lugar duas votações, que a fumaça negra ou branca deveria ter aparecido por volta das seis da tarde, e que o atraso implicava que devia ter surgido algum problema: uma	É o dia 12 de março de 2013, "acaba de terminar o primeiro escrutínio, o da fumaça negra. Em uma votação dispersa e fora de todas previsões, apareceram mais de dez nomes, onde Bergoglio foi um dos mais votados depois do cardeal italiano Angelo Scola. Bergoglio obteve uns 25 votos. Scola, em troca, aproximou-se dos 30". Scola "não conta com o respaldo do grupo de cardeais italianos que, com 28 cardeais, é o mais numeroso". "No primeiro escrutínio do conclave, também os outros grandes favoritos colhem votos: o brasileiro Odilo Pedro Scherer, o canadense Marc Ouellet, o cardeal norte-americano Sean O'Malley. E outra dúzia de cardeais são mencionados nas cédulas, como é normal que aconteça na primeira votação". Em 13 de março de 2013, "tanto na segunda como na terceira votação da manhã, [Bergoglio] foi o mais votado, colhendo mais de 50 votos e superando os demais papáveis. É claro que a candidatura de Scola não decola. Nem a do canadense Ouellet, a do norte-americano O'Malley, ou a de Scherer, o brasileiro, candidato dos antirreformistas, segundo simplificaram alguns vaticanistas". Scola "conseguiu... quarenta votos". "Na quarta votação [quarta votação do conclave, terceira votação do dia], Bergoglio [...] esteve bem próximo dos 77 votos. [...] E agora, na quinta [quinta votação do conclave, quarta votação de 13 de março de 2013], está a ponto de alcançar e superar de longe o mágico umbral dos 77 votos. Mas acontece o inesperado: depois

Austen Ivereigh[197]	Elisabetta Piqué[198]
urgência médica, talvez, ou um defeito no funcionamento da máquina que gerava a fumaça". Já na quinta votação do dia (a sexta do conclave) "quando os escrutinadores pronunciaram a frase «Eminentíssimo Bergoglio», pela sétima vez se ouviu um suspiro coletivo — uma liberação das tensões, algo como um sopro de ar ao abandonar um balão. Os cardeais levantaram-se e aplaudiram. «Creio que todos tiveram os olhos umedecidos», recordaria depois o cardeal Dolan. Foi então que o cardeal brasileiro Claudio Hummes, membro da ordem fundada por São Francisco de Assis, abraçou Bergoglio, beijou-o e lhe disse: «Não te esqueças dos pobres». [...] Havia terminado a recontagem: tinha obtido mais de noventa e cinco votos. Agora sim: o cardeal Giovanni Battista Re aproximou-se dele para lhe fazer a pergunta: aceita a sua eleição canônica como sumo pontífice? Eram as 19 horas quando Jorge Bergoglio respondeu *accepto* em seu bom latim, depois do que acrescentou: «Embora eu seja um grande pecador»". Ivereigh extrai os comentários do cardeal Timothy Dolan do livro escrito por este mesmo cardeal: "Praying in Rome: Reflections on the Conclave and Electing Pope Francis". Quanto à anulação da quarta votaçãode 13 de março (a quinta do conclave), Ivereigh refere-se a Piqué ("Francisco: *Vida...*", Op. Cit.). Finalmente, a "fórmula de aceitação" da eleição pronunciada pelo cardeal Bergoglio é referida pela Associated Press[199], que por sua vez se apoiam na versão de "três cardeais franceses".	da votação, antes da leitura das cédulas, o cardeal escrutinador, que primeiro mistura as cédulas depositadas na urna, apercebe-se ao contá-las que há uma a mais: são 116 e não 115, como deveriam ser. De fato, parece que um purpurado colocou por engano duas cédulas na urna: uma com o nome de seu eleito e a outra, em branco, que ficou aderida à verdadeira. Coisas que acontecem. Não há nada a fazer, essa votação se anula de imediato, suas cédulas serão queimadas mais tarde, sem serem vistas, e se procede a uma sexta votação [sexta votação do conclave, quinta votação do dia]. Sandri, que tem Bergoglio bem na frente de si, faz piadas cada vez que passa por ali para depositar o voto na urna. E através de gestos lhe diz: «É a tua vez!» O Arcebispo de Buenos Aires levanta as sobrancelhas e move a cabeça, resignado. «Tinha-o bem diante de mim e podia ver em seu rosto que aceitava a vontade de Deus e obedecia o que o Senhor queria. Ele sentia, como todos nós, que o Senhor o tinha escolhido a ele, e que não ia rejeitar a cruz que lhe estava a ser oferecida», conta o Cardeal Oswald Gracias, Arcebispo de Bombay-Mumbay". "A eleição do novo Papa, que roça os 90 votos, foi plebiscitária".

Gerard O'Connell[200]
O'Connell afirma que, por "informar sobre o Vaticano desde 1985", "desenvolveu relações pessoais de confiança com muitos cardeais de todos os continentes", e graças a isso, "vários cardeais eleitores" "compartilharam... —com ele— informações secretas e detalhadas". Pontualmente sobre os escrutínios nos diz: "Na primeira votação, enquanto Scola obteve 30 votos (muito menos do que se esperava), Bergoglio surpreendeu a muitos cardeais conseguindo 26". "O terceiro [em votos] foi o canadense Marc Ouellet seguido pelo estadunidense Sean Patrick O'Malley com 10 e o brasileiro Odilo Pedro Scherer, outro dos papáveis, que ficou com 4. Um dos cardeais havia escrito mal o nome

Gerard O'Connell[200]
de Bergoglio na cédula e teve de ser anulada, com o que o arcebispo de Buenos Aires teria conseguido 27 votos". "No segundo escrutínio Bergoglio superou Scola e conquistou 45 votos". Na terceira votação "Bergoglio chegou a 56, ante os 41 votos do cardeal italiano [Scola]". Na quarta votação do conclave, "O resultado foi: Bergoglio, 45 votos; Scola, 38; Marc Ouellet, 24". Na quinta votação "o arcebispo de Buenos Aires se aproximou dos 77 votos necessários para ser eleito", mas esta "votação teve de ser anulada porque a cédula de um cardeal veio unida a outra e se celebrou imediatamente outra votação", a sexta do conclave, "na que finalmente Francisco conseguiu 85 votos. Scola ficou com 20; Ouellet, com 8, e Agostino Vallini, com 2".

3.2. *O lobby dos curiali*

Austen Ivereigh[201]	**Elisabetta Piqué**[202]
"Normalmente, com a ajuda dos cardeais das dioceses italianas, os *curiali* organizavam o conclave antes que este tivesse início, mas nesta ocasião a oportunidade lhes havia saído das mãos. Estes estavam divididos em duas facções, partidários de Bertone e partidários de Sodano, ainda que ambos concordassem em querer impedir a passagem do cardeal Angelo Scola, o brilhante mas tempestivo arcebispo de Milão a quem muitos, fora da Itália, viam como o sucessor natural de Bento XVI, mas ao qual se opunham as cúpulas de numerosas dioceses italianas. Uma tentativa de organizar uma alternativa a Scola surgiu da facção da Cúria reunida em torno do poderoso ex-secretário de Estado e na época decano do colégio cardinalício, Angelo Sodano, que por sua idade já não podia votar, mas a quem era ainda considerado um *kingmaker*. O plano do seu grupo visava promover o cardeal Arcebispo de São Paulo, Brasil, Odilo Scherer, ex alto funcionário do Vaticano considerado «maleável». A ideia era que, uma vez eleito Papa, Scherer daria ao argentino Leonardo Sandri, ex-número dois de Sodano, o posto de secretário de Estado, assegurando-se assim o *status quo* anterior. Ao conseguir que governasse alguém de fora, acreditavam que conseguiriam devolver o poder aos de dentro. Mas esse plano se viu neutralizado quando se filtrou à	"Sim houve [...] um acordo que promovia a outro latino-americano, o brasileiro Odilo Scherer, Arcebispo de São Paulo. Foi um grupo de cardeais da cúria da velha guarda diplomática, entre eles os italianos Giovanni Battista Re e Angelo Sodano, que teve a "gatopardesca" ideia de propor Scherer. Uma mudança radical, um primeiro Papa latino-americano, oriundo do país com mais católicos do mundo, para que nada mude na questionadíssima cúria romana. O plano daqueles que impulsionam Scherer como Papa, que temem ser varridos na limpeza que muitos acreditam que deverá fazer o sucessor de Bento XVI, vem com um *bônus* de presente. Ou seja, a candidatura de Scherer é acompanhada pela imposição de um Secretário de Estado italiano e conservador. Para este cargo são mencionados o Cardeal Mauro Piacenza, prefeito da Congregação do Clero, e o ítalo-argentino Leonardo Sandri, prefeito das Igrejas Orientais e, no final do pontificado de João Paulo II e no início do de Bento XVI, substituto da Secretaria de Estado, ou seja, braço direito do influente Sodano. Mas a «operação Scherer» começa a naufragar no dia 2 de março. Nesse dia Gerry e Andrea Tornielli, vaticanista de *La Stampa* e nosso amigo, revelam a existência desta

Austen Ivereigh[201]	Elisabetta Piqué[202]
imprensa antes mesmo de que se iniciassem as congregações, o que contribuiu a potencializar no colégio o generalizado sentimento anti-italiano, propagado inclusive entre os mesmos italianos".	manobra em uma nota publicada no *Vatican Insider*. Não obstante, às vésperas do conclave, Scherer continua sendo um dos grandes favoritos da imprensa".

3.3. As estratégias e operações do grupo de São Galo

Austen Ivereigh[203]
Neste ponto, é oportuno recordar os laços que, segundo Ivereigh, Bergoglio mantinha durante um tempo considerável com o cardeal Martini e os demais membros de "São Galo", bem como a projeção internacional adquirida em função de seu papel de relator no Sínodo dos Bispos de outubro de 2001. Já concretamente em relação com o conclave de 2013, Ivereigh afirma que, quando a estratégia dos *curiali* foi revelada pela imprensa, "os reformistas europeus, que em 2005 tinham apoiado Bergoglio, tomaram a iniciativa ao advertir "que havia chegado o momento. Alguns, como o cardeal Cormac Murphy-O'Connor, eram muito velhos para votar no conclave; outros —entre eles Walter Kasper (a quem faltava pouco para completar os 80 anos ao vagar a sede), Godfried Danneels e Karl Lehmann— eram eleitores. De acordo com as regras do conclave, não perguntaram a Bergoglio se estaria disposto a ser candidato. Mas acreditavam que, nessa ocasião, a crise na Igreja tornaria muito difícil que rejeitasse sua eleição caso esta se produzisse. (Murphy-O'Connor advertiu-o que «ficasse atento», que agora lhe cabia, e recebeu um «Capisco «—entendo— por resposta). E então puseram mãos à obra, percorrendo os jantares dos cardeais para promover seu candidato[204] [...] Tendo aprendido a dinâmica dos conclaves, sabiam que os votos iam para quem aparece com força na urna de saída. Seu objetivo era garantir desde o início pelo menos 25 votos para Bergoglio na primeira rodada. Um idoso cardeal italiano computava os votos com os que podiam contar antes do início do conclave. A equipe de Bergoglio podia contar com o conjunto dos 19 cardeais latino-americanos, que desde Aparecida viam o argentino como seu líder. Mas necessitava de um bom número de europeus, que formavam mais da metade dos eleitores. Além dos que eram reformistas como eles —vários alemães, franceses e centro-europeus pertenciam a essa categoria—, podiam também contar com alguns cardeais espanhóis que lembravam com afeto o retiro que lhes havia dado em 2006. O cardeal espanhol Santos Abril y Castelló[205], arcipreste de Santa Maria Maior, em Roma, e ex núncio na América Latina, mostrava-se entusiasta em sua promoção de Bergoglio diante do bloco ibérico. Para obter o apoio europeu também contribuiu o cardeal Cristoph Schönborn de Viena, um dos principais promotores de Ratzinger em 2005, que havia conhecido e admirado a Bergoglio desde os anos noventa. Havia 11 cardeais africanos e dez asiáticos. Para os dois países historicamente anglófonos, o cardeal britânico, Murphy-O'Connor, era um ponto de referência. Num dado momento, Bergoglio foi abordado pelo *kingmaker* africano, cardeal Laurent Monsengwo Pasinya, de Kinasha, Congo, que lhe perguntou sobre o seu pulmão. Bergoglio respondeu que ele tinha sido operado na década de 1950 e que desde então tinha funcionado muito bem. Os norte-americanos —11 cardeais dos Estados Unidos e três do Canadá— eram o grupo mais numeroso depois dos europeus e

Austen Ivereigh[203]

latino-americanos, e fundamentais para somar uma vitória. Só a partir de 5 de março começaram a considerar a possibilidade de votar em Bergoglio, no final da segunda jornada de congregações, quando se celebrou um grande jantar no Salão Vermelho do Pontifício Colégio Norte-americano (NAC), assistido, entre outros, por Murphy-O'Connor, de Westminster, e Pell, de Sidney. «Os cardeais norte-americanos estavam bastante divididos sobre o rumo a seguir», lembra Murphy-O'Connor. Seu *kingmaker* era o arcebispo de Chicago, Francis George, que tentava escolher entre Scola e o outro papável de grande calibre, o prefeito da Congregação vaticana para os bispos, o cardeal Marc Ouellet. Murphy-O'Connor lançou o nome de Bergoglio sobre a mesa, mas nessa noite a ideia não pegou. O'Malley, cardeal de Boston (a quem Bergoglio havia presenteado um CD da Missa Crioula quando em 2012 estiveram juntos em Buenos Aires) era partidário de Bergoglio. Mas para o resto dos norte-americanos o argentino era um desconhecido. O cardeal George, sobretudo, preocupava-se com sua idade. «A questão é: ainda tem forças? «perguntava-se". Os cardeais norte-americanos só ficaram convencidos a favor de Bergoglio depois do discurso pronunciado por ele em 07 de março, durante as congregações gerais. "Aquelas palavras bastaram para persuadir o cardeal George, que disse a Murphy-O'Connor que agora sabia a que se referiam quando falavam de Bergoglio. [...] Nessa tarde, os cardeais votaram a favor do início do conclave para a terça-feira seguinte, 12 de Março. Ao abandonar o salão do sínodo, a expressão radiante do cardeal George dizia tudo. «Estamos prontos», comentou aos jornalistas". Em 15 de março de 2013 "Francisco reuniu-se com todo o colégio cardinalício, incluindo os não eleitores, na Sala das Bênçãos. Quando o cardeal Murphy-O'Connor se aproximou, o Papa o abraçou e, rindo, apontou-lhe com o indicador: «A culpa é sua! O que você me fez? ."«Ivereigh, cujo livro foi publicado em novembro de 2014, sustenta em diversas fontes alguns dos fatos deste relato:

— No final da narrativa, que começa com o fato de que "os reformistas europeus que em 2005 tinham apoiado Bergoglio" advertiram "que chegava o seu momento" e "tomaram a iniciativa", e termina com a aproximação do cardeal Africano Laurent Monsengwo Pasinya a Bergoglio, para lhe perguntar sobre o seu pulmão, Ivereigh insere a seguinte nota: "Estas histórias provêm tanto de fontes do conclave como de amigos do Papa Francisco, e foram reveladas em troca de manter o anonimato"[206]. Não é claro para nós a que fatos concretos alude Ivereigh ao falar de "estas histórias".

— Sobre o fato de que o Cardeal Murphy-O'Connor se aproximou de Bergoglio, antes do conclave, para avisá-lo de que "ficasse atento", que agora era a vez dele, recebendo um "Capisco" (entendo) por resposta, não há uma referência específica. No entanto, de acordo com o artigo publicado pelo *Catholic Herald* em 12 de setembro de 2013, "O Papa enviou saudações à Rainha logo após a sua eleição, diz cardeal", Murphy -O'Connor falou "que havia dito ao futuro Papa ao sair da *Missa pro Eligendo Romano Pontifice* [...]. Disse o Cardeal: "Falamos um pouco. Disse-lhe que tinha minhas orações e disse, em italiano: 'Tem cuidado'. Eu estava insinuando, ele percebeu e disse: 'Si — Capisco' — sim, entendo. Ele estava calmo. Estava ciente de que provavelmente iria ser um candidato. Ele sabia que iria ser o Papa? Não. Havia outros bons candidatos. Mas eu sabia que ele seria um dos principais""[207].

— Quanto ao jantar que teve lugar no Salão Vermelho do Pontifício Colégio Norte-americano (NAC) e que O'Connor assistiu, Ivereigh cita o *Wall Street Journal* (Pope Francis: From the End of the Earth to Rome, Harpercollins, Nova Iorque, 2013, cap. 8), bem como

Austen Ivereigh[203]

"a entrevista com Cormack Murphy-O'Connor no *The Catholic Herald*, «When Pope Francis First Stepped...», de 13 de setembro de 2013"[208].

— Sobre o papel do cardeal Santos Abril y Castelló, Ivereigh cita o artigo publicado por Giacomo Galeazzi em *La Stampa*, "Operação Santa Maria Maior": Santa Maria Maior" é uma das quatro basílicas patriarcais de Roma" onde, "nos últimos dias pré-conclave [...] tinha-se acumulado uma pluralidade de «expectativas» para o futuro papado. Em relação a 2005, Santa Maria Maior viu mudar radicalmente a sua incidência na eleição pontifícia. [...] Desta vez, [...] o «dono da casa» era o fim diplomático capaz de jogar *in extremis* a carta do entendimento entre Roma e América do Sul. A que mais tarde resultou vencedora. Deste modo, o bertoniano Santos Abril y Castelló fez tesouro dos longos anos transcorridos em contato com esses bispos «latinos» nos quais crescia o desejo de contar com um Pontífice pela primeira vez na história. Apesar (pelo número de fiéis) de estarem em posse da «maioria das ações «da Igreja universal, também desta vez os sul-americanos pareciam estar destinados a sucumbir ante a candidatura do italiano extracurial Scola. Neste ponto, no entanto, entrou em ação uma convergência de motivações, planos estratégicos e cenários geopolíticos. O arcipreste de Santa Maria Maior viu a possibilidade de um pacto de última hora entre extra-europeus e curiais contrários ao purpurado simpático ao Comunhão e Libertação. Estadunidenses, sodanianos, bertonianos, a maioria que tem coroado a Bergoglio, foi compondo-se pouco a pouco. «Como as peças de um mosaico», explica um chefe de dicastério vaticano. Um emaranhado de consensos que acabou por ser ainda mais amplo do que as expectativas. A força expansiva do catolicismo sul-americano aglutinou os votos disseminados das primeiras fumaças negras"[209].

— Finalmente, sobre o fato de que em 15 de março, durante a reunião que teve lugar entre Mons. Bergoglio e o Colégio Cardinalício na Sala das Bênçãos, aquele disse ao cardeal Murphy-O'Connor: "A culpa é sua! O que você me fez?", Ivereigh[210] introduz novamente esta citação: "Murphy-O'Connor, entrevista no *Catholic Herald*, 13 de setembro de 2013". No já citado artigo do *Catholic Herald* ("O Papa enviou saudações à Rainha logo após sua eleição, diz Cardeal", de 12 de setembro de 2013) diz a respeito: "O Cardeal Murphy-O'Connor disse: "Todos os cardeais tiveram uma reunião com ele [Bergoglio] na Sala das Bênçãos, dois dias depois de sua eleição. Todos nós fomos um por um. Ele me cumprimentou muito calorosamente. E disse algo como: «a culpa é sua. O que você me fez? ."«

— Ora, no mesmo mês em que foi publicado o livro de Ivereigh (novembro de 2014), Maggie Doherty, secretária de imprensa do cardeal Murphy-O'Connor, escreveu ao *Daily Telegraph*: "O cardeal Murphy-O'Connor gostaria de dissipar qualquer mal-entendido surgido do livro de Austen Ivereigh sobre o Papa Francisco. [...] Gostaria de deixar claro que nos dias anteriores ao conclave não se fez, por sua parte ou, até onde ele saiba, por qualquer outro cardeal, nenhuma aproximação ao então cardeal Bergoglio, buscando seu assentimento em tornar-se candidato para o papado. O que aconteceu durante o conclave, o que não inclui o cardeal Murphy-O'Connor porque ele tinha mais de 80 anos, está sob sigilo"[211].

— Em dezembro de 2014, a Santa Sé emitiu o seguinte comunicado, através do Padre Federico Lombardi: "Em um livro de recente publicação sobre o Papa Francisco, escrito por Austen Ivereigh e publicado em inglês com o título «*The Great Reformer. Francis and*

Austen Ivereigh[203]

the Making of a Radical Pope», afirma-se que nos dias anteriores ao Conclave quatro cardeais —Murphy-O'Connor, Kasper, Daneels e Lehmann— «garantiram o consenso» do Card. Bergoglio («They first Secured Bergoglio's Assent») à sua eventual escolha, e depois «puseram-se a trabalhar») «then they got to work («com uma campanha para a promoção da sua escolha. Posso declarar que os quatro cardeais acima mencionados negam explicitamente esta descrição dos fatos, seja no tocante ao pedido de um consenso prévio por parte do Card. Bergoglio, seja no tocante à realização de uma campanha para sua eleição, e desejam que se saiba que estão surpresos e contrariados pelo que foi publicado»"[212]. O comunicado da Santa Sé se cala sobre os demais cardeais mencionados por Ivereigh —a saber, Cristoph Schonborn e Santos Abril y Castelló—, que por sua parte tampouco se pronunciaram. Além disso, os autores da biografia autorizada de Godfried Danneels —que foi referido pela Santa Sé—, longe de negar, reafirmam a conexão existente entre as operações do grupo de São Galo e a eleição do cardeal Bergoglio[213].

— Finalmente, em janeiro de 2015, diante das perguntas feitas pelo padre Frank Brennan sobre certas informações contidas em seu livro, e particularmente sobre a "campanha" realizada pelo grupo de São Galo no conclave de 2013 e a conversa entre os cardeais Bergoglio e Murphy-O'Connor após a Missa com a qual se iniciou o mesmo conclave, Ivereigh "esclareceu": "Em relação ao conclave, o Padre Brennan tem razão em ressaltar a discrepância entre meu relatório e a declaração do Padre Lombardi, o porta-voz do Vaticano, e estou grato por esta oportunidade de esclarecimento adicional. Enquanto entrevistava o meu antigo chefe, o cardeal Cormac Murphy-O'Connor, para o livro, confiei em vários relatórios diferentes, alguns dos quais foram *off the record*, e assim mesmo reuni histórias de diferentes lugares, o que é a praxis para as reconstruções jornalísticas das eleições papais. As citações que usei do cardeal Murphy-O'Connor são as que ele deu em diferentes entrevistas. Cometi dois erros na citação do meu relato. Um foi dar a impressão de que o grupo de cardeais que buscaram a eleição de Bergoglio de alguma forma garantiram seu acordo antes do conclave, o que eles nunca fizeram; só quis dizer que eles acreditavam que desta vez ele não se negaria. Imediatamente depois dessa frase, escrevi: "Perguntado se estava disposto, ele disse que acreditava que neste momento de crise para a Igreja nenhum cardeal poderia negar-se se lhe fosse perguntado". Na verdade, essa troca não aconteceu antes do conclave, mas durante o mesmo. A razão pela qual isto é importante é que as regras do conclave proíbem os pactos ou acordos entre cardeais. Mas elas não impedem que os cardeais se impulsionem mutuamente a votar por candidatos particulares —é assim que se fazem os Papas. Quando os quatro cardeais que citei disseram, através do Padre Lombardi, que não houve "campanha" para conseguir que Bergoglio fosse eleito, eu assumi que eles queriam dizer que não houve tal acordo entre eles e ele, e fiquei feliz em confirmar que nunca quis sugerir que houvesse. [...] O Padre Brennan pergunta: "Por que o livro continuará a informar que 'Murphy-O'Connor conscientemente advertiu Bergoglio para que "ficasse atento", que agora era sua vez, e lhe foi dito: capisco, "entendo"'?" Porque isto foi o que o Cardeal disse a Bergoglio antes do conclave, e não houve nada de mal nisso: tais intercâmbios animados, mas estimulantes são normais nas discussões pré-conclave"[214].

Elisabetta Piqué[215]	Gerard O'Connell[216]
"Ao concluir a Missa [com a qual se inicia o conclave], um cardeal europeu considerado um *kingmaker*, porque sua opinião orientará muitos outros, e que havia feito abertamente campanha para o Arcebispo de Buenos Aires tanto em 2005, como agora, aproxima-se de Bergoglio, a quem nota calmo. Tem a impressão de que desta vez o cardeal argentino aceitou no fundo de seu coração que pode chegar a ser pontífice. Tem a impressão de que, desta vez, não se afastará. «Cuidado, chegou a tua vez», lhe diz, em tom de brincadeira, mas a sério, como para descontrair o momento. Bergoglio responde com um sorriso tímido, acenando com o olhar". À noite de 12 de março de 2013, após a primeira votação do conclave, "Chega Gerry, meu marido [em casa]. [...] "Amanhã Bergoglio pode ser Papa", diz Gerry, entrando em nosso escritório. [...] Desde antes do conclave de 2005 Gerry está convencido de que Bergoglio pode ser Papa. [...] Gerry é o único vaticanista que em função do conclave tem dialogado em profundidade com cardeais de todos os continentes. Teve várias entrevistas que apareceram publicadas no *Vatican Insider*, *La Stampa* e outros meios, mas também falou muito *off the record*. Ele contou várias vezes, e está certo de que o padre Jorge [...] entrou no conclave com um importante pacote de votos. "Entre 25 e 30 cardeais seguramente votarão nele", assegura Gerry mais sério que nunca. [...] Gerry e eu falamos *off the record* nas últimas semanas com cardeais de diversos continentes que participaram das congregações gerais, as reuniões pré-conclave. E de acordo com verificações de última hora de Gerry, de acordo com novos cálculos, Bergoglio é um candidato muito forte, muito mais do que se pensa. [...] Vazou que Bergoglio deslumbrou os demais cardeais em sua intervenção durante a congregação geral de quinta-	A referência mais completa que encontramos para as informações contidas na obra de O'Connell sobre a "máfia"[217], nos diz que o cardeal "Murphy-O'Connor já havia decidido sobre Bergoglio em 2001, quando o prelado argentino teve um papel importante durante o Sínodo dos Bispos sobre a função dos bispos. «Imediatamente depois da conclusão do sínodo, o cardeal Murphy-O'Connor me disse: 'Deves ficar de olho neste homem!'. Estava claro que havia incluído o arcebispo de Buenos Aires em sua curta lista de *papabili* para suceder o papa polaco [João Paulo II]»". Por outro lado, esta mesma fonte assinala que na obra de O'Connell se menciona um dado crucial: a reunião organizada em 11 de março de 2013 pelo cardeal Attilio Nicora. Este cardeal "havia sido durante muitos anos bispo auxiliar da diocese de Milão antes de vir a Roma, o que fez com que trabalhasse muitos anos com o cardeal Martini. Nesta reunião, houve «ao redor de quinze ou mais [cardeais] de muitos países e continentes diferentes, incluídos os cardeais da Cúria romana e os italianos», explica O'Connell. «Resultou que todos apoiavam a candidatura de Bergoglio», acrescenta. Entre eles se encontravam os cardeais Coccopalmerio, Nicora, Kasper, Murphy-O'Connor, Maradiaga, Turkson, Gracias e Tauran. O autor continua dizendo: «Durante a reunião, cada um confirmou ou revelou que tinha decidido apoiar a Bergoglio na primeira votação, e também mencionou a outros cardeais que acreditava estar pensando no mesmo sentido e que poderiam votar nele nesse momento». Ao manter a recontagem dos votos prometidos, obteve-se «ao menos vinte e cinco votos» para Bergoglio. Como Murphy-O'Connor disse mais tarde a O'Connell: «Foi crucial que tivesse esse apoio na primeira votação .«Continua o autor: »De fato, não menos de três participantes me confirmaram que esta foi

Elisabetta Piqué[215]	Gerard O'Connell[216]
feira, 7 de março, de três minutos e meio, que fez vibrar o auditório". "Ao contrário de outros papáveis que fazem ruído, atrás do cardeal argentino [...] não há nem houve nenhum acordo, nenhum lobby, ou seja, nenhuma campanha proselitista". Durante o jantar de 12 de março ocorre o seguinte: "«Prepara-te, querido», diz Sandri ao seu compatriota [Bergoglio], que entendeu que há um grupo consistente de cardeais, entre os quais se encontram latino-americanos, asiáticos, africanos e alguns italianos, dispostos a catapultá-lo ao trono de Pedro [...]".	a reunião decisiva». O cardeal Kasper também falou com o autor do livro sobre este evento crucial e disse que só então se deu conta de que Bergoglio tinha uma oportunidade: «dois dias antes do conclave, havia um pequeno grupo de diferentes países, não só italianos, mas também alguns do Vaticano, e disseram que devíamos votar em Bergoglio. Então ficou claro para mim. Antes era bastante incerto, mas sua intervenção nas reuniões prévias ao conclave havia sido muito importante. Seu discurso teve um grande impacto»".

3.4. A "marcha ré" de Angelo Scola após o terceiro escrutínio do conclave

Austen Ivereigh[218]	Elisabetta Piqué[219]	Gerard O'Connell
"O almoço em Santa Marta [em 13 de março] foi tenso. [...] O que quer que tenha acontecido durante aquela refeição —segundo algumas versões Scola pediu àqueles que o apoiavam que votassem em Bergoglio, num gesto que lembrava o do argentino em 2005—, tudo esteve a ponto de ficar resolvido depois do primeiro escrutínio da quarta-feira à tarde [...]".	"Segundo versões da mídia italiana duranteo almoço [de 13 de março] Scola imita a suposta 'marcha ré' dada por Bergoglio no conclave de 2005 para não bloquear a eleição de Joseph Ratzinger. Com efeito, Scola apercebe-se de que não conseguirá reunir muito mais do que os 40 votos obtidos. Conversando com outros cardeais, comunica que não quer que a sua se torne uma candidatura de divisão e convida a trabalhar pela unidade".	"Após a terceira votação [do conclave], [...] «Scola ficou para trás com um grupo de cardeais italianos que o apoiavam, incluindo Bagnasco, Caffarra e Betori», e disse-lhes para votar no cardeal argentino".

4. Em resumo, o que pode ser considerado verdadeiro, ou pelo menos provável, em relação aos conclaves de 2005 e 2013?

As (muitas) fontes em que os distintos aspectos de ambos os conclaves são revelados, não somente coincidem, em termos gerais[220], como não foram desmentidas —ao menos não de forma séria e credível—. Deste modo, delas se pode extrair as seguintes circunstâncias relevantes e verossímeis:

(i)   É indiscutível que tanto no conclave de 2005 como no de 2013 houve dois "grupos" ou "partidos" opostos —os quais de maneira imprecisa, mas gráfica costumam ser designados, respectivamente, como "conservador" e "progressista" ou "reformista".

É também inquestionável que, em ambos os casos, na "ala reformista" se operava o "grupo de São Galo", cujos membros, segundo informações coincidentes de várias fontes, eram os prelados Danneels, Martini, Silvestrini, Murphy-O›Connor, Kasper e Lehmann; e já como dado provável, tem-se que o voto dos cardeais integrantes de ou influenciados por este grupo se dirigiu a JMB (e, em 2005, também a Martini).

Quanto ao "grupo conservador", é de conhecimento que suas figuras destacadas para o conclave de 2005 foram López Trujillo e Medina Estévez, ambos "promovendo" a candidatura de Joseph Ratzinger —uma das fontes inclui também no grupo o cardeal austríaco Christoph Schonborn. Em 2013, o bloco se conformou sob a liderança de Angelo Sodano e perseguiu a eleição de Odilo Scherer — embora, naturalmente, nesta última ocasião já se destacasse Angelo Scola entre os "papáveis" de matiz "conservadora".

Adentremos um pouco mais nestes *lobbies*, prescindindo-nos, entretanto, do que se deu em torno do cardeal Scherer, irrelevante a este caso, dado que sua candidatura não chegou a materializar-se em uma eleição.

Comecemos com o lobby "pró-Ratzinger".

(ii)   Em 2005, desde o início do conclave era claro e notório que Ratzinger era o papável número um. A sua é descrita no famoso "diário anônimo" como uma candidatura organizada. Quanto à forma como se desenvolveu a campanha a seu favor e o papel que nela pôde assumir o próprio Ratzinger, as fontes indicam o seguinte:

O "diário anônimo" diz que, após a primeira votação do conclave, todos os participantes sabiam que os cardeais Trujillo e Estévez estavam "muito do lado de Ratzinger", e acrescenta que, após a terceira votação, se viu uma grande preocupação entre os purpurados que "desejavam a eleição do cardeal Ratzinger; os contatos se avolumaram, o mais ativo era o cardeal López Trujillo", a quem muitos viram aproximar-se em particular dos cardeais latino-americanos; tentando convencê-los de que não há alternativas reais a Ratzinger. Ivereigh, por sua vez, anota que o grupo "conservador" levava algum tempo avaliando o cardeal Ratzinger e nos dias anteriores ao conclave se esforçou para que aquele conseguisse uma boa parte do primeiro voto, argumentando para isso que "Ratzinger era um teólogo imponente, o único capaz de levar adiante o legado de João Paulo II, e cuja experiência na Cúria significava que também poderia encarregar-se de seus problemas". Finalmente, o cardeal brasileiro anônimo declarou: "Quando chegamos a Roma, [...] Trujillo e Medina organizavam encontros e jantares. Nessas conversas, deixavam claro que tinham consultado Ratzinger e garantiam que o cardeal alemão aceitaria ser Papa e tinha dado sinal verde para a campanha. Também listavam todas as qualidades de Ratzinger para ser o sucessor ideal de João Paulo II", a saber, suas aptidões como teólogo e intelectual, sua avançada idade, sua lealdade a João Paulo II, sua experiência na Cúria e a probabilidade de que empreendesse reformas visando a descentralizar o poder de Roma. Do mesmo modo, o cardeal relatou como os "cabos eleitorais" insistiram, no período pré-conclave e durante as votações, em que a candidatura de Ratzinger era real; desta maneira pretendiam desmentir as notícias divulgadas nos meios italianos no sentido de que tal candidatura era meramente simbólica e de que Ratzinger não a considerava viável nem a queria: "Trujillo e Medina fizeram questão de afirmar que a candidatura era pra valer. [...] No conclave, durante as refeições, era comum ver os mesmos cardeais trabalhando de forma reservada o voto de outros. A campanha aumentou nas votações seguintes". Por último, o cardeal apontou alguns fatores conjunturais que favoreceram a eleição de Ratzinger —sua homilia na última Missa aberta ao público antes do conclave, seu bom desempenho ao dirigir o conclave como Decano e o fato de que esta função lhe permitisse ter contato com quase todos os cardeais. Por sua parte, o jornalista que publicou estas declarações assinalou: "A estratégia montada por Ratzinger foi extremamente sofisticada. Ele deu sinal verde a alguns cabos eleitorais, que começaram a trabalhar os votos dos 115 eleitores [...]. Eles se dividiram por continentes. Na América Latina, os principais cabos eleitorais de

Ratzinger foram os cardeais Alfonso López Trujillo, colombiano, e Jorge Arturo Medina Estévez, chileno, ambos próximos da Opus Dei. Também ajudou de forma ostensiva o cardeal austríaco Christoph Schoenborn, colocado em Viena por Ratzinger para barrar os ventos progressistas da arquidiocese. Trujillo e Medina organizaram jantares e encontros com cardeais latino-americanos para fazer campanha de forma aberta. Esses encontros ocorriam em conventos e casas religiosas onde cardeais de vários países se hospedaram ao chegar ao Vaticano logo após a morte de João Paulo II. Nessas conversas pré-conclave foram listados os votos necessários para que Ratzinger surgisse de forma antecipada como favorito [...] Ratzinger evitou aparecer pessoalmente nesses encontros. Imagina-se que não quisesse se expor de forma aberta, e por isso mandava cabos eleitorais".

Ao examinar estas versões fica claro que em 2005 alguns cardeais "promoveram" a eleição de Ratzinger. Como? É a pergunta relevante. Pelo que se pode concluir dos relatos, respondemos: aproximaram-se dos seus companheiros cardeais e procuraram persuadi-los, através de diversos argumentos ligados às qualidades morais e intelectuais de Ratzinger e à sua experiência na Cúria, e inclusive à sua própria idade, de que era ele o sucessor ideal de João Paulo II. Embora tanto o cardeal brasileiro anônimo como o jornalista de *O Globo* chegassem a sustentar que os "cabos eleitorais" "trabalharam os votos dos demais", o certo é que nenhum dos relatos afirma que tivessem sido gestados pactos, acordos ou promessas que de uma forma ou outra comprometessem o voto de algum ou alguns cardeais eleitores; segundo o conjunto dos relatos, a gestão realizada pelos 'promotores' de Ratzinger foi de tipo estritamente persuasivo — gestão persuasiva que poderia ser qualificada até mesmo de necessária, dado o papel desorientador que, como confirmado por esses mesmos relatos, vinham desdobrando os meios em relação ao passado de Ratzinger e com sua disponibilidade frente ao papado. Ratzinger conheceu, aceitou e avalizou essa gestão? As declarações do cardeal anônimo assinalam que os "cabos eleitorais" garantiam que Ratzinger aceitaria ser Papa, e que havia dado luz verde para sua campanha, e ao mesmo tempo, no artigo de jornal de Brunelli se pontualiza, de um lado, que Ratzinger evitou aparecer pessoalmente

nas reuniões organizadas pelos "cabos eleitorais" ("imagina-se —
agrega o jornalista— que não quisesse se expor de forma aberta, e por
isso mandava cabos eleitorais"), e de outro, que nos meios se
transmitiram informações de que Ratzinger não queria ser Papa, pois
estava velho e cansado, em busca de uma aposentadoria tranquila, e
que por isso sua candidatura não seria pra valer. O que significaria
então que Ratzinger tenha dado "luz verde para sua campanha"? Não
seria que, ao ser consultado, manifestou que não se oporia a, senão que
aceitaria uma eventual eleição, dissipando assim os rumores sobre sua
relutância para com o pontificado? A ambígua expressão "dar luz
verde" permite realmente concluir que o então cardeal apoiou ou
assumiu a liderança de uma campanha conducente a sua eleição?
Disto não existe evidência segura. Verdadeiramente, a afirmação de
que foi o próprio Ratzinger quem "enviou cabos eleitorais" é
exagerada e gratuita —de tal modo que o próprio Brunelli a situa após
a expressão "imagina-se".

(iii)   Quanto às operações da "máfia de São Galo" em 2005, as
fontes revelam que aquela perseguiu efetivamente um número
específico de votos contra a candidatura de Ratzinger. Isto é, em
primeiro lugar, verossímil: na biografia (autorizada) do cardeal
Godfried Danneels torna-se patente como este e toda a "máfia" vinha
se opondo, tanto a João Paulo II como ao cardeal Ratzinger. E, em
segundo lugar, a estratégia se mostra perfeitamente lógica se
atentarmos ao já mencionado e estabelecido fato de que Ratzinger era
o "papável número um" naquela ocasião, de modo que seus
adversários não tinham escolha a não ser bloquear sua eleição,
reunindo, em favor de outro candidato, o número de votos suficiente
— equivalente a 40, número superior a um terço dos 115 cardeais
presentes e votantes nesta ocasião— com o objetivo de impedir que
aquele alcançasse a maioria requerida para ser eleito —isto é, 77 votos,
as duas terças partes dos votos totais[221].

Nesta mesma linha, as fontes são claras no sentido de que o
"bloco de resistência" assim organizado se voltou decididamente para
o cardeal Bergoglio após a primeira votação do conclave, quando se
evidenciou que o mesmo contava com um apoio significativo,
superando em votos inclusive o cardeal Martini. No entanto, segundo

o "diário anônimo", durante o conclave não se esperava que o apoio ao cardeal Bergoglio conduzisse à sua efetiva eleição, mas que obrigasse a buscar um terceiro candidato "de compromisso" —uma alternativa tanto a Ratzinger como ao próprio Bergoglio. A questão relevante é: de que maneira os de "São Galo" procuraram alcançar este objetivo? Como desenvolveram sua estratégia?

Na verdade, em nenhum dos relatos se afirma, nem deles se pode inferir de maneira conclusiva, que "a máfia" teria comprometido o voto de determinados eleitores. O único que encontramos sobre este particular é, de um lado, o afirmado por Ivereigh no sentido de que "as verdadeiras discussões tinham lugar nas noites, quando os cardeais organizavam discretas reuniões em seus respectivos colégios [...]. Lá as conversações podiam girar em torno do exame de uma inclinação mais íntima e direta, e nelas podia-se apontar para candidatos específicos. O cardeal Murphy-
-O'Connor, de Westminster, por exemplo, deu um jantar para o grupo de São Galo e seus convidados no Colégio inglês, após o funeral [de João Paulo II]"; e do outro, as seguintes anotações do "diário anônimo" em relação ao ocorrido após a terceira votação do conclave: "Se os partidários do arcebispo de Buenos Aires decidem de maneira compacta resistir indefinidamente, elevando as barricadas a 40, o cardeal alemão poderia alcançar um máximo de 75 votos. E então se veria malograr as eleições por apenas dois votos"; então "começa a surgir um otimismo muito cauteloso sobre a possibilidade de se deter, a poucos metros da meta, a carreira do cardeal bávaro. "Amanhã, uma grande notícia", o cardeal Martini sussurra com um sibilante sorriso a um de seus colegas, durante o almoço. Solicitado um esclarecimento, Martini espera, para o caso das duas próximas votações da tarde também terminarem em nada, uma mudança de candidatos na manhã do dia seguinte. O arcebispo emérito de Milão também realiza algumas pesquisas informais em busca de novos possíveis candidatos ao dia seguinte. Algumas testemunhas o veem aproximar-se do cardeal português José Saraiva Martins ('homem de ponte entre a Europa e a América Latina' definiram-no alguns jornais às vésperas do conclave): os dois se conhecem desde os anos setenta, quando ambos eram reitores de universidades pontifícias em Roma. [...]

A condição para que os planos da minoria tenham êxito é que não haja rachaduras no bloco que se formou ao redor da candidatura Bergoglio".

Certamente, o fato de que a "máfia" se reuniu em um jantar organizado pelo cardeal Murphy-O'Connor não implica, por si só, que entre seus membros se tivessem realizado pactos ou promessas de votos. Um pouco mais suspeitas são as anotações do "diário": a que se refere à expressão "resistência compacta e indefinida", por parte dos partidários do cardeal Bergoglio, em torno da candidatura deste? Por que se fala da possibilidade de rachaduras no bloco formado em torno dele? Havia, com efeito, algum compromisso para fazer uma frente comum contra Ratzinger, e as "rachaduras" seriam as eventuais violações desse tal compromisso? A informação disponível não o permite afirmar.

Por outro lado, também não se indica que Bergoglio tivesse conhecido ou participado da estratégia de bloqueio à candidatura de Ratzinger. Pelo contrário, Ivereigh sustenta que "os reformadores cometeram um erro em não averiguar se Bergoglio estava aberto", e a fonte de Tosatti refere que, após o almoço do segundo dia do conclave, Bergoglio pediu a quem tinha votado nele, que desistisse. No entanto, da versão de Ivereigh chamam a atenção, em primeiro lugar, a relação que Bergoglio mantinha com Martini durante décadas; em segundo lugar, o fato de Bergoglio ser apresentado por Martini ao grupo de "São Galo" desde maio de 2001, e a partir daí se iniciarem "uma série de relações que se desenvolveriam durante as fugazes visitas de Bergoglio a Roma ao longo dos anos seguintes"; e finalmente, a projeção internacional favorável que Bergoglio havia recebido em função de seu papel de relator no Sínodo dos Bispos de outubro do mesmo ano.

(iv) Porém, no conclave de 2013, o panorama das campanhas da "máfia" e do papel assumido pelo cardeal Bergoglio muda substancialmente. Em particular, há duas questões a considerar neste ponto: a forma como os "reformadores" procuraram a eleição de Bergoglio e o conhecimento e a participação que ele pôde ter na consecução de tal objetivo.

Sobre o primeiro, Ivereigh afirma que o objetivo dos

"reformadores" era "garantir desde o início pelo menos 25 votos para Bergoglio na primeira rodada. Um idoso cardeal italiano computava os votos com os que podiam contar antes do início do conclave. A equipe de Bergoglio podia contar com o conjunto dos 19 cardeais latino-americanos, que desde Aparecida viam o argentino como seu líder. Mas necessitava de um bom número de europeus, que formavam mais da metade dos eleitores. Além dos que eram reformistas como eles — vários alemães, franceses e centro-europeus pertenciam a essa categoria —, podiam também contar com alguns cardeais espanhóis que lembravam com afeto o retiro que lhes havia dado em 2006. O cardeal espanhol Santos Abril y Castelló, arcipreste de Santa Maria Maior, em Roma, e ex núncio na América Latina, mostrava-se entusiasta em sua promoção de Bergoglio diante do bloco ibérico. Para obter o apoio europeu também contribuiu o cardeal Cristoph Schonborn de Viena [...]".

Na mesma linha, Piqué narra que Gerry, seu marido (jornalista como ela), comenta na noite de 12 de março de 2013 que no dia seguinte "entre 25 e 30 cardeais seguramente votarão no" cardeal Bergoglio, e explica assim esta convicção: "Gerry é o único vaticanista que em função do conclave tem dialogado em profundidade com cardeais de todos os continentes. Teve várias entrevistas que apareceram publicadas no *Vatican Insider*, *La Stampa* e outros meios, mas também falou muito *off the record*. Ele contou várias vezes, e está certo de que o padre Jorge [...] entrou no conclave com um importante pacote de votos". O que coincide plenamente com o que nos é referido sobre o livro de O'Connell: o autor teria afirmado que, no contexto da reunião organizada em 11 de março de 2013 pelo cardeal italiano Attilio Nicora — à qual teriam assistido "cerca de quinze ou mais [cardeais] de muitos países e diferentes continentes", incluindo os cardeais Coccopalmerio, Kasper, Murphy-O'Connor, Maradiaga, Turkson, Gracias e Tauran-, "cada um [dos assistentes] confirmou ou revelou que tinha decidido apoiar a Bergoglio na primeira votação, e também mencionou a outros cardeais que acreditava pensarem no mesmo sentido e que poderiam votar nele nesse momento". A fonte que comenta a obra de O'Connell indica que "ao manter a recontagem dos votos *prometidos*, obteve-se «ao menos vinte e cinco votos» para Bergoglio" — seria Nicora o "idoso cardeal italiano" que segundo Ivereigh "computava os votos com que podiam contar antes de iniciar o conclave"?.

E por último, há também confirmação (neste caso por parte de Galeazzi) sobre o papel desempenhado por Santos Abril y Castelló: "o bertoniano Santos Abril y Castelló fez tesouro dos longos anos transcorridos em contato com esses bispos «latinos» nos quais crescia o desejo de contar com um Pontífice pela primeira vez na história. [...] Entrou em ação uma convergência de motivações, planos estratégicos e cenários geopolíticos. O arcipreste de Santa Maria Maior viu a possibilidade de um *pacto de última hora* entre extra-europeus e curiais contrários" a Angelo Scola. "Estadunidenses, sodanianos, bertonianos, a maioria que tem coroado a Bergoglio, foi compondo-se pouco a pouco. «Como as peças de um mosaico», explica um chefe de dicastério vaticano. Um emaranhado de *consensos* que ao final acabou inclusive mais amplo que as expectativas. A força expansiva do catolicismo sul-americano aglutinou os votos disseminados das primeiras fumaças negras".

Quanto aos cardeais norte-americanos, Ivereigh relata que "só a partir de 5 de março começaram a considerar a possibilidade de votar em Bergoglio, no final da segunda jornada de congregações, quando se celebrou um grande jantar no Salão Vermelho do Pontifício Colégio Norte-americano (NAC), assistido, entre outros, por Murphy-O'Connor, de Westminster, e Pell, de Sidney. [...] Murphy-O'Connor lançou o nome de Bergoglio sobre a mesa, mas nessa noite a ideia não pegou. O'Malley, cardeal de Boston (a quem Bergoglio havia presenteado um CD da Missa Crioula quando em 2012 estiveram juntos em Buenos Aires) era partidário de Bergoglio. Mas para o resto dos norte-americanos o argentino era um desconhecido. O cardeal George, sobretudo, preocupava-se com sua idade. «A questão é: ainda tem forças?» se perguntava". Os cardeais norte-americanos só ficaram convencidos em favor de Bergoglio depois do discurso pronunciado por ele em 07 de março, durante as congregações gerais. "Aquelas palavras bastaram para persuadir o cardeal George, que disse a Murphy-O'Connor que agora sabia a que se referiam quando falavam de Bergoglio. [...] Nessa tarde, os cardeais votaram a favor do início do conclave para a terça-feira seguinte, 12 de Março. Ao abandonar o salão do sínodo, a expressão radiante do cardeal George dizia tudo. «Estamos prontos», comentou aos jornalistas". A relevância deste discurso é também destacada por Piqué: "transcendeu que Bergoglio deslumbrou os demais cardeais em sua intervenção durante a congregação geral de quinta-feira, 7 de março, de três minutos e meio, que fez vibrar o auditório".

Existem então fortes e convergentes indícios de que entre os membros do grupo de São Galo efetivamente se fizeram pactos ou acordos e promessas dirigindo seus votos ao cardeal Bergoglio. De que outra forma os "reformadores" poderiam garantir um certo número de votos (pelo menos 25) para o primeiro escrutínio? Como poderia o idoso cardeal italiano conhecer o número "dos votos com que podiam contar antes do início do conclave" se não fosse através de um ou vários acordos entre múltiplos cardeais, ou de promessas (unilaterais) provenientes de algum ou alguns cardeais? Não foi claramente uma aliança o que se estabeleceu na reunião de 11 de março de 2013, ao ponto de haver ali uma apuração dos votos a ser depositados em favor de Bergoglio (novamente: 25)? É pura casualidade que o jornalista Gerry soubesse também haver "entre 25 e 30 cardeais" que *com certeza* votariam em Bergoglio, e que no resultado do primeiro escrutínio, segundo o informado por O'Connell, Bergoglio tivesse obtido justamente 26 votos? Que outra coisa senão um "compromisso" entre ou por cardeais poderia outorgar esta certeza?

Pois bem, informamos anteriormente que a Santa Sé, em um comunicado emitido em dezembro de 2014 pelo Padre Federico Lombardi, expressou que os quatro cardeais mencionados por Ivereigh (Murphy-O'Connor, Kasper, Danneels e Lehmann) negavam explicitamente que se tivesse realizado uma campanha para a eleição do cardeal Bergoglio. Mas, em que ficou este comunicado quando o próprio Danneels avalizou, entre risos, a "biografia" onde a existência desta campanha se fez patente?

Em relação ao conhecimento e à participação que o cardeal Bergoglio teria tido em todo este assunto, recordemos que Ivereigh afirma que, ao ver o naufrágio da estratégia encampada em torno de

Odilo Scherer pelo "grupo conservador", esses mesmos cardeais "reformadores" advertiram que chegava seu momento e tomaram a iniciativa. Na versão original de sua obra (novembro de 2014), Ivereigh argumentou que eles "primeiro garantiram o consentimento de Bergoglio" ("they first secured Bergoglio's assent") e "então começaram a trabalhar" ("then they got to work"); posteriormente, o autor modificou a expressão para em seu lugar assinalar que os cardeais "não perguntaram a Bergoglio se estaria disposto a ser candidato. Mas acreditavam que, nessa ocasião, a crise na Igreja tornaria muito difícil que rejeitasse sua escolha caso esta se produzisse". No entanto, quando o Padre Brennan perguntou-lhe: "Por que o livro continuará informando que 'Murphy-O'Connor conscientemente advertiu Bergoglio para "ter cuidado", que agora era a sua vez, e ele disse: Capisco, "Eu entendo"?", Ivereigh respondeu: "Porque foi isso que o cardeal disse a Bergoglio antes do conclave, e não havia nada de errado com isso". Pois bem, esta insinuação da parte de O'Connor —*a ti cabe a vez*— não é precisamente uma verificação da disposição do cardeal Bergoglio para a sua eventual escolha, e a resposta correspondente —*Capisco*— não é justamente um assentimento ou uma aceitação-? Até mesmo Piqué relata que o gesto de Bergoglio foi um "olhar de assentimento", acompanhado de um "sorriso tímido". De resto, como aceitar o alegado por Murphy em novembro de 2014, no sentido de que de sua parte não houve "nenhuma aproximação ao então cardeal Bergoglio, buscando seu consentimento em tornar-se candidato para o papado", se a história do *Capisco* ele mesmo a declarou à imprensa, em setembro de 2013?

Por outro lado, se Bergoglio não tivesse sido consciente da "campanha" em seu favor, como se explica que, após sua eleição, reclamasse amigavelmente a Murphy-O'Connor que era "culpa sua"?

Elementar que desde antes dos escrutínios o cardeal Bergoglio conhecia a estratégia de "São Galo".

5. O que diz a Constituição Apostólica UDG sobre os acordos entre cardeais relativos à eleição?

O cânon 81 da Constituição Apostólica UDG estabelece: "*Os Cardeais eleitores abstenham-se, além disso, de todas as formas de pactuação, convenção, promessa, ou outros compromissos de qualquer gênero, que os possam obrigar a dar ou a negar o voto a um ou a alguns. Se isto, realmente, se tivesse verificado, mesmo que fosse sob juramento, decretamos que tal compromisso é nulo e ineficaz e que ninguém está obrigado a observá-lo; e, desde já, cominamos a pena de excomunhão* latae sententiae *para os transgressores desta proibição. Todavia, não é nosso intento proibir que, durante o período de Sé vacante, possa haver troca de ideias acerca da eleição".*

Note-se que a norma não proíbe as "trocas de opiniões" entre cardeais a respeito da eleição, e tampouco menciona o fato de que os cardeais apoiem ou promovam entre seus companheiros o candidato que considerem idôneo para ocupar o cargo de Papa. O que sim se proíbe, sob pena de excomunhão *latae sententiae*, são os atos que de alguma maneira *comprometam o voto dos cardeais e que, portanto, restrinjam a liberdade — tanto dos cardeais como de seu voto —*, sejam do tipo que for (promessas, pactos, acordos etc.), por impedir que a obra do Espírito Santo se materialize no ato de eleição. Que a intenção do legislador é salvaguardar a liberdade do votante (e, portanto, do voto) adverte-se na circunstância de que a norma torna *nulo e ineficaz*, carente de força obrigatória, qualquer compromisso que de fato chegue a "adquirir-se".

De fato, esta intenção pode ser historicamente rastreada até a Bula *Ubi periculum*, de Gregório X (1274), onde se lê: "conjuramos... os cardeais... pelo sangue precioso... [que] nosso Deus... derramou para que reflitam cuidadosamente sobre o dever que pesa sobre eles quando se trata de eleger o vigário de Jesus Cristo, e sucessor de Pedro, chefe da Igreja universal e guia do rebanho do Senhor. Descartada toda paixão privada, cessado o vínculo de qualquer pacto, contrato, obrigação e a consideração de qualquer acordo ou entendimento, não olhem tanto a si mesmos ou a seus súditos, não busquem sua vantagem ou seus interesses privados. Ninguém, salvo Deus, influencie o seu juízo na eleição; com um espírito puro e livre, voltado apenas à eleição, busquem sem temor o que é de utilidade comum, tendendo unicamente com todo esforço e cuidado, na medida do possível, a apressar com o seu trabalho uma escolha útil e muito necessária para o mundo inteiro, dando com diligência à própria Igreja um esposo digno. Quem agir de modo distinto seja sujeito à vingança divina e sua culpa não seja perdoada, senão depois de séria penitência. Por nossa parte cancelamos, anulamos e tornamos inválidos e declaramos absolutamente nulos e sem efeito os pactos, as convenções, as obrigações, os acordos e os entendimentos de qualquer gênero, contraídos com o vínculo do juramento ou de qualquer outro modo. Ninguém será obrigado a observá-los. Sua falta de palavra não será uma culpa, mas antes um motivo de justo louvor; porque também a lei humana testifica que estas transgressões são mais aceitáveis para Deus do que a observância de tais juramentos"[222].

Elementar, assim, que a censura prevista no cânon 81 da UDG recai sobre a hipótese de que o juízo dos cardeais a respeito da eleição seja restringido por um compromisso externo que lhes possam impedir de trabalhar guiados estritamente por sua consciência e intenção de estar "dando à Igreja um esposo digno". Em outras palavras, o que a norma procura é que o sério compromisso assumido perante Deus pelos cardeais ao eleger Seu Vigário não seja deslocado por um compromisso puramente humano, determinado por acordos, promessas, alianças etc.

6. No conclave de 2013, o cânon 81 da Constituição Apostólica UDG foi efetivamente violado, sendo o próprio cardeal Bergoglio excomungado em consequência de tal infração?

Existe evidência suficiente para afirmar, com probabilidade de verdade, que no conclave de 2013 os membros do "grupo de São Galo", e os cardeais influenciados por aqueles, desenvolveram uma estratégia na qual se configuraram verdadeiros blocos de cardeais que *comprometeram o seu voto* em favor de JMB. Esta estratégia implicou a adoção de metas concretas quanto ao número mínimo de votos favoráveis para este candidato no primeiro escrutínio do conclave —25 votos—, e o desenvolvimento de reuniões privadas onde ficou estabelecido quantos e quais cardeais emitiriam tais votos favoráveis, com o que parece evidente a necessidade de promessas ou acordos que garantissem o direcionamento dos votos pelos cardeais envolvidos. Uma estratégia que, em definitivo, ultrapassou a simples "troca de opiniões" expressamente permitida no cânon 81 da UDG, e inclusive ultrapassou os limites da mera "persuasão" ou "promoção", para adentrar-se no terreno proibido das composições.

Ora, terá o cardeal Bergoglio também violado esta proibição? O que é inquestionável é que a conheceu e a apoiou, e com isso ofereceu a seus partidários a segurança de que não desativaria a operação que se gestava em seu favor, como supostamente o havia feito no conclave de 2005. Mas... comprometeu ele mesmo seu voto, em favor de sua pessoa? Isso, embora altamente provável, não é seguro. Em nenhuma fonte se diz que ele teria assistido a reuniões ou jantares privados, nem aparece "contabilizado" entre os votantes "seguros" previstos pelo bloco organizado pelos cardeais de "São Galo". No entanto, que sentido teria que o cardeal Bergoglio, ao dar seu "sim" à estratégia, não tivesse cooperado com ela, pondo à disposição seu voto? Se estava aberto a ser eleito Romano Pontífice na sequência da coleta de votos que a "máfia" faria em seu favor, manteria seu voto livre e marginalizado deste objetivo previamente acordado? Não com plena, mas muita probabilidade, podemos afirmar que não.

7. Conclusão

A eleição obtida no conclave de 2013 foi a consequência de uma campanha antecipada por um grupo de cardeais que, violando a proibição prevista no cânon 81 da UDG e incorrendo assim em excomunhão *latae sententiae*, organizaram pactos entre e promessas de eleitores[223], dirigidos, uns e outras, a votar em JMB, que, por sua vez, conheceu e apoiou esta campanha. Ainda que não de todo seguro, é altamente provável que, ao cooperar com a campanha, o cardeal Bergoglio tivesse comprometido seu voto em favor de si mesmo, ficando assim também excomungado e, com isso, objetivamente impedido de ocupar o ofício de Romano Pontífice.

(V) HOUVE IRREGULARIDADES FORMAIS NO CONCLAVE DE 2013 QUE O ELEGEU?

Antes de examinar as duas circunstâncias pelas quais se afirma a nulidade da eleição resultante do conclave de 2013, torna-se necessário rever, em linhas gerais, o conteúdo dos cânones que regulam o processo de eleição ao cargo de Romano Pontífice, e examinar os fatos que, consoantes às fontes disponíveis, ocorreram durante essa eleição.

1. Dois cânones reguladores do processo de eleição ao cargo de Romano Pontífice

A Constituição Apostólica UDG é a lei que de maneira especial regula este processo. Segundo ela, a eleição deve desenvolver-se em três fases: "pre-scrutinium", "scrutinium" e "postscrutinium", compostas, por sua vez, de três "subfases", como segue:

	Subfase 1	**Subfase 2**	**Subfase 3**
Pre-scrutinium	Cân. 64.1 UDG: *"Preparação e distribuição das cédulas por parte dos Cerimoniários, [...] que entregam ao menos duas ou três a cada Cardeal-eleitor".* Cân. 65.1 UDG: *"A cédula deve ter forma retangular e ter escritas na metade superior, se possível impressas, as palavras:* Eligo in Summum Pontificem, *enquanto que na metade inferior deve-se deixar espaço para escrever o nome do eleito; a cédula estará, portanto, confeccionada de modo que possa ser dobrada ao meio".*	Cân. 64.2 UDG: *"A extração à sorte entre todos os Cardeais-eleitores, de três escrutinadores, de três encarregados de recolher os votos dos doentes, chamados por brevidade* Infirmarii, *e de três revisores".*	Cân. 65.3 UDG: *"Durante as votações, os Cardeais-eleitores devem permanecer sós na Capela Sistina e por isso, imediatamente após a distribuição das cédulas e antes que os eleitores comecem a escrever nelas, o Secretário do Colégio de Cardeais, o Mestre das Pontifícias Celebrações Litúrgicas e os Cerimoniários devem deixar a sala; depois de sua saída, o último Cardeal Diácono fechará a porta, abrindo-a e fechando-a todas as vezes que for necessário, como por exemplo quando os* Infirmarii *saiam para recolher os votos dos enfermos e voltem à Capela".* Cân. 65.2 UDG: *"O preenchimento das cédulas deve ser feito em segredo por cada Cardeal, que escreverá claramente, com caligrafia que na medida do possível não permita reconhecer seu autor, o nome do escolhido, evitando escrever mais nomes, já que nesse caso o voto seria nulo; finalmente dobrará duas vezes a cédula".*

	Subfase 1	Subfase 2	Subfase 3
Scrutinium	Cân. 66.1 UDG: *"Introdução das cédulas na urna".* Cân. 66 *in fine* UDG: *"Cada Cardeal-eleitor, por ordem de precedência, depois de ter preenchido e dobrado a cédula, tendo-a erguida de modo que seja visível, a leva ao altar, diante do qual estão os escrutinadores e sobre o qual está colocada em uma urna coberta por um prato para recolher as cédulas. Chegado ali, o Cardeal-eleitor pronuncia em voz alta a seguinte fórmula de juramento: Ponho por testemunha a Cristo Senhor, o qual me julgará, de que dou meu voto a quem, na presença de Deus, creio que deve ser eleito. Em seguida, deposita a cédula no prato e com este a introduz na urna. Feito isto, inclina-se diante do altar e volta ao seu lugar".*	Cân. 66.2 UDG: *"Mistura e contagem"* das cédulas. Cân. 68 UDG: *"Uma vez que todos os Cardeais-eleitores tenham introduzido suas cédulas na urna, o primeiro escrutinador a agita várias vezes para que se misturem. Feito isto, o último escrutinador passa a contá-las, extraindo-as de maneira visível uma a uma da urna e colocando-as em um recipiente vazio, já preparado para isso. Se o número das cédulas de votação não corresponder ao número dos eleitores, há que queimá-las todas e proceder novamente, isto é, pela segunda vez, a emissão dos votos; se, pelo contrário, corresponde ao número de eleitores, passa-se à publicação do escrutínio (...)".*	Cân. 66.3 UDG: *"Escrutínio dos votos".* Cân. 69 UDG: *"Os escrutinadores se sentam à mesa colocada diante do altar; o primeiro deles toma uma cédula, a desdobra, observa o nome do eleito e a passa ao segundo escrutinador, quem, comprovado por sua vez o nome do eleito, passa-a ao terceiro, o qual a lê em voz alta e inteligível, de maneira que todos os eleitores presentes possam anotar o voto em uma folha preparada para este efeito. Este escrutinador anota também o nome lido da cédula. Se durante a contagem dos votos os escrutinadores encontrarem duas cédulas dobradas juntas de tal modo que pareçam preenchidas por um único eleitor, se estas tiverem o mesmo nome, contam-se como um só voto; se, pelo contrário, tiverem dois nomes diferentes, não será válido nenhum dos dois; todavia, a votação não será anulada em nenhum dos casos. Concluído o escrutínio das cédulas, os escrutinadores somam os votos obtidos por cada nome e os anotam em uma folha separada. O último dos escrutinadores, à medida que lê as cédulas, perfura-as com uma agulha e linha no ponto em que se encontra a palavra Eligo e as insere na linha, para conservá-las com mais segurança. Ao terminar a leitura dos nomes, as extremidades da linha são atadas com um nó e as cédulas assim unidas são colocadas em uma urna vazia ou a um lado da mesa".*

	Subfase 1	Subfase 2	Subfase 3
Post-scrutinium	Cân. 70.1 UDG: *"Recontagem dos votos".* Cân. 70 *in fine* UDG: *"Os escrutinadores fazem a soma de todos os votos obtidos por cada um, e se ninguém alcançou ao menos os dois terços dos votos naquela votação, o Papa não se elegeu; em contrapartida, se resulta que alguém obteve ao menos os dois terços, a eleição do Romano Pontífice foi realizada de maneira canonicamente válida".*	Cân. 70.2 UDG: *"Comprovação dos votos".* Cân. 70 *in fine* UDG: *"(...) quer tenha ou não ocorrido a eleição, os revisores devem inspecionar tanto as cédulas como as anotações de votos feitas pelos escrutinadores, para comprovar que estes realizaram com exatidão e fidelidade a sua função".*	Cân. 70.3 UDG: *"Queima das cédulas".* Cân. 70 *in fine* UDG: *"Imediatamente após a comprovação, antes que os Cardeais-eleitores deixem a Capela, todas as* cédulas de voto *são queimadas pelos escrutinadores, ajudados pelo Secretário do Colégio e pelos Cerimoniários, que para tal terão sido chamados pelo último Cardeal Diácono. No entanto, se se proceder imediatamente a uma segunda votação, as cédulas de voto da primeira só serão queimadas ao final, juntamente com as da segunda".*

2. O relato do ocorrido em 13 de março de 2013, durante o conclave, segundo Elisabetta Piqué

É a jornalista argentina Elisabetta Piqué que nos fornece um relato mais ou menos detalhado do que ocorreu no conclave, naquele 13 de março de 2013. Literalmente narra a autora: "Na quarta votação [quarta votação do conclave, terceira votação de 13 de março de 2013], Bergoglio [...] esteve muito perto dos 77 votos. [...] E agora, na quinta [quinta votação do conclave, quarta votação de 13 de março de 2013], está a ponto de alcançar e superar em muito o mágico limiar dos 77 votos. Mas então acontece o inesperado: depois da votação, antes da leitura das cédulas, o cardeal escrutinador, que primeiro mistura as cédulas depositadas na urna, apercebe-se ao contá-las que há uma a mais: são 116 e não 115, como deveriam ser. De fato, parece que um purpurado por engano colocou duas cédulas na urna: uma com o nome de seu eleito e a outra, em branco, que ficou aderida à verdadeira. Coisas que acontecem. Não há nada a fazer, essa votação é imediatamente anulada, suas cédulas de voto serão queimadas mais tarde, sem serem vistas, e se procede a uma sexta votação [sexta votação do conclave, quinta votação de 13 de março de 2013]"[224].

3. Sobre a credibilidade do relato de Elisabetta Piqué

Pelo relato de Elisabetta Piqué podem ser detectadas várias incongruências ou anomalias:

(i)   Segundo o Cân. 64 UDG, entre os Cardeais-eleitores se elegem três escrutinadores, três *infirmarii* e três revisores. O Cân. 68 estabelece que é o primeiro escrutinador quem mistura as cédulas depositadas na urna, e o terceiro escrutinador é quem as conta. Ou seja, segundo os cânones aplicáveis, são duas pessoas distintas as encarregadas de misturar e contar, respectivamente, as cédulas; mas Piqué afirma que um mesmo escrutinador teria cumprido ambas as funções.

(ii) Segundo o relato de Piqué, teria sido "antes da leitura das cédulas", ou seja, na subfase de mistura e contagem das cédulas, que o escrutinador viu, não só que havia uma cédula sobrando, mas também que havia duas cédulas aderidas e, enquanto uma delas continha o nome de um candidato, a outra estava em branco. Mas... como se explica que o escrutinador tenha acedido ao conteúdo das cédulas durante a subfase de mistura e contagem? Nessa subfase as cédulas são contadas e colocadas em um recipiente vazio sem serem desdobradas e muito menos lidas (Cân.66.2 e 68 UDG)! Consideremos que as cédulas foram depositadas na urna dobradas duas vezes ao meio (Cân. 65.2 UDG)! Se dobradas duas vezes ao meio, e ainda aderidas, seu conteúdo, a menos que sejam desdobradas para serem lidas, será impossível conhecer, porém, tais desdobramento e leitura não estão previstos para a subfase de mistura e contagem das cédulas, senão para a subfase de escrutínio dos votos (Cân. 69 UDG)! Além disso, para que o colégio cardinalício em seu conjunto (e não só o escrutinador) conhecesse o conteúdo das cédulas aderidas, teria sido necessária uma proclamação de viva voz por parte do escrutinador, mas esta proclamação "em voz alta e inteligível" está prevista também para a subfase de escrutínio dos votos, e não para a de mistura e contagem das cédulas (Cân. 69 UDG)!

(iii) Há certas informações na internet que poderiam ajudar a entender ou a complementar o relato de Piqué:

— "No conclave, na tarde de 13 de março, na quarta votação do dia, apareceram 116 votos, quando só havia 115 cardeais na sala de votação. Um cardeal colocou uma cédula extra. Nessa quarta votação saiu eleito o cardeal Angelo Scola, de Milão. Quando o recém-eleito Papa já se encaminhava à sacada de São Pedro, um grupo de cardeais, aproximou-se para indicar que tinha de voltar à Capela Sistina, pois a votação havia sido anulada"[225].

— "A narração: no conclave, na tarde de 13 de março, na quarta votação do dia, apareceram 116 votos, quando só havia 115 cardeais na sala da Capela Sistina. Um cardeal colocou uma cédula a mais. Nessa quarta votação foi eleito Papa o Cardeal Angelo Scola, de Milão. A mesma Conferência Episcopal Italiana emitiu um Boletim, às 20:23 horas, felicitando Scola por ter sido eleito Papa. Dez minutos depois, a CEI recuou: a votação em que o cardeal Scola havia sido eleito tinha sido anulada. Inventou-se que o comunicado já estava pré-escrito com o nome de Scola, e simplesmente se esqueceram de mudá-lo no momento de sua publicação[226]: <http:// www.abcân.es/sociedad/20130315/abci-conferencia-episcopal-italiana-scola-201303142030.html>"[227].

(iv) Por outro lado, é de conhecimento público o atraso apresentado em 13 de março de 2013, tanto para sair a fumaça branca, como para o *Habemus Papam*:

— A mesma Piqué assinala: "São quatro da tarde [de 13 de março]. Segundo o cronograma, depois do almoço e de uma breve sesta, os cardeais voltam a transferir-se da *Domus Santa Marta* para o Palácio Apostólico. Às 16:50 começa a sua quarta votação [terceira do dia]. No conclave de 2005, a fumaça branca chega depois do quarto escrutínio, o primeiro após a pausa do meio-dia. A fumaça sai às 17:50 e o anúncio do *habemus Papam*, cerca de 45 minutos depois"[228]. Em 13 de março de 2013 "estouram ovações e gritos de júbilo às 19:06, já de noite, quando sai uma fumaça [...] Se no conclave de 2005 passaram 45 minutos da fumaça branca até o *habemus Papam* [...], no conclave de 2013 passam 66 minutos que duram uma eternidade"[229].

— Ivereigh, por sua vez, referindo-se àquele 13 de março de 2013 narra: "Já que as cédulas não se queimavam até o final das votações da manhã ou da tarde, tudo o que se sabia do lado de fora era que até então deviam ter tido lugar duas votações, que a fumaça negra ou branca deveria ter aparecido por volta das seis da tarde, e que o atraso implicava que devia ter surgido algum problema: uma urgência médica, talvez, ou um defeito no funcionamento da máquina que gerava a fumaça"[230]. "Na sacada de São Pedro, às 20:22, ladeado pelos cardeais Hummes e Vallini, [Francisco] apresentou-se diante de duzentas mil pessoas encharcadas pela chuva, e diante de muitos milhões mais que o viam pela televisão"[231].

— Bugnolo, finalmente, diz: "[...] tendo acompanhado, como milhões de fiéis, ao vivo na noite das eleições, lembro muito bem que a fumaça final demorou a chegar e que os comentaristas se perguntaram por que esta demora no resultado da quarta votação do dia"[232].

(v)   Agora, há quem, dado o segredo que rodeia todo conclave, e alegando ainda que "os jornalistas adoram enfeitar suas histórias", negam toda credibilidade à versão de Piqué:

— Assim, Cerrelli e Introvigne argumentam: "Ninguém pode saber se o que Piqué diz é verdade. Curiosamente, num livro no qual nada é seguro e tudo é falível, incluindo discursos e documentos do Papa, atribui-se uma espécie de infalibilidade apenas a umas poucas linhas de Piqué, sob o pretexto de que falou bem do seu livro o vaticanista Andrea Tornielli, da Rádio Vaticana, e L'Osservatore Romano, dizendo que o livro oferece «novos detalhes sobre o conclave», e que Piqué é uma amiga do Papa. Só alguém que não lê o L'Osservatore Romano pode pensar que um livro resenhado em suas colunas se transforma em Magistério, e você sabe que os jornalistas adoram enfeitar suas histórias. E Socci sabe que nenhum cardeal pode desmentir Piqué porque falar do conclave é proibido e castigado com a excomunhão. Desde a criação da imprensa moderna, os jornalistas dizem qualquer coisa dos conclaves, e ninguém que realmente estava presente no conclave o desmentiria, já que exporia o desmentidor à excomunhão. Isso seria suficiente para perguntar o que exatamente Socci está falando. No entanto, é absolutamente inconcebível que as coisas tenham sido como escreve Piqué (...)"[233].

— De modo similar, Boni manifesta: "Não vale a pena perder-se em conjecturas que ocorrem infalivelmente após o final de cada conclave, com base em supostas revelações de sujeitos vinculados por estrita confidencialidade"[234].

(vi) Não obstante, o livro de Piqué foi endossado pelo

L'Osservatore Romano[235], e pela Rádio e TV Vaticana. O próprio Mons. Bergoglio, durante uma entrevista em 2015 com a jornalista Valentina Alazraky, falou sobre o conclave de 2013[236] e embora mencionasse unicamente quatro votações que teriam ocorrido em 13 de março[237], não desmentiu explicitamente Piqué.

4. Conclusões em torno do relato de Elisabetta Piqué, analisado à luz de outras fontes e dos cânones aplicáveis ao processo de eleição do Romano Pontífice

(i) Em primeiro lugar, por mais que "os jornalistas adoram enfeitar suas histórias", é inconcebível que Piqué tivesse inventado do nada a história das cédulas aderidas, e além do mais com tantos detalhes.

(ii) Quanto ao segredo que rodeia o conclave, o certo é que a reserva não se aplica ao Papa eleito (cânones 48, 53 e 60 UDG[238]); portanto, o próprio Mons. Bergoglio poderia ter desmentido Piqué, mas não só não o fez, como o livro da jornalista foi avalizado pelo Vaticano.

(iii) O relato de Piqué, ao menos quanto a uma votação "adicional", encaixa com o comunicado sobre a eleição de Angelo Scola.

(iv) A versão de Piqué só tem coerência interna, e se torna ainda totalmente compatível com o mesmo comunicado sobre a eleição de Scola, se se assume que o achado de uma cédula adicional, e/ou de duas cédulas aderidas, teve lugar, necessariamente, *a posteriori* à subfase de mistura e contagem das cédulas[239].

Com estas conclusões em mente, pode-se então examinar se de fato se apresentaram as alegadas causais de nulidade da eleição, ou seja, a indevida anulação de uma eleição e a indevida realização de uma quinta votação no mesmo dia.

(V-A) A INDEVIDA ANULAÇÃO DE UMA ELEIÇÃO

1. Uma eleição foi efetivamente anulada indevidamente em 13 de março de 2013, em violação aos cânones 68 e 69 da UDG? Em caso

afirmativo, isto provocou a nulidade da eleição resultante do conclave?

Parece que no conclave de 2013 foi estabelecido um cenário em que se misturam as hipóteses previstas nos cânones 68 e 69 UDG: por um lado, ter-se-ia encontrado uma cédula extra; e, por outro, teriam sido encontradas duas cédulas de voto juntas, como se fossem do mesmo eleitor. Assim, no concernente aos fatos, ambos os cânones poderiam ter sido aplicados.

No entanto, a aplicação simultânea de um e outro cânon é impossível, não só porque prescrevem consequências jurídicas opostas, mas porque cada um está previsto para uma determinada subfase da fase de *scrutinium*. Desta forma, enquanto o cânon 68 — que ordena anular a votação— é aplicável na subfase de mistura e apuração das cédulas, o cânon 69 — que prevê a validade da votação e indica como devem ser contabilizados os votos plasmados nas cédulas aderidas— o é na subfase de escrutínio público dos votos. Assim, a questão relevante a ser esclarecida é em que subfase específica ocorreu essa mistura de hipóteses (ou seja, o achado de uma cédula adicional e/ou de duas cédulas unidas) dada aparentemente no conclave de 2013.

Como já foi dito, é ilógico pensar que isso tivesse acontecido na subfase de mistura e contagem das cédulas —reitera-se: se assim tivesse sido, por que o ou os escrutinadores (e o Colégio Cardinalício em geral) tiveram conhecimento do conteúdo das cédulas dobradas e coladas? Como é que se chegou a um resultado da votação (isto é, à eleição do cardeal Scola)?—; assumindo então, como corresponde, que os fatos ocorreram, necessariamente, *a posteriori* à subfase de mistura e contagem das cédulas, a conclusão necessária é que não cabia aplicar o Cân. 68 UDG, como foi feito, mas o Cân. 69 UDG. Isto significa que a queima de cédulas, com a consequente anulação, que teve lugar na quarta votação de 13 de março de 2013, foi contrária à UDG. E isso, por sua vez, é suficiente para anular a eleição resultante do conclave, segundo os cânones 76 e 77 da UDG, que em sua ordem dispõem: "*Se a eleição tiver sido feita de forma distinta da prevista na presente Constituição ou se as condições nela estabelecidas não tiverem sido observadas, a eleição é, portanto, nula e inválida, sem que seja necessária qualquer declaração nesse sentido, não conferindo, portanto, quaisquer direitos à pessoa eleita*[240]; e *"Estabelecemos que as disposições concernentes aos atos prévios e à própria eleição do Romano Pontífice, devem ser observadas integralmente também se a Sé Apostólica ficar vacante por renúncia do Sumo Pontífice, segundo o Cân. 332 § 2 do CIC [CDC] e o Cân. 44 § 2 do CCEO"*.

2. Teses que negam a violação dos cânones 68 e 69 da UDG no conclave de 2013

Não faltam juristas que, sem uma maior análise da versão dos fatos fornecida por Elisabetta Piqué, dão por certo que o incidente ocorrido no conclave de 2013 com as cédulas aderidas foi apresentado na subfase de mistura e contagem das cédulas, e a partir desta premissa sustentam que os cânones 68 e 69 da UDG não foram efetivamente infringidos.

É assim que, por um lado, Cerrelli e Introvigne argumentam: "O artigo 69 estabelece que *«se na contagem dos votos os escrutinadores encontrarem duas cédulas dobradas que parecem provir de um só dos eleitores, desde que tenham o mesmo nome, que se contem como um só voto, mas se tiverem dois nomes diferentes, nenhum dos dois será válido na votação; contudo, em nenhum caso a votação é cancelada»*. Socci sustenta que *«se [...] o 68 regula a fase da contagem e o 69 a fase de escrutínio, teríamos dois artigos que lhe dão duas soluções opostas para o mesmo problema (uma cédula a mais). Estaria em total contradição»*. Para evitar esta contradição, propõe uma interpretação alternativa à mais habitual: os dois artigos não se referem a diferentes etapas da eleição, mas a diferentes casos. O 68 refere-se ao caso em que haja uma cédula restante na urna, mas que todas as cédulas estão separadas; o 69 é para o caso de que a cédula esteja dobrada junto com outra, de forma que duas cédulas possam ser atribuídas a um único eleitor. Socci, porém, que não é advogado, desconhece a arquitetura das regras gerais. O artigo 66, que, como é lógico, nunca cita, estabelece que o escrutínio inclui três fases distintas: *«1) a deposição das cédulas da urna; 2) a mistura e a contagem das mesmas; 3) a contagem dos votos»*. Os artigos 67, 68 e 69 regulam cada uma das três fases. Segundo a interpretação literal e comum entre os canonistas, o artigo 68 estabelece a fase da contagem, e o artigo 69 a do escrutínio, com o que em realidade não se cria nenhuma contradição. Em direito, chama-se contradição à existência de regras que dão diferentes soluções ao mesmo problema. Mas o 68 e 69 dão diferentes soluções a diferentes problemas: se a cédula extra for descoberta na fase de contagem, aplica-se o 68; se está na fase de escrutínio, ou seja, se não há uma cédula na urna, mas aparecem duas bordas compiladas por apenas um eleitor, o 69. É possível que a cédula escape durante a fase de contagem e emerja apenas no momento do exame? Sim, é possível. Se houver o caso de que um cardeal tenha duas cédulas unidas: é possível que durante a contagem uma abertura das dobras do que parecia uma única cédula revele que na realidade são duas. No caso em que Piqué tivesse razão, a cédula extra teria surgido na etapa da contagem, e não na do escrutínio, e, portanto, aplicou-se corretamente o artigo 68 que ordena queimar as cédulas e não escrutinar a urna"[241].

E por outra parte, Boni manifesta: "De acordo com o parágrafo 65 da Constituição Apostólica «Universi Domini Gregis» de João Paulo II, que regula o conclave, a cédula deve ser retangular e conter na metade superior, se possível impressa, as palavras 'Eligo in summum pontificem', enquanto a metade inferior deve deixar espaço para escrever o nome do candidato. Assim, a cédula é feita de tal forma que pode ser dobrada em duas. A redação da cédula deve ser feita secretamente por cada Cardeal-

-eleitor, que deve escrever de forma clara, em caligrafia o mais irreconhecível possível, o nome do eleito, tendo o cuidado de não escrever mais de um nome, pois nesse caso o voto seria anulado, e depois dobrar a cédula duas vezes. Disso (assim como de outras instruções da citada Constituição Apostólica) parece então que as cédulas não são colocadas dentro de um envelope, mas simplesmente dobradas.

De acordo com o n° 66, então, o escrutínio inclui: 1. A introdução das cédulas na caixa disposta; 2. A mistura e a contagem das mesmas; 3. O escrutínio dos votos. É então absolutamente plausível que fosse precisamente no momento da contagem e não do escrutínio (tal como foi assegurado por Piqué, que além disso é tida por Socci como perfeitamente crível) que as mãos do escrutinador encontrassem nas duas cédulas, <u>as únicas que foram efetivamente abertas</u> —mas obviamente não perfuradas— com a confirmação de uma cédula em branco inadvertidamente aderida à assinalada com o nome. Foi então inteiramente correto aplicar escrupulosamente à letra o n° 68 da constituição. Além disso, o n° 5 da mesma constituição exclui expressamente a possibilidade de interpretação [dos resultados] do ato da eleição, exigindo que as regras sejam aplicadas no estado em que se encontram. Mesmo que <u>o escrutinador abrisse essas duas cédulas com a razoável intenção de confirmar a adesão acidental de uma folha em branco a uma marcada</u>, isso certamente não constituiria uma irregularidade problemática, nem teria transformado a fase de contagem na de escrutínio, sendo cada uma delas regida por suas próprias regras guiadas por «ratio» específicas [...].

Somente após a contagem é que se pode proceder com o n° 69: é inegável como a cédula adicional que entrou durante a fase de contagem e avançou para a fase de escrutínio correspondeu em qualquer caso, intencionalmente ou não, ao mesmo cardeal, e uma cédula adicional é sempre, independentemente da pessoa a quem possa ser atribuída, uma irregularidade. Mas se tal irregularidade, segundo as normas de João Paulo II, é sempre problemática na fase preliminar da contagem, não o é mais na do escrutínio, sobretudo quando as cédulas são dobradas de tal forma que parecem ter sido complementadas pelo mesmo eleitor. [...]

Mesmo que seja verdade que o cenário em que teve lugar durante o conclave de 2013, no momento da contagem, ou seja, das duas cédulas dobradas juntas, corresponde parcialmente ao previsto no n° 69 que regula o escrutínio, isso não significa que uma regra estabelecida para outra fase do processo eleitoral (e com outra «ratio») possa ser aplicada. É precisamente a rigidez da constituição apostólica «Universi Dominici Gregis» (enfatizada pelo próprio Socci), realçada no caso do ato eleitoral –cf. o referido n°. 5– o que o exclui categoricamente. Se, por outro lado, o n° 69 tivesse sido aplicado de modo indevido, violando a obrigação de aderir ao que o n° 68 impõe com rigor, isso possivelmente teria criado um problema de validade da eleição.

Assim, na medida em que o n° 68 foi aplicado de forma totalmente legítima, do ponto de vista jurídico esta quarta votação é incontestavelmente 'tamquam non esset', e não deve ser incluída e contabilizada entre as que de fato ocorreram naquele dia, ou seja, [aquelas que eram] juridicamente válidas e completas, culminadas até o momento do escrutínio"[242].

Não obstante, fica claro que a primeira das análises legais acima mencionadas pode ser simplesmente descartada, pois pressupõe, sem mais reflexões, uma premissa factual equívoca, a saber, que o achado da cédula adicional e/ou das cédulas anexas ocorreu na subfase de mistura e contagem das cédulas.

Quanto à segunda análise, a autora tenta defender essa premissa de fato ao assinalar que, ou bem essas duas cédulas unidas eram as únicas que estavam abertas, desdobradas, ou então o escrutinador as abriu para verificar que em efeito havia uma cédula em branco ligada a uma marcada.

Porém, estas explicações não são razoáveis. Ou então, vejamos, será razoável pensar que duas cédulas, cada uma dobrada duas vezes ao meio, estivessem unidas e ao mesmo tempo abertas, de modo que o seu conteúdo fosse visível? Se seu conteúdo era visível, não podiam estar coladas; se estavam coladas, mantinham sua dobra e com isso seu conteúdo ficava oculto. E por outro lado, como entender que o escrutinador abrisse as cédulas unidas para verificar que uma delas estava em branco e a outra marcada? Para que o teria feito, se na subfase de mistura e contagem não se verifica o conteúdo das cédulas, mas somente o seu número? Aliás, o escrutinador sabia ou pressentia de antemão que uma dessas cédulas estava em branco?

Deste modo, as tentativas empreendidas pelos advogados em questão para desvirtuar a aplicação indevida do cânon 68 da UDG em 13 de março de 2013 simplesmente não são aceitáveis.

3. Tese da "instrumentalidade das formas" e a "convalidação"

Os mesmos que negam a infração dos cânones 68 e 69 da UDG no conclave de 2013 (Cerrelli e Introvigne, por um lado, e Boni, por outro) afirmam que, mesmo admitida tal violação, a eleição resultante permaneceria válida. A sua argumentação baseia-se naquilo a que um jurista chamaria princípios de "instrumentalidade das formas"[243] e de "convalidação" — este último princípio, no contexto do direito canônico, é chamado "pacifica universalis ecclesiae adhaesio"[244].

Vejamos, em primeiro lugar, o que pensam Cerrelli e Introvigne com relação ao primeiro dos princípios citados: "Socci, portanto, não tem nenhuma razão em nenhum dos dois pontos que levanta. Mas se tivesse razão, e realmente tivessem existido [sic] cinco votações no mesmo dia, ou se tivesse sido anulada uma votação que já fora escrutinada, por isso Francisco não seria Papa? Em realidade não, tampouco nesse caso. Socci, que sequer é advogado, interpreta o artigo 76 da Constituição «Universi Dominici Gregis» de maneira literal e formalista. O artigo afirma que «*se as eleições tivessem ocorrido de modo distinto do que está previsto na presente Constituição ou se as condições estabelecidas neste documento não fossem cumpridas, a eleição é, portanto, nula e sem efeito*». Mas isso não significa, como acredita Socci, que qualquer descumprimento formal anula algo tão importante como a eleição do Papa.

Tomemos um exemplo: o artigo 67 estabelece que se um cardeal se encontra doente apresentará as cédulas e a caixa «em uma pequena bandeja». Se foi utilizada por engano uma grande bandeja em vez de uma pequena, Socci pensa que a eleição do Papa é inválida? O exemplo é paradoxal, mas serve para esclarecer que as palavras «de modo distinto» e a referência às «condições» dizem respeito às linhas essenciais do conclave, e não aos elementos individuais, por muito úteis que sejam ao ordenado desenrolar da votação. A doutrina canônica mais autorizada sustenta que, a fim de evitar incertezas e outros problemas graves, as condições para questionar a validade dos votos para a eleição do Romano Pontífice, ou tecnicamente a «provisão do ofício primaz», foram reduzidas ao mínimo: sendo suficiente que a eleição tenha sido secreta e que tenham tido suficiente consentimento, é claro. Não anulando, portanto, o voto, nem o erro, nem o medo, nem sequer um ato gravíssimo como a simonia (artigo 78 da Constituição). Só se o esquema essencial da eleição estivesse alterado, poder-se-ia dizer que houve um conclave «de modo distinto» como prescrito pela Igreja e sem observar as «condições» que isto exige. E realmente, se o esquema essencial do conclave foi alterado, como é que nenhum cardeal protestou? Em resumo, ninguém pode saber se as coisas aconteceram como disse Piqué, mas mesmo se assim tivesse sido, não teria existido nenhuma irregularidade. Se tivesse existido, mas não houve, alguma irregularidade formal, não teria sido tão grave para alterar o padrão essencial da eleição, o que não invalida o conclave. Por outro lado, ao contrário do que ocorreu no caso do antipapas [sic] do medievo, a eleição de Francisco foi aceita por todos os cardeais, bispos e fiéis do mundo, à exceção de Socci, alguns de seus amigos, e alguns clarividentes de duvidosas intenções e costumes morais"[245].

Por sua parte, Boni, acudindo ao segundo dos princípios mencionados, sustenta: "Em todo caso, a lei canônica tem ensinado, de forma consistente e unânime, que a "pacifica universalis ecclesiae adhaesio" é sinal e efeito infalível de uma eleição válida e de um pontificado legítimo. E a adesão do povo de Deus ao Papa Francisco não pode de forma alguma ser posta em questão"[246].

Não obstante, estes argumentos suscitam de igual modo objeções:

— Em que fonte do direito canônico está consagrado o "princípio de instrumentalidade das formas"? Qual é "a doutrina canônica mais autorizada" a que se referem Cerrelli e Introvigne (sem sequer uma citação)? Na verdade, se fosse positivado esse princípio, seria tão flexível? O exemplo oferecido pelos autores é comparável ao que realmente teria ocorrido no conclave de 2013?

De fato, podem ser encontradas interpretações doutrinais contrárias à aplicação deste princípio no contexto da Constituição Apostólica UDG: "Nos deparamos com uma lei explicitamente invalidante, porque declara sem valor jurídico, nulo e inválido, um ato não conforme à própria lei. O sujeito passivo, nas leis invalidantes, é o ato jurídico que se priva de valor, como ocorre na disposição aqui considerada. Portanto, se a escolha fosse feita de modo distinto do prescrito, teríamos a nulidade e a invalidade da provisão canônica, o que implicaria a não saneabilidade do ato. De fato, embora o ato nulo possa ser saneado pela autoridade competente, o ato inválido é insanável e deve ser considerado como não dado, ou seja, juridicamente inexistente. [...] A literalidade do artigo 10 do CIC [CDC]-1983 prescreve que: "Devem ser consideradas invalidantes ou inabilitantes apenas aquelas leis em que expressamente se estabelece que um ato é nulo ou uma pessoa é inábil". Dada esta disposição precisa da lei eclesiástica, não podemos sustentar que o legislador com este nº 76 da UDG quer declarar invalidante todas as leis contidas na Constituição. Caso contrário, a violação de qualquer disposição da Constituição conduziria à declaração de nulidade e invalidade da eleição. [...] A eleição deve ser declarada inválida e nula se as condições legais estritamente vinculadas aos atos eletivos não forem respeitadas. É muito provável que o legislador tenha preferido falar de forma mais genérica sobre o *electio aliter celebrata*, a fim de que todas as disposições prescritas na Constituição assumissem uma força particular, sabendo que nem todas as violações das regras individuais presentes neste documento podem e devem invalidar a eleição. Se, por exemplo, não fossem respeitadas as regras relativas à gestão de alguns em tempo de Sede vacante, tal não conduziria à invalidação da eleição. Temos de afirmar que só as regras estritamente relacionadas com a eleição são invalidantes para a própria eleição, assim como todas aquelas que, embora não estejam estritamente relacionadas, foram definidas como tal no mesmo texto normativo. Caso o legislador pretenda considerar que uma regra estritamente relacionada com o ato eletivo não é invalidante, deverá dizê-lo de modo expresso na mesma regra, por exemplo, no caso de eleição simoníaca"[247]. "Na minha opinião, o nº 76 pode, portanto, ser entendido como abrangendo todos e somente os vícios que tiveram uma incidência causal no ato da eleição, no resultado do Conclave"[248].

— Onde está consagrado o princípio de convalidação —*pacifica universalis ecclesiae adhaesio*— e qual é o seu alcance preciso[249]? Realmente foi pacífica a aceitação da canonicidade da eleição do cardeal Bergoglio? Ninguém levantou a voz? E as denúncias que, em meados de 2019, o cardeal Burke levantou sobre a possível nulidade do Conclave de 2013 diante da suposta existência da denominada "máfia de São Galo"[250]? E o que tantos leigos têm denunciado, a partir do momento mesmo da declaração de renúncia até o presente? Sem contar com o fato de que cada vez mais ministros vêm negando pública e explicitamente que JMB ostente verdadeira autoridade como Papa, reconhecendo que a mesma corresponda unicamente a BXVI?[251]

Na verdade, as teses dos juristas em questão repousam em

premissas normativas de duvidosa existência ou alcance (como o são os princípios de "instrumentalidade das formas" e "convalidação" — *pacifica universalis ecclesiae adhaesio* —, o primeiro dos quais conduz a uma indevida flexibilização da sanção de nulidade prevista no cânon 76 da UDG), ou sobre hipóteses não relacionadas com o que realmente aconteceu no conclave de 2013 (como se vê a partir do descabido exemplo levantado por Cerrelli e Introvigne para destacar a irrelevância que em certos casos podem ter as possíveis irregularidades de um conclave — exemplo que em nada se relaciona com as graves anomalias apresentadas em 2013 —) ou ainda baseadas em premissas de fato também controversas (é o caso da suposta aceitação generalizada da canonicidade da eleição do cardeal Bergoglio).

Por conseguinte, pode-se afirmar que não existem razões de direito canônico suficientes para desvirtuar a sanção de nulidade que, em virtude dos cânones 68, 69 e 76 da Constituição Apostólica *Universi Dominici Gregis*, afetou a eleição de JMB no conclave de 2013.

4. Conclusão

Durante o conclave de 2013, e concretamente em 13 de março desse ano, posteriormente à subfase de mistura e recontagem das cédulas, foi anulada a quarta votação (material) do dia, pelo fato de terem sido encontradas duas cédulas unidas, uma delas em branco e a outra com o nome de um candidato, das quais uma sobra — posto que o total de cédulas superava em um o número de Cardeais-eleitores. Tal anulação constituiu uma violação dos cânones 68 e 69 da Constituição Apostólica *Universi Dominici Gregis* — uma vez que a possibilidade de anular uma votação se circunscreve justamente, nos termos do cânon 68 ibidem, a esta subfase de mistura e contagem das cédulas —, e viciou de forma irremediável, conforme o cânon 76 ibidem, a eleição resultante da votação seguinte à indevidamente anulada (eleição que erigiu JMB em "Papa"), sem que o texto dessa mesma Constituição Apostólica nem a gravidade da irregularidade descrita permitam concluir que esta se mostrasse irrelevante face ao esquema geral de procedimento a observar, nem que, em todo o caso, o vício fosse "convalidado" ante a pretensa aceitação generalizada de tal eleição.

(V–B) Uma quinta indevida votação

De acordo com o relato de Piqué, acima transcrito, após a anulação da quarta votação ocorrida em 13 de março de 2013, procedeu-se a uma quinta votação. O que dizem os cânones da UDG a este respeito?

1. Do número máximo de votações permitido no mesmo dia, segundo a UDG

Neste caso, há, inicialmente, três cânones relevantes na UDG:

63: *"Realizado o que se estabelece no nº 54 da presente Constituição, se procederá imediatamente à eleição. Se isso acontecer já na tarde do primeiro dia, será feito um só escrutínio; se a eleição não se realizou no primeiro dia, nos dias seguintes devem ser realizadas duas votações tanto pela manhã como pela tarde, a partir da hora marcada, seja nas Congregações preparatórias ou durante a eleição, de acordo com os procedimentos previstos no nº 64 e seguintes"*.

68: *"Uma vez que todos os Cardeais-eleitores tenham inserido suas cédulas na urna, o primeiro escrutinador a agita várias vezes para que se misturem. Feito isto, o último escrutinador põe-se a contá-las, extraindo-as de maneira visível uma a uma da urna e colocando-as em um recipiente vazio, já preparado para isso. Se o número das cédulas de voto não corresponder ao número de eleitores, há que queimá-las todas e proceder novamente, isto é, pela segunda vez, a emissão dos votos; se, pelo contrário, corresponde ao número de eleitores, passa-se à publicação do escrutínio, que se faz do seguinte modo"*.

72: *"Confirmando as disposições de Nossos Predecessores São Pio X, Pio XII e Paulo VI, ordenamos que — excetuada a tarde da entrada no Conclave — , tanto pela manhã como pela tarde, imediatamente depois de uma votação, se nela não se produziu a eleição, os Cardeais-eleitores procedam de imediato a outra votação na qual emitirão de novo o seu voto. Neste segundo escrutínio devem observar-se todas as modalidades do anterior, com a diferença de que os eleitores não estão obrigados a fazer um novo juramento nem a eleger novos Escrutinadores, Infirmarii nem Revisores, de tal modo que valha para o segundo escrutínio o que foi feito a este respeito no primeiro, sem necessidade de renovação"*.

Em princípio, parece claro então que o ocorrido em 13 de março de 2013 se deu de forma anti canônica: foram realizadas cinco votações em um dia, quando o cânon 63 da UDG permite um máximo de quatro votações diárias (duas pela manhã e duas pela tarde).

2. Teses que negam a violação do cânon 63 da UDG

Novamente, aparecem aqueles que defendem que a UDG, neste caso em seu cânon 63, não foi infringida.

Cerrelli e Introvigne argumentam: "O artigo 68 dispõe que antes do exame, haverá uma contagem das cédulas. *«Se o número de votos não coincidir com o número de votantes, é necessário queimá-los todos e proceder de imediato a uma segunda votação».* [...] A segunda alegação de Socci refere-se ao artigo 63 da mesma Constituição de São João Paulo II, que prescreve que em todos os dias do conclave, *«devem ser realizadas duas votações tanto pela manhã como pela tarde»*, portanto quatro no total. Segundo Piqué, em 13 de março houve cinco votações e não quatro. Neste caso, Socci poderia ter visto uma contradição com o artigo 68, que estabelece que quando, como vimos na fase de contagem, surge uma outra cédula, é necessário queimar todas as cédulas e proceder *«de imediato»* a uma nova votação.

«De imediato», mesmo que nesse dia já tivessem sido realizadas quatro votações? Mas, neste caso, não será violado o artigo 63? Na realidade não, porque, mediante a aplicação de princípios gerais e elementares do direito, até mesmo o canônico, o artigo 63 refere-se a quatro votações válidas e completas, isto é, até que chegue ao escrutínio. Se as cédulas forem queimadas, em conformidade com o artigo 68, antes da contagem, a votação não terminou e, portanto, não deve ser contada entre as quatro da jornada. Se as coisas tivessem sido como diz Piqué, o chamado "quinto voto" na realidade era o quarto, já que não se completou quando a recontagem se interrompe com a queima, não podendo ser contado como tal"[252].

E Boni defende: "Assim, na medida em que o n° 68 foi aplicado de forma totalmente legítima, do ponto de vista jurídico este quarto voto é incontestavelmente 'tamquam non esset', e não deve ser incluído e contado entre os que realmente ocorreram naquele dia, ou seja, [aqueles que eram] legalmente válidos e completos, culminados até o momento do escrutínio. Isso também elimina a objeção de que o número máximo de quatro rodadas de votação por dia foi excedido"[253].

Todavia, tais colocações são contestáveis:

Em primeiro lugar, o cânon 68 da UDG não prevê que, queimadas as cédulas na subfase de mistura e contagem, se proceda de imediato, ou imediatamente, a uma nova votação. O cânon fala de "proceder de novo, ou seja, pela segunda vez, a emissão dos votos", sem dispor nada sobre o momento dessa segunda votação. E mais: se o cânon fala de "segunda vez", não estará implicitamente excluindo uma terceira ou uma quarta? Contudo, há que ter em conta que em latim o cânon expressa "iterum, id est altera vice", que se traduz literalmente "de novo, ou seja, outra vez" (e não "pela segunda vez"). Em qualquer caso, dado que o cânon não contém a expressão "de imediato", não há real contradição com o cânon 63, que prescreve um máximo de duas votações pela manhã e duas pela tarde[254].

Em segundo lugar, há o problema da interpretação do cânon 63. O máximo de votações aí estabelecido deve referir-se interpretativamente a "votações válidas", nas quais se consiga esgotar a subfase de mistura e recontagem das cédulas para então prosseguir com a subfase de escrutínio dos votos e, posteriormente, com a fase de *postscritinium*? Ou por "votação" deve se entender literalmente o ato de depositar o voto na urna? O cânon 63 fala, em sua primeira parte, de "escrutínio", e mais adiante, de "votações"… Em última análise, o que se entende neste cânon por "escrutínio" e o que se entende por "votação"? Deve-se ressaltar que, ao longo da UDG, a palavra escrutínio é usada em quatro sentidos distintos: como método de eleição do Romano Pontífice —diferençável dos métodos "por aclamação" e "por compromisso" (prólogo, cânon 62); como conjunto dos "atos de eleição", compreendidos em três fases (cânones 64 e 65); como fase (segunda fase) desse processo de eleição (cânon 66); e como subfase (terceira subfase da segunda fase) do mesmo processo (cânones 66 e 68). Quanto à palavra "votação", esta é por vezes utilizada de maneira diferenciada em relação à palavra "escrutínio" (cânon 46), enquanto que outras vezes ambos os termos parecem ser utilizados indiscriminadamente (cânon 75). O teor literal do cânon 63 —que não só não qualifica a "votação" (não exige a sua "validade"), como parece também vinculá-la especificamente à "emissão do sufrágio" — juntamente à sua interpretação sistemática com os cânones 70 e 72, aconselharia tomar em consideração qualquer votação material, válida ou não, que leve ou não à condução do escrutínio entendido como subfase, para efeitos de limitação do número máximo de votações.

Por outro lado, há que considerar a possibilidade de que, por discrepância entre o número de cédulas e o número de Cardeais-eleitores, a votação seja nula em várias oportunidades. Em caso afirmativo, poderia então ser efetuado um número indefinido de votações, tanto pela manhã como pela tarde (sendo votações nulas, nenhuma delas "contaria" para os efeitos do cânon 63)? Esta interpretação conduziria a uma situação inadmissível, incompatível com os propósitos da UDG: "O propósito do n° 63 e da exploração temporal que implica consiste em assegurar o equilíbrio entre necessidades de celeridade e de reflexão. Portanto, deve aplicar-se a todas as expressões materiais de votação, cada uma das quais deve ser ponderada, mesmo se, em hipótese o escrutínio foi nulo"[255].

Por outro lado, não é verdade que um ato inválido não produza em absoluto qualquer efeito jurídico. Um ato inexistente ou inválido certamente não produz os efeitos jurídicos que, por sua própria essência, em condições normais de validade, está chamado a produzir —neste caso, uma votação inválida não seria chamada a produzir a eleição do Romano Pontífice—, mas isso não exclui que possa produzir outros efeitos jurídicos ("colaterais", se se quiser) — seguindo com a hipótese, a votação inválida poderia ter o efeito de contabilizar-se para os fins da limitação estabelecida no cânon 63[256].

Em todo o caso, como já foi dito, parece que a quarta votação que teve lugar em 13 de março de 2013, e que acabou por ser anulada, foi completa, ou seja, que nela se chegou a esgotar as subfases de mistura e recontagem das cédulas e de escrutínio dos votos, bem como a fase de *postscritinium* (terceira fase), pelo que deveria ter sido levada em conta, ou contabilizar-se, para efeitos de limitação do cânon 63 UDG, que fixa um máximo de quatro votações por dia (duas pela manhã e duas pela tarde).

3. Tese da "instrumentalidade das formas" e da "convalidação"

Também a respeito da violação do cânon 63 da Constituição Apostólica *Universi Dominici Gregis* os advogados Cerrelli, Introvigne e Boni tentam opor os princípios de "instrumentalidade das formas" e de "convalidação" —"pacifica universalis ecclesiae adhaesio". Basta, então, remeter para este ponto o que já foi dito no número anterior, e salientar que a realização de uma quinta votação num único dia ou o adiamento da mesma até o dia seguinte é uma questão da maior relevância para os resultados concretos que a eleição obtida em uma ou noutra votação traria, para insistir que a infração assim cometida constituiu um vício não remediável (e obviamente não remediado) de nulidade.

4. Conclusão

O cânon 63 da Constituição Apostólica *Universi Dominici Gregis* estabelece que, num mesmo dia, podem ser realizadas no máximo quatro votações (duas pela manhã e duas pela tarde), entendendo neste contexto por "votação" o ato (meramente material) no qual cada eleitor deposita o seu voto na urna, independentemente de ela ser ou não anulada sob os parâmetros do cânon 68 ibidem. Em 13 de março de 2013, durante o conclave em que JMB foi eleito "Papa", realizaram-se cinco votações. Esta flagrante violação do referido cânon 63, sem a qual provavelmente o resultado do escrutínio seria outro, viciou sem remediação essa eleição.

CONSIDERAÇÕES FINAIS

D e todo o exposto neste trabalho de investigação, ao nosso entender, é tão somente cabível a propugnação das seguintes considerações finais:

A aparente renúncia de BXVI ao cargo de Romano Pontífice não existiu verdadeiramente como ato jurídico (ato administrativo, decreto), por falta de objeto, pois a declaração de vontade emitida pelo Papa em fevereiro de 2013 recaiu, não sobre o mesmo cargo, mas sobre algumas das funções que lhe são inerentes. Deste modo, elementar que também não tenha existido, como ato jurídico válido, a renúncia a tais funções: é impossível renunciar às funções de um cargo sem renunciar ao mesmo, sobretudo se se trata do ofício de Romano Pontífice, cujas funções compõem um todo incindível que, por direito divino, constitui o fundamento da unidade da Igreja. O que Bento realmente fez então foi afastar-se *de fato*, e *parcialmente*, do exercício de seu cargo.

As razões para este afastamento de fato, mantido sob a aparência jurídica de uma renúncia, estão associadas a ameaças de vários tipos que, *intra* e *extra Ecclesiae*, e com maior força a partir de 2011, foram dirigidas, mesmo publicamente, contra o pontificado de Bento XVI e, em última instância, contra os fundamentos da Igreja Católica. Em resposta a seus oponentes, BXVI decidiu renunciar à dimensão sócio-política de seu cargo, preservando discretamente, em troca, a titularidade jurídica do mesmo, e com ela o poder das chaves que somente a Pedro e seus sucessores foi confiado por nosso Senhor Jesus Cristo. Desta forma, enquanto os inimigos da Igreja tentariam destruí-la por dentro, apoiados em sua estrutura burocrática, Bento continuaria a sustentá-la a partir de seu retiro de oração e sofrimento.

Esta situação foi confirmada, de forma velada, pelo próprio BXVI, tanto em palavras como em atos, corroborados por uma discreta, mas eficaz linguagem simbólica. De fato, suas reiteradas declarações de autoridade diante da realidade atual da Igreja e da forma como ela é confrontada, suas reflexões sistemáticas sobre a impostura religiosa que ameaça destruir a fé católica e, é claro, sua decisão de manter o nome, o vestuário e a residência correspondentes à dignidade Pontifical, e de adotar o título de "Papa «emérito»", mesmo sendo ele privado de sustentação canônica, não podem ser entendidas de nenhuma outra forma. De fato, os próprios erros de latim presentes na declaração de renúncia parecem ser, mais do que uma causal de nulidade do ato, uma indicação adicional da falsidade de seu conteúdo.

Além disso, o próprio céu parece ter se "pronunciado" neste mesmo sentido, a partir de sinais da natureza que possivelmente apontavam à ira de Deus quando do afastamento de seu verdadeiro Vigário do governo do Vaticano.

Naturalmente, o simples fato de que a renúncia da BXVI ao cargo de Romano Pontífice não existiu, torna *ipso facto* inválida a eleição de JMB para esse mesmo cargo.

Ademais, o fato de que, à época de sua eleição como "Papa", JMB estivesse fora da plena comunhão com a Igreja, devido à sua provável afiliação à Maçonaria, suas amiudadas manifestações de apostasia, ou pelo menos heresia (refletidas, por exemplo, na promoção de um falso ecumenismo), e, ao que parece, sua documentada implicação na "máfia de São Galo" (que lhe teria trazido a pena de excomunhão *latae sententiae*), o tornou inapto para ser eleito àquele cargo, e determinou que, em sendo assim, a eleição —caso viável— fosse nula.

Não bastasse o acima exposto, o próprio procedimento eleitoral foi viciado por duas violações da Constituição Apostólica *Universi Dominici Gregis*, que, por sua gravidade e significado, e pela absoluta clareza dos cânones que preveem a nulidade de qualquer eleição obtida de forma diferente ou em desrespeito às condições estabelecidas naquela Constituição, viciaram irremediavelmente de nulidade o conclave de 2013.

Todo o precedente nos leva à consideração, não definitiva, mas muito sustentável, até que se demonstre o contrário, de que a Igreja, que sempre teve e sempre terá apenas um Vigário de Cristo, tem, em Bento XVI, até sua morte, este único Vigário.

E se ainda neste ponto fosse necessária uma explicação explícita frente ao paradoxal apelativo de "Papa «emérito»", denotado pela interrogante titular deste trabalho, responderíamos: em vista de que, como foi demonstrado, o título de "emérito" é um contrassenso jurídico no caso do Romano Pontífice, ao apelativo em questão só cabe a interpretação de que Bento XVI quis enfatizar que, *sempre* e *para sempre*, continua a ser Papa, e que, consequentemente, enquanto viver, ninguém mais o pode ser, ainda que assim o pretenda e declare ante toda a humanidade.

NOTAS

Introdução

1 Aqui, algumas fontes onde podem ser encontradas estas denúncias: <https://www.youtube.com/watch?v=bABWi2CoVlc&t=4s>;<https://www.barnhard t.biz/2020/05/27/guest-post-dr-edmund-mazzas-position-paper-on-the-invalidity-of-pope-benedicts-resignation/>;<https://www.barnhardt.biz/>; <https://www.barnhardt.biz/2018/11/21/new-barnhardt-video-presentation-the-bergoglian-antipapacy/>; <https://edwardpentin.co.uk/debate-intensifies-over-benedict-xvis-resignation-and--role-as-pope-emeritus/>; <https://fromrome.info/2020/03/08/resigned-to-the-papacy-does-benedict-still-claim-he-is-pope/> [em português: <https://katejon.com.br/wordpress/?p=374#.X3tRO2hKifA>]; <https://comovaradealmendro.es/wp-content/uploads/2020/03/Art%C3%ADculo-Error-sustancial.pdf> [em português: <https://katejon.com.br/wordpress/?p=374#.X3tJh2hKifA>]; <https://fromrome.info/2020/03/11/what-does-it-mean-to-be-loyal-to-the-pope-if-we-do-not-care-who-is-the-pope/> [em português: <https://katejon.com.br/wordpress/?p=331#.X3l7jmhKifB>]; <https://comovaradealmendro.es/2019/04/12/la-supuesta-renuncia-de-bxvi-y-la-pasion-de-la-iglesia/> [em português: <https://katejon.com.br/wordpress/?p=86#.X2zt7GhKifA>]; <https://katejon.com.br/wordpress/?p=96#.X2zuKmhKifA>; https://comovaradealmendro.es/2018/12/02/breve-cronica-de-un-golpe-de-estado-masonico-en-la-iglesia-estudio-juridico-teologico-de-la-renuncia-de-benedicto-xvi/ [em português: <https://katejon.com.b r/wordpress/?p=344#.X3sdNmhKifA>]; <https://comovaradealmendro.es/2018/12/20/hay-un-solo-papa-en-la-iglesia-catolica-benedicto-xvi/> [em português: <https://katejon.com.br/wordpress/?p=353#.X3st3mhKifA>]; <https://www.youtube.com/watch?v=z-p9EuS0zBEw&t =703s>; <https://www.youtube.com/watch?v=KzEcVJp2bqE>; <https://www.youtube.com/watch?v=5hTf5Tb0HFI>; <https://www.youtube.com/watch?v=A4B-gAaaHI24&t =5s>; <https://www.youtube.com/watch?v=ybVpxvnTqF4&t=1526s>; <http://chiesa.espresso.repubblica.it/articolo/1350913.html>; <https://fromrome.wordpress.com/2019/10/31/munus-and-ministerium-a-canonical-study/>; <https://fromrome.info/2019/04/11/investigating-the-causes-of-pope-benedicts-invalid-abdication/>; <https://fromrome.info/2018/11/19/the-validity-of-pope-benedict-vxis-resignation-must-be-questioned/>; <https://vericatholici.wordpress.com/

2019/10/22/conferenza-sulla-rinuncia-di-papa-benedetto-xvi-interventi/>;   <https://www.antoniosocci.com/benedetto-xvi-ultimo-papa-puo-risponde-quello-non-vi-detto-sul-libro-ratzinger/>;   <https://laicosunidosencristo.wordpress.com/2018/06/24/el-papa-benedicto-xvi-no-renuncio-al-divino-oficio-de-vicario-de-cristo/>; <https://infovaticana.com/2013/10 /22/fue-invalida-la-renuncia-del-papa/>;

STEENBERGEN, Michaël. *¡Es la hora!* (acesso em:24 fev. 2020). Disponível em: <https://comovaradealmendro.es/wp-content/uploads/2019/04/%C2%A1ES-LA-HORA-2.pdf>   [em   português: <https://katejon.com.br/wordpress/?p=325#.X3I60WhKifB>]; <https://adoracionyliberacion.com/2019/02/19/bergoglio-no-es-papa/>; <https://www.ultimostiempos.org/es/blog/item/83-piden-un-nuevo-conclave-para-elegir-verdadero-papa.html>;   <https://www.ultimostiempos.org/index.php?option=com_k2&view=item&id=81:el-conclave-del-antipapa-bergoglio&Itemid=177&lang=es>;   <https://www.antoniosocci.com/sullinvalidita-dellelezione-di-bergoglio/#_ftnref29>; **SOCCI, Antonio**. *Non è Francesco*: La Chiesa nella grande tempesta. Milán: Mondadori, 2014. 282p.; **SOCCI, Antonio**. *El secreto de Benedicto XVI*. Por que sigue siendo Papa. Trad. Pablo Boccanera e Isabel Matarazzo. Milán: Mondadori, 2018. 195p.

Para opiniões contrárias, ver:

 <https://romalocutaest.com/2020/05/29/a-response-to-dr-mazzas-bip-theory-discussion-with-dr-taylor-marshall-part-1/>;   <https://romalocutaest.com/2020/05/30/a-response-to-dr-mazzas-bip-theory-discussion-with-dr-taylor-marshall-part-2/>; <https://romalocutaest.com/2020/05/31/a-response-to-dr-mazzas-bip-theory-discussion-with-dr-taylor-marshall-part-3/>;   <https://romalocutaest.com/2020/02/11/summa-contra-the-bip-theory-why-benedict-xvi-is-not-the-pope/>; <https://romalocutaest.com/2020/06/11/ addendum-normas-nonnullas-explodes-dr-mazzas-bip-theory/>;   <https:// romalocutaest.com/2017/07/23/thoughts-on-free-will-and-hypothetical-papal-plots/>; <https://onepeterfive.com/benevacantists/>.   <http://www.trueorfalsepope.com/p/is-francis-or-benedict-true-pope.html>;   <http://www.trueorfalsepope.com/p/peaceful-and-universal-acceptance-of.html>;   <https://onepeterfive.com/dogmatic-fact-francis-pope/>;   <https://onepeterfive.com/objection-answer-francis-pope/>; **SISCOE, Robert** e **SALZA JOHN**. *True or false Pope?* Refuting Sedevacantism and Other Modern Errors. Winona: St. Thomas Aquinas Seminary, 2015. 710p.

PARTE 1

1   Cân. 19 Código de Direito Canônico (CDC): *"Quando, sobre uma determinada matéria, não exista uma prescrição expressa da lei universal ou particular ou um costume, a causa, salvo a penal, deve ser decidida atendendo às leis dadas para os casos semelhantes, aos princípios gerais do direito aplicados com equidade canônica, à jurisprudência e prática da Cúria Romana, e à opinião comum e constante dos doutores".* Cân. 23 CDC: *"Tem força de lei apenas aquele costume que, introduzido por uma comunidade de fiéis, tenha sido aprovado pelo legislador, segundo os cânones que se seguem".* Cân. 25 CDC: *"Nenhum costume pode alcançar força de lei senão aquele que é observado, com intenção de introduzir o direito, por uma comunidade capaz, ao menos, de ser sujeito passivo de uma lei".*

2   31 § 1 CDC: *"Aqueles que têm autoridade executiva podem, dentro dos limites de sua própria competência, emitir decretos gerais executórios, ou seja, aqueles que determinam mais detalhadamente o modo a se observar na aplicação da lei, ou se urge a observância das leis".*

3   34 § 1 CDC: *"As instruções, pelas quais são esclarecidas as prescrições das leis, e se desenvolvem e determinam as formas de execução da lei, são dirigidas àqueles que são responsáveis por assegurar o cumprimento das leis e os obrigam a executá-las; aqueles que têm autoridade executiva podem legitimamente dar instruções, dentro dos limites de sua competência [...]".*

4   Cân. 35 CDC: *"O ato administrativo singular, seja um decreto ou preceito, seja um rescrito, pode ser dado por quem tem poder executivo, dentro dos limites de sua competência".*

5   Cân. 49 CDC: *"O preceito singular é um decreto pelo qual direta e legitimamente se impõe a uma pessoa ou pessoas determinadas a obrigação de fazer ou omitir algo, sobretudo para exigir a observância da lei".*

6   Cân. 59 § 1 CDC: *"O rescrito é um ato administrativo exarado por escrito pela autoridade executiva competente, que pela sua própria natureza concede um*

privilégio, uma dispensa ou outra graça, a pedido do interessado".

7   Cân. 48 CDC: *"Por decreto singular entende-se o ato administrativo da autoridade executiva competénte, pelo qual, segundo as regras do direito e para um caso particular, se toma uma decisão ou se faz uma provisão que, pela sua natureza, não pressupõe o pedido de um interessado".*

8   Além dos contratos e os atos de profissão de fé, como exemplos de negócios jurídicos, temos os estatutos (os quais regem a constituição e atividade das corporações   e fundações) e os regulamentos (que regulam as reuniões e celebrações vinculadas aos assuntos da Igreja) referidos nos cânones 94 § 1 CDC e 95 § 1 CDC, que respectivamente assinalam: *"Estatutos, em sentido próprio, são as regras que se estabelecem segundo as normas do direito nas corporações ou nas fundações, pelas quais se determinam seu fim, constituição, regime e forma de atuar"; "Os regulamentos são regras ou normas que devem ser observadas nas reuniões de pessoas, tanto convocadas pela autoridade eclesiástica como livremente promovidas pelos fiéis, assim como em outras celebrações; nelas se determina o referente a sua constituição, regime e procedimento".*

9   Cân. 19 CDC: *"Quando, sobre uma determinada matéria, não exista uma prescrição expressa da lei universal ou particular ou um costume, a causa, salvo a penal, deve ser decidida atendendo às leis dadas para os casos semelhantes, aos princípios gerais do direito aplicados com equidade canônica, à jurisprudência e prática da Cúria Romana, e à opinião comum e constante dos doutores".*

10   Em sendo necessário um exemplo adicional, sem relação direta com o tema deste estudo, mas que o tornasse mais acessível ao entendimento daqueles que não estão familiarizados com o ordenamento jurídico, o caso do casamento poderia ser citado, na medida em que, do ponto de vista jurídico, este sacramento pode estar ligado tanto a uma lei quanto a um negócio jurídico: em termos gerais, impessoais e abstratos, os requisitos para a validade desse sacramento estão estabelecidos no CDC —que, como dito, se enquadra na categoria de lei— mas a aplicação concreta desses requisitos ocorreria sempre que dois sujeitos em particular decidissem entrar de fato no vínculo matrimonial, que se materializaria através de uma manifestação formal da vontade que nada mais seria do que um negócio jurídico.

11   Todos os cânones citados no presente estudo, com seus respectivos "comentários", foram consultados na seguinte recopilação normativa (digital): **CÓDIGO DE DERECHO CANÓNICO**. 6ª ed. Pamplona: Ediciones Universidad de Navarra S.A., 2001.

12   Que todo ato jurídico deve ter um objeto é uma obviedade que decorre do próprio conceito de "ato jurídico" como decisão ou manifestação da vontade — ao adotar-se uma decisão, esta deve necessariamente recair sobre uma realidade objetiva, que pode ser de índole diversa—. Pense, por exemplo, em um contrato de venda: seu objeto consistirá, por um lado, no ativo cuja transferência está envolvida e, por outro, no preço a ser pago por esse ativo. Se algum desses elementos objetivos não fosse (claramente) determinado, o ato seria inexistente por falta de objeto (como seria o caso, por exemplo, se os contratantes não determinassem qual o bem a ser transferido), ou então, a natureza do ato variasse, isso se, por exemplo, na pretendida venda se fixasse um valor equivalente a R$ 0,00, caso em que deixaria de tratar-se de uma venda —mesmo se os contratantes assim a chamassem— para estar de fato diante de uma doação, ou se, hipoteticamente, os contratantes registrassem o negócio por escrito e o chamassem de venda de veículo automotor, mas nas cláusulas estabelecessem que o bem a ser transferido correspondesse a um terreno devidamente identificado, caso em que não seria realmente uma venda de um veículo automotivo, mas um ato jurídico distinto, uma venda de um terreno. É, portanto, a importância do objeto que determina a existência e a própria natureza de cada ato jurídico particular.

13   Pensemos, por exemplo, no caso em que o Romano Pontífice declarou: "A partir de amanhã renuncio!". Em tal hipótese seria lógico perguntar: ao que Sua Santidade renunciou, qual foi o "objeto" de sua renúncia? Ele renunciou a receber visitas diplomáticas, governar a Igreja, presidir as audiências gerais, pregar a palavra de Deus, ou renunciou ao seu cargo de Romano Pontífice? O objeto da renúncia, como o objeto de todo ato jurídico, deve ser claramente estabelecido, sob pena de nulidade.

14   **TEDESCO, Vincenzo.** *Il Romano Pontefice: poteri primaziali e rinuncia all'ufficio.* Trabalho de Doutorado em Direito Romano. Roma: Universidade de Roma La Sapienza, 2016-2017, p. 161. Em livre tradução do italiano.

15   **ERDO, Peter.** *Elementos de um sistema das funções públicas na Igreja segundo o código de direito canônico.* Em: *Ius Canonicum.* Vol. 33, n0. 66 (1993), p. 542.

16   **STEENBERGEN, Michaël.** *¡Es la···,* Op. Cit.

17   Esta Constituição Apostólica, que ostenta o posto ou categoria de "lei", regula todo o relativo ao conclave. Na segunda parte da presente investigação nos deteremos em seu estudo detalhado.

18   Cân. 358 CDC: *"Ao Cardeal a quem o Romano Pontífice confie o encargo*

de o representar em alguma celebração solene ou reunião como Legatus a latere, *ou seja, como se fosse «ele mesmo», e também àquele a quem encarrega o cumprimento de uma determinada tarefa pastoral como seu enviado especial, compete unicamente aquilo que o próprio Romano Pontífice lhe tenha encomendado" / "Cardinali, cui a Romano Pontifice hoc munus committitur ut in aliqua sollemni celebratione vel personarum coetu eius personam sustineat, uti Legatus a latere, scilicet tamquam eius alter ego, sicuti et illi cui adimplendum concreditur tamquam ipsius misso speciali certum munus pastorale, ea tantum competunt quae ab ipso Romano Pontifice eidem demandantur". Cân. 1206 CDC: "A dedicação de um lugar corresponde ao Bispo diocesano e àqueles que se lhe equiparam pelo direito; tais pessoas podem confiar a qualquer Bispo ou, em casos excepcionais, a um presbítero, o encargo de realizar essa dedicação no seu território" / "Dedicatio alicuius loci spectat ad Episcopum dioecesanum et ad eos qui ipsi iure aequiparantur; iidem possunt cuilibet Episcopo vel, in casibus exceptionalibus, presbytero munus committere dedicationem peragendi in suo territorio". Cân. 13 "d" UDG: "[...] confiar a dois eclesiásticos de sólida doutrina, exímia prudência e autoridade moral, o encargo de pregar diante dos mesmos Cardeais duas ponderadas meditações, uma sobre a situação da Igreja nesse momento, e outra sobre a transcendência da eleição do novo Pontífice" / "Duobus solidae doctrinae, eximiae prudentiae moralisque auctoritatis ecclesiasticis viris munus concredant proferendi ante Cardinales ipsos perpensas meditationes duas de Ecclesiae ea ipsa aetate condicionibus deque novi Pontificis colluminata electione". Cân. 80 UDG: "[...] proibimos a todos e a cada um dos Cardeais eleitores, presentes e futuros, assim como ao Secretário do Colégio dos Cardeais e a todos os demais que tomem parte na preparação e realização do necessário para a eleição, receber, sob nenhum pretexto, de qualquer autoridade civil, o encargo de propor o veto ou a chamada exclusiva [...]" / "[...] omnibus et singulis Cardinalibus electoribus, praesentibus et futuris, pariterque Secretario Collegii Cardinalium atque ceteris omnibus partem habentibus praeparationis et exsecutionis rerum quae ad electionem requiruntur, interdicimus, ne, quovis praetextu, a quavis civili potestate munus recipiant veto seu exclusivam [...]".*

19 Cân. 253 § 1 CDC: *"Para o cargo de professor de disciplinas filosóficas, teológicas e jurídicas, o Bispo ou os Bispos interessados nomearão somente aqueles que, destacando-se por suas virtudes, obtiveram o doutorado ou a graduação em uma universidade ou faculdade reconhecida pela Santa Sé" / "Ad magistri munus in disciplinis philosophicis, theologicis et iuridicis, ab Episcopo aut ab Episcopis, quorum interest, ii tantum nominentur qui, virtutibus praestantes, laurea doctorali aut licentia*

potiti sunt in universitate studiorum aut facultate a Sancta Sede recognita". Cân. 333 § 1 CDC: "*Em virtude de seu ofício, o Romano Pontífice não somente possui poder sobre toda a Igreja, como detém a primazia do poder ordinário sobre todas as Igrejas particulares e seus grupos*" / "*Romanus Pontifex, vi sui muneris, non modo in universam Ecclesiam potestate gaudet, sed et super omnes Ecclesias particulares earumque coetus ordinariae potestatis obtinet principatum*". Cân. 377 § 2 CDC: "*Pelo menos a cada três anos, os Bispos da província eclesiástica ou, onde assim o aconselham as circunstâncias, os da Conferência Episcopal, devem elaborar [...] uma lista de presbíteros [...] que sejam mais idôneos para o episcopado, [...] permanecendo firme o direito de cada Bispo de dar a conhecer particularmente à Sé Apostólica nomes de presbíteros que considere dignos e idôneos para o ofício episcopal*" / "*Singulis saltem trienniis Episcopi provinciae ecclesiasticae vel, ubi adiuncta id suadeant, Episcoporum conferentiae, [...] componant presbyterorum [...] ad episcopatum aptiorum, [...] firmo manente iure uniuscuiusque Episcopi Apostolicae Sedi nomina presbyterorum, quos episcopali munere dignos et idoneos putet, seorsim patefaciendi*". Cân. 425 § 1 CDC: "*Para o cargo de Administrador diocesano só pode ser validamente designado um sacerdote que tenha cumprido trinta e cinco anos e não tenha sido eleito, nomeado ou apresentado para a mesma sede vacante*" / "*Valide ad munus Administratoris dioecesani deputari tantum potest sacerdos qui trigesimum quintum aetatis annum expleverit et ad eandem vacantem sedem non fuerit iam electus, nominatus vel praesentatus*". Cân. 430 § 1 CDC: "*Ao tomar posse da diocese o novo Bispo, o Administrador diocesano cessa de seu cargo*" / "*Munus Administratoris dioecesani cessat per captam a novo Episcopo dioecesis possessionem*". Cân. 478 § 2 CDC: "*O cargo de vigário geral e episcopal é incompatível com o de cônego penitenciário, e não pode ser confiado a consanguíneos do Bispo até o quarto grau*" / "*Vicarii generalis et episcopalis munus componi non potest cum munere canonici paenitentiarii, neque committi consanguineis Episcopi usque ad quartum gradum*". Cân. 481 § 2 CDC: "*Suspenso de seu cargo o Bispo diocesano, suspende-se a potestade do Vigário geral e do Vigário episcopal, a menos que sejam Bispos*" / "*Suspenso munere Episcopi dioecesani, suspenditur potestas Vicarii generalis et Vicarii episcopalis, nisi episcopali dignitate aucti sint*". Cân. 494 § 2 CDC: "*O ecônomo deve ser nomeado para cinco anos [...]; durante o tempo de seu cargo, não deve ser removido se não por causa grave [...]*" / "*Oeconomus nominetur ad quinquennium [...]; durante munere, ne amoveatur nisi ob gravem causam [...]*". Cân. 622 CDC "*O Superior Geral tem poder [...] sobre todas as províncias, casas e membros do instituto; os demais Superiores o têm dentro dos limites de seu cargo*" / "*Supremus Moderator potestatem obtinet in omnes instituti provincias, domos et sodales [...]; ceteri Superiores ea gaudent intra fines sui muneris*". Cân. 623 CDC: "*Para que os membros sejam nomeados ou eleitos validamente ao cargo de Superior se requer que desde sua profissão perpétua ou definitiva tenha decorrido um tempo conveniente [...]"* / *"Ut sodales ad munus Superioris valide nominentur aut eligantur, requiritur congruum tempus post professionem perpetuam vel definitivam [...]"*. Cân. 638 § 2 CDC: *"Além dos Superiores, realizam validamente despesas e atos jurídicos de administração ordinária, dentro dos limites de seu cargo, os encarregados para esta função pelo direito próprio"* / *"Expensas et actus iuridicos ordinariae administrationis valide, praeter Superiores, faciunt, intra fines sui muneris, officiales quoque, qui in iure proprio ad hoc designantur"*. Cân. 749 § 1 CDC: *"Em virtude de seu ofício, o Sumo Pontífice goza de infalibilidade no magistério [...]"*/*"Infallibilitate in magisterio, vi muneris sui gaudet Summus Pontifex [...]"*. Cân. 810 § 1 CDC: *"A autoridade competente segundo os estatutos deve procurar que nas universidades católicas sejam nomeados professores que se destaquem, não só pela sua idoneidade científica e pedagógica, como também pela retidão de sua doutrina e integridade de vida; e que, na falta de tais requisitos, sejam retirados de seu cargo [...]"* / *"Auctoritate iuxta statuta competenti officium est providendi ut in universita tibus catholicis nominentur docentes qui, praeterquam idoneitate scientifica et paedagogica, doctrinae integritate et vitae probitate praestent utque, deficientibus his requisitis [...] a munere removeantur"*. Cân. 833 CDC: *"Têm obrigação de emitir pessoalmente a profissão de fé [...]: [...] 6.º os párocos, o reitor e os professores de teologia e filosofia nos seminários, quando começam a exercer seu cargo [...]; também os que irão receber a ordem do diaconato; 7 º o reitor de uma universidade eclesiástica ou católica, quando começa a exercer o seu cargo [...]; os professores que dão aulas sobre matérias relacionadas com a fé ou os costumes em qualquer universidade, quando começam a exercer o cargo [...]"* / *"Obligatione emittendi personaliter professionem fidei [...]: [...] 6.º [...] parochi, rector, magistri theologiae et philosophiae in seminariis, initio suscepti muneris; promovendi ad ordinem diaconatus; 7.º [...] rector universitatis ecclesiasticae vel catholicae, initio suscepti muneris; [...] docentes qui disciplinas ad fidem vel mores pertinentes in quibusvis universitatibus tradunt, initio suscepti muneris; [...]"*. Cân. 1381 § 2 CDC: *"Equivale-se à usurpação a detenção ilegítima depois de ter sido privado do cargo ou ter cessado no mesmo"* / *"Usurpationi aequiparatur illegitima, post privationem vel cessationem a munere, eiusdem retentio"*. Cân. 1420 § 5 CDC: *"Quando a sede fica vaga, tais Vigários judiciais não cessam em seu cargo nem podem ser removidos pelo Administrador diocesano; mas precisam ser confirmados à posse do novo Bispo"* / *"Ipsi, sede vacante, a munere non cessant nec ab Administratore dioecesano amoveri possunt; adveniente autem novo Episcopo, indigent confirmatione"*. Cân. 14 UDG: *"De acordo com o art. 6 da Constituição Apostólica Pastor Bonus, à morte do*

Pontífice todos os Chefes dos Dicastérios da Cúria Romana, tanto o Cardeal Secretário de Estado como os Cardeais Prefeitos e os Presidentes Arcebispos, bem como os Membros dos mesmos Dicastérios, cessam no exercício de seus cargos. Excetuam-se o Camerlengo da Santa Igreja Romana e o Penitenciário Maior, que continuam a ocupar-se de despachar os assuntos ordinários, submetendo ao Colégio dos Cardeais tudo o que deveria ser referido ao Sumo Pontífice. Igualmente, de acordo com a Constituição Apostólica Vicariae Potestatis *(n. 2 § 1), o Cardeal Vigário Geral da diocese de Roma não cessa em seu cargo durante o período de Sé Apostólica vacante, e também não cessa em sua jurisdição o Cardeal Arcipreste da Basílica Vaticana e Vigário Geral para a Cidade do Vaticano"* / *"Ad mentem n. 6 Constitutionis Apostolicae cuius initium est Pastor Bonus, omnes Dicasteriis Romanae Curiae Praepositi, sive Cardinalis Secretarius Status sive Cardinales Praefecti sive Archiepiscopi Praesides sicut etiam eorundem Dicasteriorum Membra occurrente morte Pontificis, a munere suo cessant, exceptis Sanctae Romanae Ecclesiae Camerario et Paenitentiario Maiore, qui ordinaria negotia pergunt expedire, ea Cardinalium Collegio proponentes quae ad Summum Pontificem essent referenda. Eodem modo, convenienter cum Constitutione Apostolica Vicariae Potestatis (n. 2 § 1), Cardinalis Vicarius Generalis dioecesis Romanae a munere suo non cessat Sede Apostolica vacante pariterque pro sua quidem dicione non cessat Basilicae Vaticanae Cardinalis Archipresbyter atque Generalis Vicarius pro Civitate Vaticana".* Cân. 15 UDG: *"Se a vaga do cargo de Camerlengo da Santa Igreja Romana ou de Penitenciário Maior for dada à morte do Pontífice ou antes da eleição do Sucessor, o Colégio dos Cardeais deve eleger quanto antes o Cardeal ou, se for o caso, os Cardeais que desempenhem esses ofícios até a eleição do novo Pontífice. [...]"* / *"Quodsi munus Sanctae Romanae Ecclesiae Camerarii vel Paenitentiarii Maioris, quo tempore Pontifex diem obiit supremum vel ante Successoris electionem, vacare contingat, Cardinalium Collegium quam primum eligere debet Cardinalem vel, si casus ferat, Cardinales, qui usque ad electionem novi Pontificis eiusmodi officia gerant. [...]".* Cân. 21 UDG: *"Tampouco cessam em seu cargo e em suas faculdades os legados Pontifícios"* / *"Item non cessant Pontificiorum Legatorum munus et potestas".*

20   *"Tendo em conta o caráter peculiar da unção do Legado: 1.º a sede da legação pontifícia está isenta da potestade de regime do Ordinário do lugar, a não ser que se trate da celebração de matrimônios; [...]"* / *"Attenta peculiari Legati muneris indole: 1.º sedes Legationis pontificiae a potestate regiminis Ordinarii loci exempta est, nisi agatur de matrimoniis celebrandis; [...]".*

21   *"Para que alguém seja admitido como padrinho, é necessário que: [...]"* /

"Ut quis ad munus patrini suscipiendum admittatur, oportet: [...]".

22   **ERDO**, *Elementos de...*, Op. Cit., p. 542.

23 Entre os cânones listados, podem citar-se textualmente, a título de exemplo, os seguintes: Cân. 225 § 2 CDC: *"[Os fiéis leigos] Têm ainda o dever peculiar, cada um segundo sua própria condição, de impregnar e aperfeiçoar a ordem temporal com o espírito evangélico, e dar assim testemunho de Cristo, especialmente na realização dessas mesmas coisas temporais e no exercício das tarefas seculares"* / *"Hoc etiam peculiari adstringuntur officio, unusquisque quidem secundum propriam condicionem, ut rerum temporalium ordinem spiritu evangelico imbuant atque perficiant, et ita specialiter in iisdem rebus gerendis atque in muneribus saecularibus exercendis Christi testimonium reddant"*. Cân. 256 § 1 CDC: *"Forme-se diligentemente os alunos naquilo que de maneira peculiar se refere ao ministério sagrado, sobretudo na prática do método catequético e homilético, no culto divino e de modo peculiar na celebração dos sacramentos, no trato com os homens, também com os não-católicos ou não-crentes, na administração de uma paróquia e no cumprimento das outras tarefas"* / *"Diligenter instruantur alumni in iis quae peculiari ratione ad sacrum ministerium spectant, praesertim in arte catechetica et homiletica exercenda, in cultu divino peculiarique modo in sacramentis celebrandis, in commercio cum hominibus, etiam non catholicis vel non credentibus, habendo, in paroecia administranda atque in ceteris muneribus adimplendis"*. Cân. 375 § 2 CDC: *"Pela consagração episcopal, junto com a função de santificar, os Bispos recebem ainda as funções de ensinar e reger, que, no entanto, por sua própria natureza, só podem ser exercidas em comunhão hierárquica com a Cabeça e com os membros do Colégio"* / *"Episcopi ipsa consecratione episcopali recipiunt cum munere sanctificandi munera quoque docendi et regendi, quae tamen natura sua nonnisi in hierarchica communione cum Collegii capite et membris exercere possunt"*. Cân. 412 CDC: *"Considera-se impedida a sede episcopal quando, por cativeiro, relegação, exílio ou incapacidade, o Bispo diocesano se encontre totalmente impossibilitado de exercer sua função pastoral na diocese, de sorte que sequer por carta possa comunicar-se com seus diocesanos"* / *"Sedes episcopalis impedita intellegitur, si captivitate, relegatione, exsilio aut inhabilitate Episcopus dioecesanus plane a munere pastorali in dioecesi procurando praepediatur, ne per litteras quidem valens cum dioecesanis communicare"*. Cân. 482 § 1 CDC: *"Em cada cúria, deve haver um chanceler, cuja principal função, a não ser que o direito particular estabeleça outra coisa, consiste em cuidar de que sejam redigidas as atas da cúria, e emitidas, para ser conservadas no próprio arquivo curial"* / *"In qualibet curia constituatur cancellarius, cuius praecipuum munus, nisi aliter iure particulari*

statuatur, est curare ut acta curiae redigantur et expediantur, atque eadem in curiae archivo custodiantur". Cân. 493 CDC: "Além das funções que lhe são confiadas no Livro V, Dos bens temporais da Igreja, compete ao conselho de assuntos econômicos, de acordo com as indicações recebidas do Bispo, fazer anualmente o orçamento de receitas e despesas para todo o regime da diocese no ano seguinte, bem como aprovar as contas de receitas e despesas no final do ano" / "Praeter munera ipsi commissa in Libro V De bonis Ecclesiae temporalibus, consilii a rebus oeconomicis est quotannis, iuxta Episcopi diocesani indicationes, rationem apparare quaestuum et erogationum quae, pro universo dioecesis regimine anno venturo praevidentur, necnon, anno exeunte, rationem accepti et expensi probare". Cân. 756 CDC: "§ 1 Em relação à Igreja universal, a função de anunciar o Evangelho foi confiada principalmente ao Romano Pontífice e ao Colégio Episcopal. § 2. Em relação à Igreja particular que lhe foi confiada, exerce essa função cada Bispo, o qual certamente é nela o moderador de todo o ministério da palavra [...]" / "§ 1 Quoad universam Ecclesiam munus Evangelii annuntiandi praecipue Romano Pontifici et Collegio Episcoporum commissum est. § 2 Quoad Ecclesiam particularem sibi concreditam illud munus exercent singuli Episcopi, qui quidem totius ministerii verbi in eadem sunt moderatores [...]". Cân. 775 § 3 CDC: "No seio da Conferência Episcopal pode constituir-se um departamento catequético, cuja tarefa principal será a de ajudar cada diocese em matéria de catequese" / "Apud Episcoporum conferentiam institui potest officium catecheticum, cuius praecipuum munus sit singulis dioecesibus in re catechetica auxilium praebere". Cân. 1333 § 1 CDC: "A suspensão, que só pode afetar os clérigos, proíbe: [...] 3.º o exercício de todos ou de alguns direitos ou funções inerentes a um ofício" / "Suspensio, quae clericos tantum afficere potest, vetat: [...] 3.º exercitium vel omnium vel aliquorum iurium vel munerum officio inhaerentium". Cân. 1433 CDC: "Nas causas que exijam a presença do promotor de justiça ou do defensor do vínculo, se não tiverem sido citados são nulos os atos, salvo que, não obstante, se façam presentes de fato ou, pelo menos, tenham podido cumprir sua missão antes da sentença, através do exame das atas" / "In causis in quibus promotoris iustitiae aut defensoris vinculi praesentia requiritur, iis non citatis, acta irrita sunt, nisi ipsi, etsi non citati, revera interfuerint, aut saltem ante sententiam, actis inspectis, munere suo fungi potuerint". Cân. 1733 § 2 CDC: "A Conferência Episcopal pode ordenar que em cada diocese se crie estavelmente um departamento ou conselho, que, segundo as normas da mesma Conferência, tenha como função buscar e sugerir soluções equitativas [...]" / "Episcoporum conferentia statuere potest ut in unaquaque dioecesi officium quoddam vel consilium stabiliter constiuatur, cui, secundum normas ab ipsa conferentia statuendas, munus sit aequas solutiones quaerere et suggerere [...]". Cân. 1741 CDC: "As causas pelas quais um pároco pode legitimamente ser removido de sua paróquia são principalmente as seguintes: [...] 2.º a imperícia ou uma doença permanente mental ou corporal, que tornam o pároco incapaz de desempenhar utilmente suas funções [...]" / "Causae, ob quas parochus a sua paroecia legitime amoveri potest, hae praesertim sunt: [...] 2.º imperitia aut permanens mentis vel corporis infirmitas, quae parochum suis muneribus utiliter obeundis imparem reddunt [...]".

24   Cân. 7 UDG: *"[...] Aos Cardeais que, segundo o n. 33 desta Constituição, não têm a função de eleger o Pontífice, é concedida a faculdade de não participar nas Congregações gerais" / "[...] Cardinalibus qui secundum n. 33 huius Constitutionis eligendi Pontificem munere non fruuntur, facultas datur non participandi Congregationes generales".* Cân. 16 UDG: *"Se durante o período de Sede vacante falecer o Cardeal vigário da Diocese de Roma, o Vice-Regente então nomeado exercerá também a função própria do Cardeal vigário além da jurisdição ordinária vigária que já lhe corresponde. Se também faltar o Vice-Regente, o Bispo Auxiliar mais antigo na nomeação desempenhará essas funções" / "Quodsi Vicarium Generalem dioecesis Romanae, Sede vacante, e vivis decedere contigerit, Vices Gerens tunc hoc in officio constitutus, etiam munus Vicarii Generalis exercebit praeter ordinariam iurisdictionem vicariam quae ad eum pertinet. Si vero etiam Vices Gerens deest, Episcopus Auxiliaris electione primus eiusmodi officia exsequetur".* Cân. 32 UDG: *"[...] O curador dará conta do desempenho de sua função unicamente ao novo Sumo Pontífice" / "[...] Qui curator de munere a se gesto uni novo Summo Pontifici rationem reddet".* Cân. 40 UDG: *"Se se desse o caso de que algum Cardeal com direito de voto se negasse a entrar na Cidade do Vaticano para levar a cabo os trabalhos da eleição ou, a seguir, após o início desta, recusasse a permanecer para cumprir a sua missão sem uma causa manifesta de doença [...]" / "Si quis vero Cardinalis, ius suffragii habens, in Civitatem Vaticanam ingredi noluerit ut electionis negotia participet aut deinde postquam ea initium habuerunt, recusaverit permanere ut munere suo fungatur sine manifesta infirmitatis causa [...]".* Cân. 46 UDG: *"Para atender às necessidades pessoais e de ofício relacionadas com o desenvolvimento da eleição, deverão estar disponíveis [...] o Secretário do Colégio Cardinalício, que atua de Secretário da assembleia eleitoral [...] e um eclesiástico eleito pelo Cardeal Decano, ou pelo Cardeal que faça suas vezes, para que o ajude no desempenho de sua função" / "Ut personarum necessitatibus et officii, quae cum electionis cursu nectuntur, occurratur, [...] Secretarius Cardinalium Collegii, qui conventus electivi Secretarii fungitur munere, [...] atque ecclesiasticus vir a Cardinale Decano electus vel a Cardinale vicem gerente, ut in munere explendo eum iuvet".* Cân. 84 UDG: *"[...] estabelecemos que em todas as cidades e em outras localidades [...] se elevem*

humildes e insistentes orações ao Senhor (cfr Mt 21, 22; Mc 11, 24), para que ilumine os eleitores e os faça tão concordes em sua tarefa que se alcance uma pronta, unânime e frutuosa eleição [...]" / "[...] statuimus, ut in omnibus urbibus ceterisque locis [...] humiles assiduaeque preces ad Dominum fundantur (cfr Mt 21, 22; Mc 11, 24), ut ipse electorum animos illuminet et in eorum munere tam concordes efficiat, ut sollicitam, unanimam et frugiferam electionem [...]".

25   Estes são alguns exemplos: Cân. 41 CDC: *"O executor de um ato administrativo, a quem é confiado unicamente o serviço de o executar, não pode recusar a execução do mesmo [...]" / "Exsecutor actus administrativi cui committitur merum exsecutionis ministerium, exsecutionem huius actus denegare non potest [...]".* Cân. 230 § 3 CDC: *"Onde a necessidade da Igreja o aconselha e não há ministros, podem também os leigos, ainda que não sejam leitores, nem acólitos, supri-los em algumas de suas funções, ou seja, exercitar o ministério da palavra, presidir as orações litúrgicas, administrar o batismo e dar a sagrada Comunhão [...]" / "Ubi Ecclesiae necessitas id suadeat, deficientibus ministris, possunt etiam laici, etsi non sint lectores vel acolythi, quaedam eorundem officia supplere, videlicet ministerium verbi exercere, precibus liturgicis praeesse, baptismum conferre atque sacram Communionem distribuere [...]".* Cân. 232 CDC: *"A Igreja tem o dever, e o direito próprio e exclusivo, de formar aqueles que se destinam aos ministérios sagrados" / "Ecclesiae officium est atque ius proprium et exclusivum eos instituendi, qui ad ministeria sacra deputantur".* Cân. 245 § 1 CDC: *"Mediante a formação espiritual, os alunos devem fazer-se idôneos para exercer com proveito o ministério pastoral [...]" / "Per formationem spiritualem alumni idonei fiant ad ministerium pastorale fructuose exercendum et ad spiritum missionalem efformentur [...]".* Cân. 385 CDC: *"Fomente o Bispo diocesano com todas as suas forças as vocações aos diversos ministérios e à vida consagrada, dedicando especial atenção às vocações sacerdotais e missionárias" / "Episcopus dioecesanus vocationes ad diversa ministeria et ad vitam consecratam quam maxime foveat, speciali cura vocationibus sacerdotalibus et missionalibus adhibita".* Cân. 392 § 2 CDC: *"Deve vigiar para que não se introduzam abusos na disciplina eclesiástica, especialmente sobre o ministério da palavra, a celebração dos sacramentos e sacramentais, o culto de Deus e dos Santos e a administração dos bens" / "Advigilet ne abusus in ecclesiasticam disciplinam irrepant, praesertim circa ministerium verbi".* Cân. 545 § 2 CDC: *"Pode-se constituir um vigário paroquial ou para que ajude no desempenho de todo o ministério pastoral numa paróquia ou numa determinada parte dela ou num determinado grupo paroquiano de fiéis, ou para o destinar a um ministério específico a realizar em várias paróquias" / "Vicarius paroecialis constitui potest sive ut opem ferat in universo ministerio*

pastorali explendo, et quidem aut pro tota paroecia aut pro determinata paroeciae parte aut pro certo paroeciae christifidelium coetu, sive etiam ut operam impendat in certum ministerium in diversis simul paroeciis persolvendum". Cân. 548 § 2 CDC: *"Se não se estabelece outra coisa no documento do Bispo diocesano, o vigário paroquial, por razão de seu ofício, tem a obrigação de ajudar o pároco no cumprimento de todo o ministério paroquial [...]" / "Nisi aliud expresse litteris Episcopi dioecesani caveatur, vicarius paroecialis ratione officii obligatione tenetur parochum in universo paroeciali ministerio adiuvandi [...]"*. Cân. 1370 § 3 CDC *"Quem usa de violência física contra outro clérigo ou religioso, em desprezo da fé, da Igreja, da potestade eclesiástica ou do ministério, deve ser punido com uma pena justa" / "Qui vim physicam in clericum vel religiosum adhibet in fidei vel Ecclesiae vel ecclesiasticae potestatis vel ministerii contemptum, iusta poena puniatu"*. Cân. 1375 CDC: *"Podem ser punidos com uma pena justa aqueles que impedem a liberdade do ministério, de uma eleição ou da potestade eclesiástica, ou o uso legítimo dos bens sagrados ou de outros bens eclesiásticos, ou coagem o eleitor, o eleito ou aquele que exerceu um poder ou ministério eclesiástico" / "Qui impediunt libertatem ministerii vel electionis vel potestatis ecclesiasticae aut legitimum bonorum sacrorum aliorumve ecclesiasticorum bonorum usum, aut perterrent electorem vel electum vel eum qui potestatem vel ministerium ecclesiasticum exercuit, iusta poena puniri possunt"*. Cân. 1384 CDC: *"Quem, fora dos casos que se trata nos cc. 1378-1383, exerce ilegitimamente uma função sacerdotal ou outro ministério sagrado, pode ser punido com uma pena justa" / "Qui, praeter casus, de quibus in cann. 1378—1383, sacerdotale munus vel aliud sacrum ministerium illegitime exsequitur, iusta poena puniri potest"*. Cân. 1481 § 1 CDC: *"A parte pode designar livremente o seu advogado e procurador; mas, salvo nos casos indicados nos § § 2-3, pode também demandar e contestar pessoalmente, a menos que o juiz considere necessária a ajuda do procurador ou do advogado" / "Pars libere potest advocatum et procuratorem sibi constituere; sed praeter casus in §§ 2 et 3 statutos, potest etiam per se ipsa agere et respondere, nisi iudex procuratoris vel advocati ministerium necessarium existimaverit"*. Cân. 1502 CDC: *"Quem deseja demandar alguém, deve apresentar um escrito ao juiz competente no qual se indique o objeto da controvérsia e solicite o ministério do juiz" / "Qui aliquem convenire vult, debet libellum competenti iudici exhibere, in quo controversiae obiectum proponatur, et ministerium iudicis expostuletur"*. Cân. 1634 § 1 CDC: *"Para prosseguir o recurso é necessário e suficiente que a parte invoque a intervenção do juiz superior para corrigir a sentença impugnada" / "Ad prosequendam appellationem requiritur et sufficit ut pars ministerium invocet iudicis superioris ad impugnatae sententiae emendationem"*. Cân. 1740 CDC: *"Quando, por qualquer causa, mesmo sem culpa grave do interessado, o ministério de um pároco torna-se prejudicial ou pelo menos ineficaz, este pode ser removido de sua paróquia pelo Bispo diocesano"* / *"Cum alicuius parochi ministerium ob aliquam causam, etiam citra gravem ipsius culpam, noxium aut saltem inefficax evadat, potest ipse ab Episcopo dioecesano a paroecia amoveri".*

26   **ERDO**, *Elementos de...*, Op. Cit., p. 543.

27   **STEENBERGEN**, *¡Es la...*, Op. Cit., p. 4.

28   **ERDO**, *Elementos de...*, Op. Cit., p. 551.

29   Existe um estudo exaustivo sobre o significado das palavras "munus" e "ministerium" ao longo do CDC, elaborado por Alexis Bugnolo (<https://fromrome.wordpress.com/2019/10/31/munus-and-ministerium-a-canoni cal-study/>). As conclusões deste estudo são parcialmente corretas. Com efeito, o autor tem razão ao afirmar que a palavra "ministerium" nunca é utilizada no CDC sob o sentido de cargo ou ofício, bem como ao afirmar que a palavra "munus" tem um significado próprio, especial ou técnico sob o qual é sinônimo de cargo ou ofício. No entanto, este estudo apresenta algumas falhas: em primeiro lugar, exclui por completo a sinonímia existente entre um dos sentidos da palavra "munus" (sentido que bem poderia referir-se como "impróprio" ou genérico) e o significado da palavra "ministerium"; em segundo lugar, cita vários cânones do CDC nos quais se usam palavras tais como "munus", "ministerium", "officium", "dignitatem", "potestatis" etc., para concluir, em alguns casos, que estas aludem a realidades distintas (cf., cânones 1384, 1389, 1331 § 1); e em outro, que são usados como sinônimos (cf. 1331 § 2), sem que verdadeiramente estes cânones forneçam informação suficiente para chegar a uma ou outra conclusão; e por fim, ao tentar demonstrar o significado canônico próprio ou técnico da palavra "munus" (equivalente a cargo ou ofício, e obviamente distinto do significado de "ministerium"), cita cânones do CDC (como os 40 e 1484 § 1) em que esta palavra é usada no sentido impróprio coincidente com o significado de "ministerium".

30   Não seria absurdo, por exemplo, que alguém que ocupe um dado cargo como professor dentro de determinada universidade proclamasse: "mantendo meu *cargo* de professor, decido renunciar à minha *função* de escolher as avaliações feitas aos alunos, mas não à minha *função* de desenvolver e dirigir as atividades de avaliação correspondentes", ou: "mantendo o meu *cargo* de professor, renuncio à minha *função* de resolver as dúvidas que os meus estudantes possam me formular, mas não à minha *função* de dar as aulas"?

31   Segundo Concílio de Lyon (<https://es.catholic.net/op/articulos/ 25235/cat/949/segundo-concilio-de-lyon-ano-1274.html#modal>);   Concílio

Ecumênico   de   Florença   (<https://es.catholic.net/op/articulos/25249/cat/949/concilio-de-ferrara-florencia-anos-1438-1442.html#modal>); Concílio Vaticano I, Constituição Dogmática *Pastor Aeternus* (<https://es.catholic.net/op/articulos/19352/cat/949/constitucion-dogmatica-pastor-aeternus.html#modal>); Concílio Vaticano II, *Lumen Gentium* (<http://www.v atican.va/archive/hist_councils/ii_vatican_council/documents/vat-ii_const_19641121_lumen-gentium_sp.html> [em português: <http://www.vatican.va/archive/hist_councils/ii_vatican_council/documents/vat-ii_const_19641121_lumen-gentium_po.html>]).

32   *Pastor Aeternus*: "O eterno pastor e guardião de nossas almas [...] para que o ofício episcopal fosse um e sem divisão e para que, pela união do clero, toda a multidão de crentes se mantivesse na unidade da fé e da comunhão, colocou o bem-aventurado Pedro sobre os outros apóstolos e instituiu nele o fundamento visível e o princípio perpétuo de ambas as unidades [...]. Assim, ensinamos e declaramos que, de acordo com o testemunho do Evangelho, um primado de jurisdição sobre toda a Igreja de Deus foi imediata e diretamente prometido ao bem-aventurado Apóstolo Pedro e conferido a ele por Cristo o Senhor". Enganam-se "aqueles que afirmam que este primado não foi conferido imediata e diretamente ao mesmo bem-aventurado Pedro, mas que o foi à Igreja e que através dela foi transmitido a ele como ministro da mesma Igreja".

33   *Pastor Aeternus*: "E foi só a Simão Pedro que Jesus, depois da sua ressurreição, lhe confiou a jurisdição de Pastor Supremo e governante de todo o seu redil, dizendo: Apascenta os meus cordeiros, Apascenta as minhas ovelhas. A este ensinamento tão manifesto das Sagradas Escrituras, como sempre foi entendido pela Igreja Católica, opõem-se abertamente as opiniões distorcidas daqueles que falsificam a forma de governo que Cristo o Senhor estabeleceu em sua Igreja e negam que somente Pedro, em preferência aos demais apóstolos, tomados singular ou coletivamente, foi dotado por Cristo de um verdadeiro e próprio primado de jurisdição".

34   Concílio Ecumênico de Florença: "A Santa Sé Apostólica e o Romano Pontífice mantêm um primado sobre todo o orbe, e que o próprio Romano Pontífice é sucessor do bem-aventurado Pedro, príncipe dos apóstolos, e que é verdadeiro vigário de Cristo, cabeça de toda a Igreja, e pai e mestre de todos os cristãos; e que a ele, no bem-aventurado Pedro, foi dado, por nosso Senhor Jesus Cristo, pleno poder para apascentar, reger e governar a Igreja universal". *Pastor Aeternus*: Sob o poder do Romano Pontífice "estão obrigados, os pastores e os fiéis, de qualquer rito e dignidade, tanto singular como coletivamente, por dever de subordinação hierárquica e verdadeira obediência, e isto não apenas em matéria de fé e costumes,

mas também no que concerne à disciplina e regime da Igreja difundida por todo o orbe". "Aquele primado apostólico que o Romano Pontífice possui sobre toda a Igreja como sucessor de Pedro, príncipe dos apóstolos, inclui também a suprema potestade de magistério". "O Romano Pontífice, quando fala *ex cathedra*, isto é, quando no exercício de seu ofício de pastor e mestre de todos os cristãos, em virtude de sua suprema autoridade apostólica, define uma doutrina de fé ou costumes como que deve ser sustentada por toda a Igreja, possui, pela assistência divina que lhe foi prometida no bem-aventurado Pedro, aquela infalibilidade da que o divino Redentor quis que gozasse sua Igreja na definição da doutrina de fé e costumes". *Lumen Gentium*: "o Romano Pontífice tem sobre a Igreja, em virtude do seu cargo, ou seja, como Vigário de Cristo e Pastor de toda a Igreja, plena, suprema e universal potestade, que pode sempre exercer livremente". Congregação para a Doutrina da Fé, "O primado do Sucessor de Pedro no mistério da Igreja": (<http://www.vatican.va/roman_curia/congregations/cfai-th/documents/rc_con_cfaith_doc_19981031_primato-successore-pietro_it.html>): "O Primado do Bispo de Roma, considerado seu caráter episcopal, explica-se, em primeiro lugar, na transmissão da Palavra de Deus. [...] Junto com a função magisterial do Primado, a missão do Sucessor de Pedro sobre toda a Igreja comporta a faculdade de colocar os atos de governo eclesiástico necessários ou convenientes para promover e defender a unidade da fé e da comunhão. [...] A unidade da Igreja, ao serviço da qual se destaca o ministério de Sucessor de Pedro, alcança sua máxima expressão no Sacrifício Eucarístico, que é o centro e a raiz da comunhão eclesial".

35   Todas estas características inerentes ao ofício de Romano Pontífice se encontram de modo exemplar referidas em: **DE LA HERA, Alberto**. *La suprema autoridad de la Iglesia en la codificación canónica latina*. Em: *Ius Canonicum*. Vol. 33, n° 66 (1993), págs. 515-540.

36   *"O Bispo da Igreja Romana, em quem permanece a função confiada singularmente pelo Senhor a Pedro, primeiro entre os Apóstolos, e que devia ser transmitida aos seus sucessores, é cabeça do Colégio dos Bispos, Vigário de Cristo e Pastor da Igreja universal na terra; que, portanto, tem, em virtude da sua função, poder ordinário, que é supremo, pleno, imediato e universal na Igreja, e que pode sempre exercer livremente".*

37   *"Os Bispos, que por instituição divina são os sucessores dos Apóstolos, em virtude do Espírito Santo que lhes foi dado, são constituídos como Pastores na Igreja para que também eles sejam mestres da doutrina, sacerdotes do culto sagrado e ministros para o governo. § 2. Pela consagração episcopal, juntamente com a função de santificar, os Bispos recebem ainda as funções de ensinar e reger [...]".*

38   No mesmo sentido se pronuncia **MAJER, Piotr**. *Renuncia del Romano Pontífice*. Em: Thomson-Reuters-Aranzadi (eds.). Diccionario General de Derecho Canónico. Vol. 6 (2012), págs. 930-933.

39   <http://www.vatican.va/content/benedict-xvi/es/speeches/2013/february/documents/hf_ben-xvi_spe_20130211_declaratio.html>   [em   português: <http://www.vatican.va/content/benedict-xvi/pt/speeches/2013/february/documents/hf_ben-xvi_ spe_20130211_declaratio.html>].

40   <http://www.vatican.va/content/benedict-xvi/es/speeches/2013/february/documents/hf_ben-xvi_spe_20130211_declaratio.html>   [em   português: <http://www.vatican.va/content/benedict-xvi/pt/speeches/2013/february/documents/hf_ben-xvi_ spe_20130211_declaratio.html>].

41   O fato da renúncia de BXVI se referir aparentemente a um certo objeto (o cargo de Romano Pontífice), mas recair verdadeiramente sobre outro distinto (duas das funções associadas a esse cargo), é comparável à situação daqueles que pretendem celebrar um contrato de venda de veículos automotores, e assim intitulam efetivamente o respectivo documento, mas na cláusula indicam que o bem a transferir será um lote de terra devidamente identificado. Em uma e outra circunstância se apresenta uma clara disparidade entre o objeto aparente e o objeto verdadeiro —e, com isso, uma disparidade entre o ato aparente e o ato verdadeiro— com a diferença de que, no caso de BXVI, o objeto verdadeiro é juridicamente impossível, por conduzir a um resultado contrário ao direito divino —isto é, ao fracionamento das funções inerentes ao cargo de Romano Pontífice e, com isso à bifurcação de sua titularidade em duas cabeças—, pelo que se pode afirmar que de sua parte não existiu realmente nenhum ato jurídico válido. O que levaria alguém a atuar assim —isto é, a emitir, no âmbito externo, de maneira socialmente reconhecível, um ato jurídico referido a um objeto meramente aparente, de forma tal que o objeto e a intenção verdadeiros apenas sejam identificáveis após um certo trabalho de indagação? Qual foi a motivação concreta no caso de BXVI? Isso o estudaremos na seguinte seção **(II)**.

42   Neste ponto deve-se refutar a posição daqueles que, como Violi, Bugnolo, Galat, Kramer etc., afirmam que o vício que afetou a renúncia de BXVI foi um suposto erro, que o Papa havia acreditado ou entendido que renunciou ao seu cargo ou ofício ("munus") quando realmente renunciou a um ou mais ministérios inerentes a tal ofício ("ministerium"). Os estudos referentes a este suposto erro encontram-se, entre outros, na seguinte página web: <https://fromrome.info/2018/11/19/the-validity-of-pope-benedict-vxis-resignation-

must-be-questioned/>. Na realidade, não se trata do que BXVI tenha ou não acreditado que fez, mas do que de fato, objetivamente, fez. Deste modo, a discussão não tem por que recair em um aspecto psicológico, quando o vício do ato se evidencia em sua objetividade mesma.

43   <http://www.vatican.va/content/benedict-xvi/es/angelus/2013/ documents/hf_ben-xvi_ang_20130224.html>;   [em   português: <http:// www.vatican.va/content/benedict-xvi/pt/angelus/2013/documents/hf_ben-xvi_ ang_20130224.html]   ;<https://www.youtube.com/watch?v= UAHEXQbRa7k>; de 3:43 em diante.

44   <https://www.repubblica.it/esteri/2013/08/20/news/ratzinger_sulla_ri nuncia_me_l_ha_detto_dio-65051725/>.

45   <https://w2.vatican.va/content/benedict-xvi/es/audiences/2013/ documents/   hf_ben-xvi_aud_20130227.html>   [em   português: <https://w2.vatican.va/content/benedict-xvi/pt/audiences/2013/documents/ hf_ben-xvi_aud_20130227.html>].

46   Esta análise é também desenvolvida em: **STEENBERGEN**, *¡Es la…*, Op. Cit., p. 6.

47   Neste caso não fica tão claro o paralelismo existente entre o ato de renúncia proclamado por BXVI e suas declarações durante a Audiência Geral de 27 de fevereiro de 2013: parece, de fato, que o Papa não esteja se referindo propriamente a um "ministerium". Não obstante, o trecho possui sua relevância ao destacar que não voltará à *"vida privada"* —pelo que se poderia perguntar se de fato se "retirou" da "vida pública" que como Pontífice vinha assumindo.

48   <https://www.youtube.com/watch?v=8tP_Ar-K8vo>, de 1:06:10 em diante; <https://www.youtube.com/watch?v=qRnml_pNZqo>, de 9:10 em diante.

49   Cabe lembrar, como lemos logo acima, que Bento, ao desejar seguir contribuindo com a Igreja, também o quis fazer *"**com minha reflexão**"*. [ndt]

50   <https://www.youtube.com/watch?v=Q-l3Eq_vIps>;<http://w2.vatican.va /con-tent/benedict-xvi/es/speeches/2013/february/documents/hf_ben-xvi_spe_ 20130214_clero-roma.html>   [em   português: <http://w2.vatican.va/ content/benedict-xvi/pt/spee-ches/2013/february/documents/hf_ben-xvi_spe_ 20130214 _clero-roma.html>].

51   <https://www.youtube.com/watch?v=kTqTjsBBcV0>, de 4:25 em diante [em português: <https://www.youtube.com/watch?v=PMvIAfMQBaM&t= 14s&ab_channel=Katejon>].

52   <https://www.repubblica.it/cultura/2013/09/24/news/ratzinger_caro_odifreddi_le_racconto_chi_era_ges-67150442/?ref=HRER3-1>.

53   <http://chiesa.espresso.repubblica.it/articolo/1350744ffae.html?sp=y>.

54   <https://rorate-caeli.blogspot.com/2014/10/the-message-of-pope-emeritus-benedict.html>.

55   <http://chiesa.espresso.repubblica.it/articolo/1350914ffae.html?sp=y>. <http://www.kath.net/news/48020>;

56   <http://www.fondazioneratzinger.va/content/fondazioneratzinger/es/news/notizie/pubblicati-da-san-pablo-gli-atti-del-convegno-di-medellin.html>.

57   O conteúdo da carta foi publicado pela página *Catholic Herald* em 28 de outubro de 2014. Muito embora o link correspondente (<https://catholicherald.co.uk/ news/2014/10/28/benedict-xvi-welcomes-growth-of-the-ordinariate-in-england/>) estivesse acessível durante a elaboração do presente estudo, já não o está mais. Contudo, a publicação pode ser consultada também pelos links: <https://ratzingerganswein.wordpress.com/2014/10/28/benedicto-xvi-da-la-bienvenida-a-un-crecimiento-del-ordinariato-en-inglaterra/> e <http://chiesa.espresso.repubblica.it/articolo/1351317ffae.html?sp=y>.

58   <http://chiesa.espresso.repubblica.it/articolo/1351089ffae.html?sp=y>.

59   <http://chiesa.espresso.repubblica.it/articolo/1351256ffae.html?sp=y>; <http://www.osservatoreromano.va/it/news/la-fede-non-e-unidea-ma-la-vita>.

60   <https://www.youtube.com/watch?v=J3zg2nJRa-o> [em português: <https:// www.youtube.com/watch?v=jjbTJikFJRI&t=6s&ab_channel=Katejon>].

61   <http://magister.blogautore.espresso.repubblica.it/2016/06/14/ratzinger-su-biffi-persone-di-questa-grandezza-non-manchino-mai-nella-chiesa/>.

62   <http://magister.blogautore.espresso.repubblica.it/2019/04/24/las-dos-pascuas-de-judios-y-cristianos-una-carta-inedita-del-papa-emerito/>.

63   <https://www.razonmasfe.com/actualidad/benedicto-xvi-denuncio-que-enemigo-del-papado-escribio-libro-en-homenaje-a-la-teologia-de-francisco/>.

64   <https://www.razonmasfe.com/fe/papa-ratzinger-la-iglesia-y-el-escandalo-del-abuso-sexual/>.

65   <https://www.razonmasfe.com/actualidad/benedicto-xvi-y-sus-alumnos-toman-la-palabra-crisis-del-sacerdocio-la-respuesta-es-cristo/>.

66   <https://www.infocatolica.com/?t=noticia&cod=36707>;<https://www.infoca

tolica.com/?t=noticia&cod=36711>;<https://www.infocatolica.com/?t=noticia&cod=36 715>;   <https://infovaticana.com/2020/01/23/benedicto-xvi-leyo-y-compartio-los-textos-del-cardenal-sarah/>.

67   <https://es.wikipedia.org/wiki/Bendici%C3%B3n_Apost%C3%B3lica>; <https://www.wemystic.com/es/bendicion-papal/>;<https://ec.aciprensa.com/wiki /Bendici%C3%B3n_apost%C3%B3lica>;   <https://www.holyart.es/blog/accesorios-para-la-liturgia/10-bendiciones-que-deberian-conocerse/>;   <https:// www.aciprensa.com/noticias/santa-sede-aclara-pergaminos-con-bendicion-papal-solo-se-adquieren-en-limosneria-vaticana-76071>;   <http://nunciatura.org.co/ bendiciones-apostolicas/>.

68   A esse respeito diz a doutrina: *"[...] Caso se aceite a tese segundo a qual, na pessoa do único Sucessor de Pedro, o ofício primacial é distinguível e ontologicamente separável do de Bispo de Roma, então a renúncia aos dois ofícios implicaria efeitos distintos e a consagração episcopal — como foi recebida posteriormente ao ofício de Primaz — justificaria a devolução ao Papa renunciante do título de Bispo emérito da Diocese de Roma. Se, ao contrário, se crê que o papel do Bispo de Roma e do Primaz da Igreja universal deem lugar a um ofício único e inseparável em virtude de suas implicações próximas e recíprocas e do vínculo necessário e indissolúvel que une o Vigário de Cristo com a Cátedra romana, então não seria possível distinguir, mesmo em caso de renúncia, as duas funções e, em consequência, seria inapropriado atribuir ao renunciante o emeritato em relação com seu ofício de Bispo da Urbe".* "Como salientaram ilustres canonistas, não é de todo apropriada para a Igreja a presença simultânea de duas pessoas que portam o mesmo título de Papa, embora uma delas com a especificação de "emérito", já que, se o supremo ofício primacial do Sucessor de Pedro está chamado a representar também simbolicamente a unidade do Corpo místico de Cristo, então aquele pode encarnar-se de vez em quando em uma única pessoa. Com maior razão, deve-se considerar que, do ponto de vista jurídico, é possível qualificar como "Papa" somente aquele que exerce em tudo e por tudo as funções únicas e singulares associadas a seu ofício ou ministério; o emérito, em troca, conserva o título, o grau e as honras de seu ofício, mas já não exerce seu poder, ou seja, a função. Escreve a propósito Fantappiè: "Ou o Papa está lá, e depois exerce todas as suas funções de pastor supremo da Igreja em ação, ou não está lá, e então estamos no regime de Sé Apostólica vacante. Não se pode prever na Igreja uma espécie de consulado, segundo o modelo romano, nem a coexistência de dois papas, ainda que um em plenos poderes, o outro sem poderes. Precisamente, a posição única e substancial que representa na Igreja Católica não nos permite conceber, sob nenhum título, um Papa*

que não esteja no pleno de suas funções e poderes". **TEDESCO**, *Il Romano...*, Op. Cit., págs. 270-272. Em livre tradução do italiano.

69   <https://www.lavanguardia.com/internacional/20131001/54388222896/el-papa-el-proselitismo-es-una-solemne-tonteria.html>.

70   Cf. *supra*, nota 55.

71   <https://adelantelafe.com/papa-francisco-dice-la-misa-tridentina-paso--hacia-atras/>;   <http://www.ilgiornale.it/news/cronache/papa-ho-debole-vecchiet-te-1330212.html>.

72   <http://www.teinteresa.es/religion/Homilia-integra-Papa-Francis-co_0_1267074913.html>.

73   Cf. *supra*, nota 62.

74   <http://www.telam.com.ar/notas/201506/110672-bolivia-vaticano-viaje-papa-sudamerica.php>.

75   Cf. *supra*, nota 58.

76   Cf. *supra*, nota 64.

77   Livro que, por sua vez, provocou grande celeuma, tendo como uma de suas consequências que nas edições italiana e espanhola —ao contrário das inglesa e francesa— se retirasse o nome de Bento como coautor, mesmo após sua publicação, relegando-o a um simples colaborador. Ver a este propósito: <http://www.ihu.uni-sinos.br/78-noticias/595603-bento-xvi-tira-seu-nome-de-li vro-sobre-celibato-apos-disputa-quanto-a-seu-envolvimento>. Acesso em: 04 jul. 2020 (note-se ainda os comentários feitos ao final desta matéria). E mais: <https://www.europapress.es/ sociedad/noti a-edicion-americana-libro-cardenal-sarah-celibato-mantie-nombre--foto-benedicto-xvi-20200115124844.html>; <https: //religion.elconfidencialdigital.com/articulo/vaticano/editorial-libro-cardenal-sarah-cambia-portada-zanja-controversia/20200124215233029394.html>; <https: //www.amazon.es/Desde-hondo-nuestros-Corazones-Cristianismo/dp/8490619670 >;   <https://www.religionenlibertad.com/cultura/981184765/Sarah-se-llevo-las-critic as-pero-la-frase-fundamental-de-su-libro-con-Benedicto-es-de-Benedicto. html>. [ndt]

78   Do grego: *Obstáculo*. Cf. 2 Tes 2, 5s. Devido a que algumas vozes recentemente vêm resgatando a interpretação do papado –e mesmo de Bento XVI– como este *obstáculo*, deixamos aqui a sugestão do presente artigo a fim de auxiliar na compreensão do tema: *De modo sucinto.* Em: <https://katejon.com.br/wordpress/?p=80#.X6kvP2hKifA>. [ndt]

79   A comoção geralmente causada pelos pronunciamentos de Bento — mesmo antes de sua "renúncia", mas mais intensamente depois dela— lembra aquela passagem do Evangelho onde nos é dito que aqueles que ouviam Jesus na sinagoga *"ficavam maravilhados com seu ensinamento; pois ele os ensinava como alguém que tem autoridade, e não como os escribas"* (Mc 1, 22).

80   Aqui caberia lembrar o então cardeal Wojtyla: "[...] Estamos diante da luta final entre a Igreja e a *anti-Igreja*, entre o Evangelho e o anti-Evangelho." (*Congresso Eucarístico de Filadélfia, 1977).* [ndt]

81   Porém, é possível que, ao emitir os pronunciamentos transcritos a seguir, o próprio Bento não tivesse a intenção concreta, nem mesmo a plena consciência, de contrariar com isso a falsa visão da Igreja —aquela que a reduz a um instrumento de origem humana, de natureza prevalentemente política, a serviço dos poderes temporais— e os conceitos deformados associados a ela —falsas alegria, comunhão, fé, esperança, misericórdia e bondade—, especificamente difundidas pela atual hierarquia eclesiástica nem,   portanto, visasse diretamente a "desmascarar" o caráter fictício do pontificado de Mons. Bergoglio. Por certo, esta possibilidade não descarta o mérito, os efeitos nem a pertinência de tais palavras para o momento presente; pelo contrário, confirma a passagem evangélica que nos diz: *"O vento sopra onde quer; tu ouves sua voz, mas não sabes de onde vem, nem aonde vai. Assim acontece com todo aquele que nasceu do espírito"* (Jo 3, 8).

82   Ver, por exemplo: <https://www.vaticannews.va/es/ vaticano/news/ 2019-03/papa-francisco-jornada-mundial-felicidad.html>. Acesso em: 06 nov. 2020.

83   Deve-se esclarecer, a respeito do "anel do pescador", que este não foi destruído,   tão   somente   anulado.   Cf.:   <https://www.aciprensa.com/ noticias/expertos-estudiaran-que-hacer-con-el-anillo-del-papa-benedicto-xvi-59406>; <https://www.aciprensa.com/noticias/sepa-como-vestira-benedicto-xvi-y-que-se-hara-con-anillo-delpescador-19625>;<https://www.aciprensa.com/noticias/el-papa-entrego-anillo-del-pes-cador-mientras-continuan-preparativos-del-conclave-22511>; <https://www.aciprensa.com/noticias/anillo-del-pescador-de-benedicto-xvi-ya-ha-sido-inutilizado-46877>.

84   Ao menos até a recente ida à Regensburg (Alemanha) "para ficar ao lado de seu irmão Georg de 96 anos, que está doente" (<https://www.vaticannews.va/ pt/papa/news/2020-06/bento-xvi-alemanha-viagem-irmao.html>), e que de fato veio a falecer pouco mais de duas semanas da visita de Bento.

85   <https://es.gaudiumpress.org/content/79367#ixzz5GRVBlq3N>;   <https:

//www.clarin.com/mundo/teoria-Papas-inquieta-Bergoglio_0_ryyysmLq.html>; <http://www.ncregister.com/blog/edward-pentin/archbishop-gaenswein-recalls-dramatic-stru- ggle-of-2005-conclave>; <https://aleteia.org/2016/05/30/complete-english-text-archbishop-georg-Gansweins-expanded-petrine-office-speech/>; <http://chiesa.espresso.repubblica.it/articolo/1351317ffae.html?sp=y>.

86A Sobre a interrelação entre Maria de Betânia e a Virgem Maria, ver nota 12, da Apresentação.

86B Este sinal parece corroborado pelo fato de que, durante seu "pontificado", Mons. Bergoglio tem se ocupado prevalente e insistentemente daquelas coisas que o Senhor refere como desnecessárias —isto é, das realidades temporais de índole ambiental, política, econômica etc.–, relegando a um segundo plano a única coisa importante, a saber, a eterna salvação das almas.

87   <https://www.libertaddigital.com/internacional/europa/2014-02-26/benedicto-xvi-desmonta-una-a-una-las-teorias-de-la-conspiracion-sobre-su-renuncia-1276511755/>;   <http://www.infocatolica.com/?t=noticia&cod= 20090>.

88   Este é o texto completo das cartas: *"Eminência! O senhor disse que com «Papa Emérito», eu tinha criado uma figura que não havia existido em toda a história da Igreja. Sabe o senhor muito bem, é claro, que existem Papas que abdicaram, embora mui raramente. O que foram depois? Papas Eméritos? Ou o que mais? Como sabe, Pio XII havia preparado uma declaração para o caso de que os Nazistas o prendessem, de que desde o momento da prisão ele não fosse mais Papa, mas de novo cardeal. No meu caso por certo não teria sido sensato simplesmente pretender um retorno à condição de cardeal. Eu então estaria constantemente tão exposto à opinião pública como o é um cardeal —inclusive mais porque as pessoas teriam visto em mim o anterior Papa. Querendo ou não, isso poderia ter consequências difíceis, especialmente no contexto da presente situação. Com «Papa Emérito», procurei criar uma situação na qual não sou de modo algum acessível aos meios de comunicação e na qual é perfeitamente claro que existe um único Papa. Se o senhor conhece uma maneira melhor, e acredita que pode retificar a que eu escolhi, por favor diga-me"; "Posso entender muito bem a profunda dor provocada no senhor e em muitos outros o fim do meu pontificado. Mas para alguns —e me parece que também para o senhor— a dor se tornou indignação, a qual se refere não apenas à renúncia, mas à minha pessoa e à totalidade do meu pontificado. Desta forma, o próprio pontificado está sendo depreciado e misturado à tristeza sobre a situação da Igreja hoje"; "Prefiramos rezar, como o senhor fez no final de sua carta, para que o*

Senhor venha em ajuda de sua Igreja". "Com a minha Bênção Apostólica, Seu, Bento XVI" (<https://onepeterfive.com/letters-from-pope-benedict-reveal-frustration-concern/>; <https://www. bild.de/politik/ausland/politik-ausland/controversial-letters-pope-benedict-xvi-concerned-about-his-church-57358166.bild.html>). Em livre tradução do inglês.

89   <https://www.youtube.com/watch?v=_G4X-_pOUJ0> [em português: <https:// www.youtube.com/watch?v=Mtr_l1ZLFIs>].

90   <https://www.youtube.com/watch?v=VQGPmkoht5g>; <https://www.youtube.com/watch?v=Xjto5gFF_GA> [vale lembrar que algo semelhante aconteceria com Mons. Bergoglio quase um ano depois do anúncio da suposta renúncia, com sua "pomba da paz" tendo um final mais trágico que a de BXVI: <https://www.youtube.com/watch?- v=-xUf4IZL0FQ> — ndt].

91   <https://www.youtube.com/watch?v=QghNRGJB4d4>.

92   Conviria neste ponto trazer a interpretação destes versículos encontrados no capítulo 10 da Carta de Barnabé, que muito embora não cite de forma explícita a gaivota, refere-se, contudo, à passagem levítica, que a menciona (**Coleção Patrística**. *Padres Apostólicos*. São Paulo: Paulus, 1995. p. 301): "Ele diz: «*Também não comerás a águia, nem o gavião, nem o milhafre, nem o corvo.» Isto é: não te ligarás, imitando-os, a esses homens que não sabem ganhar o alimento por meio do trabalho e do suor, mas que, em sua injustiça, arrebatam o bem alheio. **Andam com ar inocente, mas espionam e observam a quem vão despojar por ambição**. Eles são como essas aves, as únicas que não providenciam o alimento por si próprias, mas se empoleiram ociosamente, procurando a ocasião de se alimentar da carne dos outros. **São verdadeiros flagelos por sua** **cruel**dade*". [ndt — grifos nossos]

93   Talvez pudéssemos ainda acrescentar o meteoro caído na **Rússia** (15.02.2013), quatro dias após o anúncio da "renúncia" e um após sua despedida ao clero romano, na mesma semana, portanto, destes eventos: <https://www.youtube.com/watch?v=M8J- JAIcogmk>. [ndt]

94   <http://w2.vatican.va/content/benedict-xvi/la/speeches/2013/february/documents/hf_ben-xvi_spe_20130211_declaratio.html>; <https://www.youtube.com/watch?v=D6E1tA5e4Pc&t=17s> [em português: <https://www.youtube.com/ watch?v=hSntSek18is&t=9s&ab_channel=Katejon>].

95   **TEDESCO**, *Il Romano…*, Op. Cit., págs. 246-249.

96   Como é de conhecimento dos juristas, o *prazo* e a *condição* assemelham-se ao fato de ambas as figuras subordinarem um determinado efeito jurídico à

ocorrência efetiva de um acontecimento futuro, e diferenciam-se de que este fato deva ser *certo* no caso do *prazo*, e *incerto* no caso da *condição*. Assim, é claro que a renúncia de BXVI esteve sujeita a *prazo* (e não a *condição*), pois sua efetividade ficou subordinada ao fato *certo* da chegada das 20:00 do dia 28 de fevereiro de 2013 — se, em contrapartida, a efetividade dessa renúncia fosse subordinada, por exemplo, à invasão russa do Vaticano, ou ao divórcio entre Donald e Melania Trump, ou qualquer outra situação hipotética *incerta*, teria sido um ato *condicionado*.

97   **MAJER,** *Renuncia del...*, Op. Cit., p. 932.

98   <https://comovaradealmendro.es/2018/12/20/hay-un-solo-papa-en-la-iglesia-catolica-benedicto-xvi/>   [em   português: <https://katejon.com.br/wordpress/?p=353#.X8QG4GhKifA>].

99   **STEENBERGEN**, *¡Es la...*, Op. Cit., p. 5.

100   Socci, apoiando-se no advogado Francesco Patruno, propõe as seguintes reflexões: (i) ao ser eleito e aceitar a eleição, o Romano Pontífice contrai matrimônio com a Igreja; (ii) dado este paralelismo com o sacramento do matrimônio, tal aceitação da eleição vem a ser um ato "puro", que não admite elemento acidental algum e portanto é incompatível com qualquer tipo de prazo ou condição; e (iii) a renúncia ao pontificado, sendo um "ato simétrico" da aceitação, de tal modo que ambos os atos seriam como os dois lados de uma mesma moeda, também deve ser imediata e incondicionada. **SOCCI,** *El secreto...* Op. Cit., págs. 84 e ss.

101   O cânon 10 do CDC assinala que *"devem ser consideradas invalidantes ou inabilitantes apenas aquelas leis em que expressamente se estabelece que um ato é nulo ou uma pessoa é inábil"*. Esta regra implica que para que um ato jurídico seja nulo deve existir uma lei que estabeleça expressamente a sanção de nulidade (para determinados casos). Na ausência de uma lei expressa que estabeleça a nulidade de um ato jurídico pontifício para o caso de aquele diferir os seus efeitos no tempo, deve considerar-se que tal ato é válido.

102   Recentemente, Alexis Bugnolo elencou um total do que para ele seriam 40 erros. Ver: <https://fromrome.info/2020/06/10/clamorous-errors-in-the-latin-of-the-renunciation-2/>. Acesso em 21 jun. 2020. [ndt]

103   <https://infovaticana.com/2013/10/22/fue-invalida-la-renuncia-del-papa/>.

104   Ibidem.

105   <http://w2.vatican.va/content/benedict-xvi/la/speeches/2013/ february/ documents/hf_ben-xvi_spe_20130211_declaratio.html>.

106 <https://www.youtube.com/watch?v=D6E1tA5e4Pc&t=17s>, minuto 1:20.

107 <https://www.youtube.com/watch?v=6yKL4j1z-PU>, segundo 0:49.

108 <https://fromrome.wordpress.com/2019/10/31/munus-and-ministerium-a-canonical-study/>. Em livre tradução do inglês.

109 <https://infovaticana.com/2013/10/22/fue-invalida-la-renuncia-del-papa/>.

110 <https://vericatholici.wordpress.com/2019/10/22/ conferenza-sulla-rinuncia-di-papa-benedetto-xvi-interventi/>.

111 Josephmaryam, *Análise da renúncia do Papa Bento XVI*. Acesso em: 28 fev. 2020. Em: <https://josephmaryam.files.wordpress.com/2016/01/analisis.pdf>; p. 5.

112 *"Nenhum costume pode alcançar força de lei se for contrário ao direito divino"*.

113 *"Tampouco pode alcançar força de lei um costume contra a lei ou extralegal se não for razoável; o costume expressamente reprovado pelo direito não é razoável"*.

114 *"Exceto no caso de ter sido especialmente aprovado pelo legislador competente, o costume contra a lei ou extralegal só se torna força de lei se tiver sido legitimamente observado durante trinta anos contínuos e completos; mas, contra a lei canônica que contenha uma cláusula que proíba futuros costumes, só pode prevalecer um costume centenário ou imemorial"*.

115 <https://books.google.com.co/books?id=mp9BAAAAYAAJ&pg=PA544&lpg=PA544&dq=falsa+latiecho+canonico&source=bl&ots=l5ouZwth1f&sig=ACfU3U3YpNzRysCOjV6shIYpJF3Feeu6dg&hl=es-419&sa=X&ved=2ahUKEwjRo-SG-ermAhUJsZ4KHQb9DEkQ6AEwCHoECAkQAQ#v=onepage&q=falsa%20latinidad%20%2B%20derecho%20canonico&f=false>.

116 <https://es.wikipedia.org/wiki/Bula>; <https://www.biblia.work/diccionarios/bulas-y-breves/>; <https://books.google.com.co/books?id=RG6yyyTI0BYC&pg=PA40&lpg=PA40&dq=Canciller%C3%ADa+Apost%C3%B3lica+papal&source=bl&ots=twBvTsYmJX&sig=ACfU3U1PEiftwgSKrOmc9R971QexhQ_9EQ&hl=es-419&sa=X&ved=2ahUKEwjmkueRzPLmAhVQvZ4KHXy2D1QQ6AEwC3oECAoQAQ#v=onepage&q=Canciller%C3%ADa%20Apost%C3%B3lica%20papal&f=false>.

117 <https://www.e-torredebabel.com/Enciclopedia-Hispano-Americana/V3/bula-derecho-D-E-H-A.htm>.

118   <https://books.google.com.co/books?id=mp9BAAAAYAAJ&pg=PA257&l
pg=PA257&dq=bula+papal+%2B+diccionario+de+derecho+canonico&sour
ce=bl&ots=l5ov_pom3c&sig=ACfU3U3uoS2c5iaNCGTnNjkPcKaZSk51zQ&hl
=es-419&sa=X&ved=2ahUKEwix952z5YjnAhUyxVkKHdnWAAcQ6AEwCXoEC
AoQAQ#v=onepage&q=bula%20papal%20%2B%20diccionario%20de%20derech
o%20canonico&f=false>.

119   <https://books.google.com.co/books?id=70A8BanGHHcC&pg=RA1-
PA132&lpg=RA1-PA132&dq=bula+papal+%2B+diccionario+de+derecho
+canonico&source=bl&ots=MgHAzhLMTp&sig=ACfU3U3iet0O2pKLNdTuMl7
dQ0wxjd2V3w&hl=es-419&sa=X&ved=2ahUKEwix952z5YjnAhUyxVkKHdnWAAc
Q6AEwBHoECAkQAQ#v=onepage&q=bula%20papal%20%2B%20diccionario%20de
%20derecho%20canonico&f=false>.

120   <https://books.google.com.co/books?id=M45fvPKWnAIC&pg=RA1-
PA256&dq=rescripto+%2B+diccionario+de+derecho+canonico&hl=es&sa=X&ved=
0ahUKEwie08_6qZDnAhVJnFkKHdGxAhEQ6AEIKTAA#v=onepage&q=rescripto%20

%2B%20diccionario%20de%20derecho%20canonico&f=false>.

121   <https://www.biblia.work/diccionarios/bulas-y-breves/>.

122   **TEDESCO**, *Il Romano*..., Op. Cit., p. 242. Em livre tradução do italiano.

123   <https://www.periodistadigital.com/cultura/religion/vaticano/
20120210/benedicto-xvi-morira-novembro-2012-noticia-689400326680/>; <https://
diariopregon.blogspot.com/2013/02/benedicto-xvi-abdica-amenazado-de.html>;
<https://www.univision.com/noticias/noticias-del-mundo/diario-italiano-denuncia-
presunto-complot-para-asesinar-a-benedicto-xvi>;   <https://www.lanacion.com.ar/
el-mundo/una-carta-anonima-advierte-que-el-papa-morira-en-12-meses-por-un-
complot-nid1447671>.

124   <https://es.wikipedia.org/wiki/Esc%C3%A1ndalo_de_Vatileaks>;
<https://www.lavanguardia.com/vida/20130225/54367729948/el-papa-se-reune-
con-los-tres-cardenales-que-investigaron-el-vatileaks.html>.

125   <https://elpais.com/internacional/2012/05/28/actualidad/
1338232682_183810.html>.

126   <https://es.wikipedia.org/wiki/Esc%C3%A1ndalo_de_Vatileaks>.

127   <https://elpais.com/internacional/2012/06/03/actualidad/1338752818_6
50373.html>;   <https://www.dw.com/es/diario-italiano-recibe-nuevos-documentos-
filtrados-del-vaticano/a-15996033>.

128   <https://www.laverdad.es/murcia/v/20130222/cultura/informe-se creto-vatileaks-revelaria-20130222.html>;   <https://www.expoknews.com/los-dos-informes-ocultos-de-benedicto-xvi/>.

129   **PIQUÉ, Elisabetta**. *Francisco*: Vida y Revolución. Una biografía de Jorge Bergoglio. Chicago: Loyola Press, 2013, págs. 212-213.

130   <https://www.youtube.com/watch?v=aU-SpV2w46g&t=1s>, minutos 4:54 e ss.

131   <http://www.redescristianas.net/desobediencia-para-renovar-la-iglesia--manifiesto-de-mas-de-300-parrocos-austriacosredaccion-de-atrio/>; <https://www.bbc.com/mundo/noticias/2011/09/110824_llamado_desobedecer_iglesia_austria_cr.shtml>;   <https://evangelizadorasdelosapostoles.wordpress.com/2011/09/02/sacerdotes-austriacos-desafian-a-la-iglesia-catolica/>.

132   <https://www.periodistadigital.com/cultura/religion/rel-mundo/20120224/curas-rebeldes-austriacos-reclaman-iglesia-inclusion-divorciados-gays-sacerdotes-casados-noticia-689400414067/>;   <https://laicismo.org/manifiestos-curas-austriacos-llamada-a-la-desobediencia/>.

133   <http://www.vatican.va/content/benedict-xvi/es/homilies/2012/documents/hf_ben-xvi_hom_20120405_messa-crismale.html>   [em   português: <http://www.vatican.va/content/benedict-xvi/pt/homilies/2012/documents/hf_ben-xvi_hom_20120405_messa-crismale.html>].

134   É sintomático que os pontos sobre os quais versaram o "chamado à desobediência" e o "protesto" em questão, radicalmente rejeitados por BXVI, tenham sido avalizados, ou pelo menos submetidos a discussão, sob o "pontificado" de JMB.

135   Para uma análise mais detalhada do assunto, veja: **SOCCI**, *El secreto*..., Op., Cit., págs. 11-70.

136   <https://www.extranotix.com/2017/02/wikileaks-clinton-obama-y-soros.html>;   <https://www.influencewatch.org/non-profit/voices-for-progress/>; <http://archphila.org/columna-del-arzobispo-chaput-acerca-de-esos-irreflexivos-y-retrogrados-catolicos/>.

137   <https://www.lapresse.ca/voyage/destinations/europe/italie/201301/03/01-4608053-vatican-tous-les-paiements-par-carte-bancaire-suspendus.php>; <https://www.maurizioblondet.it/ratzinger-non-pote-ne-vendere-ne-comprare/> [em   português: <https://fratresinunum.com/2015/09/30/ratzinger-nao-podia-vender-nem-comprar/>].

138   <https://www.libertaddigital.com/internacional/europa/2014-02-26/benedicto-xvi-desmonta-una-a-una-las-teorias-de-la-conspiracion-sobre-su-renuncia-1276511755/>;   <http://www.infocatolica.com/?t=noticia&cod=20090>.

139   Esta situação é comparável à de alguém que está sendo sequestrado e, ao estar sob condução coercitiva, mas disfarçada, de seu sequestrador, aos olhos dos demais não tem outra escolha senão agir como se nada de anormal ocorresse, ao tempo em que tentar, com seus gestos, fazer com que alguém perceba a realidade, a compreenda e, na medida do possível, lhe preste socorro.

140   Nesse sentido, as opiniões daqueles que qualificam a renúncia de BXVI como manifestação de covardia, devem ser rejeitadas. Note-se que se Bento tivesse permanecido de modo evidente no cargo, muito provável que fosse assassinado, o que teria removido o *katejon* e deixado os inimigos da Igreja livres para agir. Portanto, se Bento *resignou-se*, ao que tudo indica foi para salvar, não a sua vida —lembremos de sua insistência de que sua decisão não servia a seu bem pessoal, nem à sua própria vontade, mas ao bem da Igreja e pela vontade de Deus— mas, ao menos provisoriamente, a Igreja; foi então, sem dúvida, uma decisão motivada pelo amor de Cristo e de Sua Esposa. Outrossim, pode-se realmente dizer que a decisão de "renunciar" foi a mais fácil a ser tomada? Muito pelo contrário! A alta probabilidade de ser morto se retivesse visivelmente o ofício de Romano Pontífice representava para ele uma opção curta, direta, para libertar-se de seus inimigos, para passar de imediato à glória como mártir e assim desfrutar eternamente da visão beatífica de Deus. A "renúncia", por outro lado, significou nada menos que uma extensão do martírio de permanecer no Vaticano (junto à cruz), rodeado pelos "lobos", julgado por muitos fiéis e reduzido à impotência, ao menos do ponto de vista jurídico-político, a fim de reter o processo de destruição da Igreja provocado pela falsa hierarquia. Naturalmente, o maior sofrimento desta última opção —e é preciso lembrar neste ponto que BXVI também insistiu que sua decisão foi "difícil" e "sofrida"— traz frutos maiores (de salvação) para a Igreja, em especial ao considerarmos o enorme poder de intercessão que um verdadeiro Papa, disposto a tudo por amor, goza diante de Deus.

Recordemos, por outro lado, que na Santa Missa de "Imposição do pálio e entrega do anel do pescador no início solene do ministério petrino do Bispo de Roma" (24 de abril de 2005), Bento suplicou: *"Rogai por mim, para que eu não fuja por medo diante dos lobos"* (<http://www.vatican.va/content/benedict-xvi/es/homilies/2005/documents/hf_   ben-xvi_hom_20050424_inizio-pontificato.html> [em português: <http://www.vatican. va/content/benedict-

xvi/pt/homilies/2005/documents/hf_ben-xvi_hom_20050424_inizio-pontificato.html>], frase a partir da qual tem-se frequentemente interpretado que, desde o início de seu pontificado, Bento teria temerosamente previsto a possibilidade de os inimigos da Igreja forçarem uma renúncia de sua parte. Na verdade, não acreditamos que este seja *necessariamente* o significado da frase, pois no contexto geral do discurso, *"fugir diante dos lobos"* pode se referir, mais amplamente, a qualquer tipo de evasão da missão confiada a Pedro por Cristo —missão, que segundo o mesmo discurso, não é outra coisa senão *apascentar*, e portanto *amar* as ovelhas, compreendendo por *amar, dar o verdadeiro bem às ovelhas, o alimento da verdade de Deus, da palavra de Deus; o alimento de sua presença, que ele nos dá no Santíssimo Sacramento*. Seja como for, o que é importante enfatizar aqui é que o apelo de BXVI parece ter sido respondido: em vez de *"fugir diante dos lobos"*, ele decidiu permanecer no meio deles, no Vaticano, e preservar, apesar das aparências, o pálio que lhe foi imposto no dia 24 de abril em reconhecimento de sua dignidade de «Servo dos Servos de Deus».

141 Há quem se pergunte se a conclusão sobre o caráter inválido e, portanto, meramente aparente da renúncia não se prejudique pelo fato de o próprio Bento ter convocado um conclave para a eleição de seu sucessor no pontificado, ou que, após tal eleição, se referisse reiteradamente a JMB sob os títulos de "Papa" e "Santo Padre". Outros, além disso, assinalam que afirmar que a renúncia foi meramente aparente, por inválida, equivale a rotulá-lo a nada menos que mentiroso. Nenhuma das duas abordagens é admissível. A este respeito, cabe assinalar que a convocação de um novo conclave, sua efetiva realização, a eleição resultante, a aceitação e o exercício do cargo pelo "Papa" assim eleito, e o reconhecimento que dele fez BXVI, não são mais que efeitos aparentes derivados de um ato de renúncia também aparente. O que pode ser mais facilmente entendido a partir de dois exemplos. Suponhamos, antes de mais nada, que dois homens decidam contrair um matrimônio (católico), e de fato consigam fazê-lo com a bênção de um padre (católico). Obviamente, tal "matrimônio" será inexistente, desprovido por inteiro de valor perante a lei canônica (e obviamente perante Deus); no entanto, isso não exclui a possibilidade de produzir *efeitos práticos, o que daria a aparência de realmente existir um "ato jurídico"* de casamento: com isso, é possível, por exemplo, que o Estado onde o "casal" resida possa reconhecê-los como "cônjuges" e até conferir-lhes "direitos" e "deveres" de tipo "moral" ("fidelidade", "respeito" etc.) e/ou econômico (pensão alimentar, previdência social etc.), ou que o "casal" passe a conviver e seus integrantes se apresentem e sejam reconhecidos socialmente como "cônjuges". Tais *efeitos*

práticos e aparentes serão capazes de dar vida *jurídica* a um tal "matrimônio", afetado em sua raiz por um defeito objetivo de nulidade? Elementar que não. Imagine, agora, o caso de duas pessoas, X e Y, que decidem concluir a venda de um determinado terreno, nas respectivas qualidades de vendedor e comprador. Suponha, ainda, que o Estado onde residam essas pessoas exija que, para que tal venda seja existente e válida, se elabore um documento especial, porém, X e Y decidam concluir a transação oralmente, e procedam imediatamente às transferências correspondentes: X entrega o terreno a Y, e Y paga a X o preço acordado. Nesse caso, fica claro que a venda assim "concluída" é juridicamente inexistente, ou inválida por não preencher uma das condições necessárias à sua realização, o documento em questão, ainda que tivesse *efeitos puramente práticos*, que, embora *conferindo uma existência aparente* —note-se, por exemplo, que Y *parecerá* ser o novo proprietário do terreno, ao ocupá-lo e o explorar— não têm a virtude de lhe conferir, tecnicamente, existência e validade *jurídicas*. O mesmo é verdade no caso de BXVI: se sua renúncia foi nula perante a lei canônica (e, elementar, perante Deus), se foi então um ato meramente aparente, é razoável se pensar que produziu efeitos *práticos* também *aparentes*. Isto, por sua vez, explica por que o "pontificado" de Mons. Bergoglio, e todos os atos e prerrogativas executados ou exercidos por ele *como "Romano Pontífice"*, são igualmente aparentes. Ao fim e ao cabo pode-se dizer que a "igreja" liderada por JMB é, do ponto de vista estrutural, administrativo, político ou burocrático, uma **falsa** **igreja** —e isto, naturalmente, sem contar a causalidade adicional de falsidade sofrida por esta "igreja", sob a perspectiva do conteúdo dos atos que se desdobram em seu seio (heréticos, blasfemos, idólatras e, em suma, incompatíveis com os ensinamentos de Cristo). Agora, é possível que todos os pontos acima apontem para Bento como um mentiroso? Manter uma posição afirmativa nesse sentido seria o mesmo que afirmar, no contexto da "venda" citada como exemplo, que X e Y são mentirosos por terem procedido a trocas econômicas —a entrega material do terreno "vendido" e o pagamento do preço acordado — apesar de a "venda" "concluída" entre eles ser juridicamente inexistente ou nula. Obviamente, tanto o "ato" patrimonial descrito naquele exemplo quanto o "ato" de renúncia realizado por BXVI têm efeitos puramente práticos aparentes, **não pela natureza** **mentirosa de seus autores, mas** **pelo defeito objetivo de nulidade de que sofrem ambos os atos**. Assim, é perfeitamente possível que os sujeitos envolvidos nos atos inválidos não estejam cientes do respectivo vício de invalidade e, portanto, do caráter meramente aparente dos mesmos. *A fortiori*, pode não haver, entre os sujeitos em questão, um acordo especificamente destinado a produzir uma situação legal aparente. No caso de BXVI, porém, tudo indica que a invalidade de sua renúncia foi de fato deliberada. Agora, poder-se-ia pensar que JMB estivesse ciente disso e aceitasse sua "eleição" para o pontificado a fim de participar, e de algum modo se beneficiar, da aparência burocrática resultante? Indo mais além, pode-se supor que havia algum tipo de acordo implícito entre Bento e Mons. Bergoglio sobre esta situação, com base em que cada um tentaria alcançar, a partir de sua posição, seus objetivos correspondentes em torno da Igreja? Deixamos estas questões em aberto para a interpretação de nossos leitores.

Parte 2

142   Neste ponto poderia surgir uma pergunta legítima: se JMB não podia ser validamente eleito para o cargo de Papa, porque a titularidade do mesmo se manteve —e se mantém— na cabeça de BXVI, todos os atos realizados por Mons. Bergoglio depois de sua "eleição" para o cargo são nulos e sem efeito? Para responder a esta pergunta, é preciso primeiro lembrar que o Papa, como "Bispo de Roma" (Cân. 331 do CDC), tem as funções próprias que todo bispo deve exercer em sua tríplice capacidade como *mestre de doutrina*, *sacerdote do culto sagrado* e *ministro de governo*, ou seja, as funções de *ensinar*, *santificar* e *governar* (Cân. 375 do CDC). Quanto à função de *ensinar*, trata-se logicamente de comunicar a sagrada doutrina da Igreja, de pregar o Evangelho, de *"guardar de forma santa, aprofundar e fielmente proclamar e expor a verdade revelada"* (Cân. 747 § 1 do CDC), contribuindo assim para preservar e enriquecer o Magistério da Igreja; por sua vez, a função de *santificar* refere-se essencialmente à liturgia e aos sacramentos (Cân. 834 do CDC); e, finalmente, a função de *governar* se expressa em especial na emissão e execução de normas gerais (leis, normas administrativas), de atos administrativos (preceitos, rescritos, decretos) ou de sentenças judiciais (Cân. 129 e 135 do CDC). Em segundo lugar, deve-se notar que as condições de validade aplicáveis aos diferentes tipos de atos dentro das três funções acima mencionadas nem sempre coincidem, nem estão necessariamente ligadas ao cargo ou ofício do Romano Pontífice. Assim, por exemplo, a válida celebração da Eucaristia, e especificamente a consagração efetiva das espécies eucarísticas de modo a provocar a transubstanciação, nada tem a ver com o cargo exercido pelo ministro que a celebre —como se sabe, o que é relevante para esse fim é a correta pronúncia da fórmula de consagração, a natureza das espécies a serem consagradas (pão de trigo e vinho de uva), o caráter do ministro validamente ordenado naquele que consagra, e a intenção de consagrar por parte daquele ministro. Por outro lado, atos como a nomeação de funcionários na Cúria Romana ou de legados papais, a nomeação —mas não a consagração— de bispos, a concessão de dispensas da obrigação do celibato, a aprovação de decretos de canonização etc., por pertencerem à esfera de competência própria ou exclusiva do

Romano Pontífice, dependem, logicamente, para sua validade, de ser expedidos precisamente por aquele que detém de forma legítima o cargo. Concluindo os exemplos, o mesmo é verdade para o carisma da infalibilidade no Magistério, reconhecido de modo exclusivo sob certas circunstâncias, àquele que ocupa de forma válida o ofício de Romano Pontífice —de tal modo que, na ausência da legítima titularidade deste ofício, o carisma em questão também será excluído. Nesse sentido, os atos praticados por JMB, não como "Romano Pontífice", mas na qualidade de sacerdote, ministro sagrado, bispo —como seria o caso da celebração dos sacramentos—, podem muito bem ser válidos; por outro lado, seus atos intrinsecamente relacionados a esse ofício carecerão de validade, inclusive se alguns deles puderam qualificar-se como "convenientes" ou "positivos" desde o ponto de vista moral, pois, logicamente, o *conteúdo* ou os efeitos potencialmente benéficos de um determinado ato jurídico não o "eximem" das consequências correspondentes a seus eventuais defeitos *formais* —entre os que se inclui, justamente, a falta de competência de quem o emite. Para compreender o anterior basta imaginar que um sacerdote qualquer, tendo verificado com total certeza que um determinado casamento foi nulo (isto é, que ao ser celebrado inadimpliu algum dos requisitos de validade exigidos pelo direito canônico), passa a declarar solenemente sua nulidade: será que, em tal hipótese, o fato de que a conclusão assumida pelo sacerdote se ajuste por completo à realidade e resulte benéfica para os supostos cônjuges, faz com que a declaração de nulidade seja válida? Certamente que não, pois o sacerdote carece da competência necessária para emitir uma tal declaração, pelo que esta irremediavelmente sofrerá de um defeito formal e carecerá por completo de valor jurídico. É por esta última razão que foi dito anteriormente que, do ponto de vista administrativo ou burocrático, a igreja liderada por JMB é uma falsa igreja.

143 Interessa notar que a preocupação com a possibilidade de "desvios da fé" serem introduzidos nas altas hierarquias eclesiásticas é canonicamente refletida já no século XVI na Bula *Cum Ex Apostolatus Officio* expedida em 15 de fevereiro de 1559 por Paulo IV. Neste documento, o Pontífice enfatiza suas obrigações de "procurar com particular atenção excluir do rebanho de Cristo aqueles que [...] se levantam contra a disciplina da verdadeira Fé de forma verdadeiramente perversa, e com recursos malévolos e totalmente inadequados perturbam a inteligência das Sagradas Escrituras, com o propósito de romper a unidade da Igreja Católica e o manto inconsútil do Senhor", e impedir que "aqueles que desprezam ser discípulos da Verdade continuem com o ensinamento do erro"; o Pontífice aponta também o perigo particular de qualquer Papa ter se desviado da fé, possibilidade perante a qual "a providência deve ser mais determinada para evitar que os falsos profetas [...]

tendam os infelizes laços às almas simples e arrastem com eles para a sua perdição inúmeros povos confiados aos seus cuidados [...] e para que um dia não se veja no Lugar Santo a abominação da desolação predita pelo profeta Daniel"; nesse sentido, para não se assemelhar a "cães mudos" ou "mercenários", Paulo IV expressa seu desejo de "capturar as raposas que tentam desolar a vinha do Senhor e afastar os lobos do rebanho", e para isso estabelece, entre outras, a seguinte disposição: "se em algum momento acontecer que um Bispo, mesmo na qualidade de Arcebispo, ou Patriarca, ou Primaz; ou um Cardeal, mesmo em função de um Legado, ou eleito Pontífice Romano que antes de sua promoção ao Cardinalato ou assunção ao Pontificado, tivesse se desviado da Fé Católica, ou houvesse caído na heresia ou incorrido em cisma, ou o houvesse suscitado ou cometido, a promoção ou a assunção, inclusive se esta houver ocorrido com o acordo unânime de todos os Cardeais, é nula, inválida e sem nenhum efeito; e de modo algum se pode considerar que tal assunção tenha adquirido validade, pela aceitação do cargo e pela sua consagração, ou pela posse ou quase-possessão subsequente de governo e administração, ou pela própria entronização ou adoração do Romano Pontífice, ou pela obediência que todos lhe prestaram, qualquer que seja o tempo decorrido após as hipóteses acima. Tal assunção não será considerada legítima em nenhuma de suas partes, e não será possível considerar que qualquer faculdade de administração em coisas temporais ou espirituais tenha sido ou esteja sendo concedida àqueles que são promovidos, em tais circunstâncias, à dignidade de bispo, arcebispo, patriarca ou primado, ou àqueles que assumiram a função de Cardeal, ou Romano Pontífice, mas ao contrário, todo e qualquer pronunciamento, fato, ato e resolução e seu consequente efeito é sem força, e não conferem validade, nenhum   direito   a   ninguém". (<https://mercaba.org/MAGISTERIO/cum_ ex_apostolatus_officio.htm>;   <https://bibliaytradicion.wordpress.com/2016/03/ 11/sobre-la-bula-cum-ex-apostolatus-officio-del-papa-paulo-iv-contra-papolatras-y-papoclastas-por-el-r-p-juan-carlos-ceriani/>)   [em   português: <https:// www.veritatis.com.br/cum-ex-apostolatus-officio-paulo-iv-15-02-1554/>].

144   <https://www.xn--elespaoldigital-3qb.com/es-bergoglio-mason/>; <https://   radiocristiandad.wordpress.com/2013/03/18/bergoglio-miembro-honorario-del-masonico-rotary-club/>;   <http://rotaryba.com.ar/el-papa-argentino /#more-3402>;   <https://www.rotary.org/es/pope-welcomes-rotary-jubilee-audience>; <https://www.rotary.org/ es/rotary-members-attend-jubilee-audience-vatican>; <https://enraizadosencristo.wordpress.com/2016/05/02/ bergoglio-es-un-mason-rotario/>.

145   "Linha Consecratória" é a que une, em retrospectiva, aqueles que recebem

com aqueles que fazem a consagração sacerdotal. Assim, para reconstruir a linha de consagração de um determinado ministro, é preciso olhar para o bispo que o consagrou como sacerdote, e depois para o bispo que consagrou aquele, e assim por diante, sem sentido ascendente.

146 <https://fromrome.info/2015/01/10/team-bergoglio-and-the-legacy-of-cardinal-mariano-rampolla-del-tindaro/>; <http://www.catholic-hierarchy.org/bishop/bbergj.html>; <http://www.catholic-hierarchy.org/bishop/bquar.html>; <http://www.catholic-hierarchy.org/bishop/ bserafini.html>; <http://www.catholic-hierarchy.org/bishop/bgui.html>; <http://www.catholic-hierarchy.org/bishop/ bcortf.html>; <http://www.catholic-hierarchy.org/bishop/ bvico.html>.

147 <http://elresurgirdelaguaclara.blogspot.com/2017/05/misa-negra-de-bergoglio-en-fatima.html>; <http://nonpossumus-vcr.blogspot.com/2017/12/el-vaticano-instala-un-pesebre-blasfemo.html>; <https://www.google.com/search?q=pectoral+de+bergoglio+%2B+masoneria&rlz=1C1CHBD_esCO812CO812&sxsrf=ACYBGNTV2ujASHEzTCIPbuNcC7Ug_vbnUw:1579567968984&tbm=isch&source=iu&ictx=1&fi=9YWUtQqrFeJ_eM%253A%252CXmFBf3cTsEzZQM%252C_&vet=1&usg=AI4_-kQMMMwNWNC6prQoyLfciwsyUMQg0Q&sa=X&ved=2ahUKEwjC_MGdvZPnAhUtw1kKHfc0DiwQ9QEwA3oECAoQCQ#imgrc=9YWUtQqrFeJ_eM>.Julgamos ser apropriado acrescentar a denúncia sobre a alegada assinatura "maçônica" que Mons. Bergoglio tem adotado desde pelo menos 1977: <https://comovaradealmendro. es/2020/01/31/bergoglio-firmaba-como-mason-desde-1977/>.

148 Tanto esta circunstância —a aparente coincidência entre os postulados de Mons. Bergoglio e os ideais maçônicos— quanto a referida no parágrafo anterior —o simbolismo maçônico que envolve a pessoa e os atos deste bispo— são posteriores à sua suposta eleição como "Papa", portanto, em sentido estrito, estão localizados fora da premissa normativa prevista no cânon 149 § 1 do CDC — que, como será lembrado, condiciona a nulidade da provisão do respectivo ofício eclesiástico (no caso, a de "Romano Pontífice") ao fato de que a ruptura do vínculo de comunhão eclesial pelo sujeito "nomeado" tenha ocorrido antes, e não depois, do correspondente ato de provisão. No entanto, tais circunstâncias não são de todo irrelevantes, já que acentuam a possível "afinidade" de Mons. Bergoglio com a Maçonaria e nessa medida confirmam ou reafirmam de alguma forma a probabilidade de que, entre um e outra existissem vínculos de longa data.

149 <https://www.maurizioblondet.it/ratzinger-non-pote-ne-vendere-ne-compra-re/>; <https://mobile.twitter.com/GranLogiaEspana/status/

1082192984161038336>; <https://mailchi.mp/gle/eloriente243>.

150 Ver a propósito, na página <https://w2.vatican.va/>, o verbete "maçonaria". Isso faz cair por terra, por exemplo, falácias maçônicas como a que vemos acima, de que "Na Maçonaria Argentina (ou em qualquer outra)... militam irmãos que **professam sua fé católica** junto a outros que pertencem a outros credos...". [ndt]

151   <http://www.intratext.com/IXT/LAT0813/_P8I.HTM>.

152   <http://www.intratext.com/IXT/LAT0813/_P20.HTM>.

153   <https://www.vatican.va/roman_curia/congregations/cfaith/documents/ rc_con_cfaith_doc_19831126_declaration-masonic_sp.html>.

154   Não se desconhece, entretanto, que, no último meio século, a posição que a Igreja Católica —ou pelo menos os Pontífices Romanos— vem tomando em relação ao Rotary Club tem sido a de uma certa "benevolência". Assim, há várias mensagens amigáveis dirigidas aos sócios do Club por Paulo VI (cinco discursos:<https://w2.vatican.va/content/paul-vi/it/speeches/1965/documents /hf_p-vi_spe_19650320_rotary-club.html>; <http://w2.vatican.va/content/paul-vi/it/speeches/1970/documents/hf_p-vi_spe_19701114_rotary-club.html>; <https: //w2.vatican.va/content/paul-vi/pt/speeches/1973/may/documents/hf_p-vi_spe_ 19730519_rotariani-brasile.html>;   <http://w2.vatican.va/content/paul-vi/it/ speeches/1974/documents/hf_p-vi_spe_19740216_rotary-club.html>;   <https:// w2.vatican.va/content/paul-vi/it/speeches/1975/documents/hf_p-vi_spe_19750510 _congresso-rotary.html>).   João   Paulo II (dois discursos e três saudações: <http://w2.vatican.va/content/john-paul-ii/es/speeches/1979/june/documents/hf _jp-ii_spe_19790614_rotary-international.html>   [em   português: <http:// w2.vatican.va/content/john-paul-ii/pt/speeches/1979/june/documents/hf_jp-ii_spe _19790614_rotary-international. html>]; <http://w2.vatican.va/content/john-paul-ii/es/audiences/1980/ documents/hf_jp-ii_aud_19800924.html>   [em português: <http://w2.vatican.va/content/john-paul-ii/pt/audiences/1980/documents/hf_jp-ii _aud_19800924.html>];   <http://w2.vatican.va/content/john-paul-ii/es/angelus/ 1987/documents/hf_jp-ii_reg_19870531.html>;   <http://w2.vatican.va/content/ john-paul-ii/es/homilies/1997/documents/hf_jp-ii_hom_19970525.html>   [em português: <http://w2.vatican.va/content/john-paul-ii/pt/homilies/1997/ documents/hf_jp-ii_hom_19970525.html>];   <http://w2.vatican.va/content/john-paul-ii/es/speeches/2000/jan-mar/documents/hf_jp-ii_spe_20000311_rotary-italian-dioceses.html> [em português: <http://w2.vatican.va/content/john-paul-ii/pt/speeches/2000/jan-mar/documents/hf_jp-ii_spe_20000311_rotary-italian-

dioceses.html>) e BXVI (uma saudação: <https://vatican.va/content/benedict-xvi/es/audiences/2009/documents/hf_ben-xvi_aud_20090311.html> [em português: <http://w2.vatican.va/content/benedict-xvi/pt/audiences/2009/documents/hf_ben-xvi_aud_20090311.html>). Nas palavras de Paulo VI e João Paulo II, podemos ver um endosso aos ideais do Rotary, que, segundo a descrição expressa por esses pontífices, curiosamente se assemelham aos da Maçonaria, em especial no tangente ao indiferentismo religioso e à luta para alcançar a paz, a harmonia e a amizade universais —inclusive a partir de uma dimensão "espiritual"(!)— com prescindência de Cristo. No entanto, mesmo em um desses simpáticos discursos (a saber, o "Discurso aos sócios italianos do Rotary Club", proferido por Paulo VI em 20 de março de 1965) fica registrado que, em tempos anteriores, a Igreja manteve suas reservas quanto ao "programa" do Rotary, com base no temor de que "fosse estabelecido como norma suficiente para orientar a consciência do homem". E, certamente, estas reservas anteriores estão documentadas em múltiplas fontes, que mostram que nas três primeiras décadas do século XX, várias condenações do rotarianismo foram pronunciadas por vários bispos espanhóis e franceses, seguidas por outras mais, na década de 1930, pelos episcopados holandês e peruano. Estas mesmas fontes também relatam como o rotarianismo foi combatido, ao mesmo tempo, a partir de várias publicações acadêmicas da área católica (*Revista Eclesiástica de Buenos Aires e La Civiltà Cattolica*) e até do próprio Vaticano (*L'Osservatore Romano*), e acrescentam que a Sagrada Congregação Consistorial, quando inquirida por alguns prelados europeus se podiam permitir que o clero pertencesse ao Rotary Club ou participasse de suas reuniões, respondeu em 4 de fevereiro de 1929 com um "*Non expedire*" (*Não convém*), e mais tarde, em 1950/51, a Sagrada Congregação do Santo Ofício, por um lado, declarou que os clérigos não podiam ingressar no Rotary e, por outro, instou os leigos a observarem os requisitos do Cân. 684 do CDC de 1917 (em vigor na época) — um cânon que prescrevia a evasão de "*associações secretas, condenadas, sediciosas ou suspeitas, ou ainda aquelas que procuram escapar à vigilância legítima da Igreja*"-. Como se não bastasse o acima exposto, foi apontado que o fundador do Rotary, o advogado Paul Harris, pertencia à Maçonaria, e que entre rotarianos e maçons sempre houve uma certa conexão a nível de filiação (cf. **GONZÁLEZ DE LA PEÑA, María del Mar**. *Masonería y rotarismo en España*. Em: **FERRER BENIMELI, José Antonio** (coord.). *La masonería en la España del siglo XX*. Vol. 1. Toledo: Universidad de Castilla-La Mancha, 1996, págs. 37-48. (Disponível em: <https://www.researchgate.net/publication/260125256_ Masoneria_y_Rotarismo_en_Espana>; <http://www.catolicosalerta.com.ar/masoneria/RotaryClub.pdf>; <https://pensamientodisidente.blogspot.com/2013/09/el-

cardenal-sistach-miembro-honorario.html>;　　<http://info-ries.blogspot.com/2010/08/iglesia-catolica-y-rotary-club.html>;　　<http://www.infocatolica.com/?t=opinion&cod=6972>). Em vista de todas essas circunstâncias —a origem e a composição maçônica do Rotary, sua "filosofia aconfessional" e as tradicionais condenações e reservas que a Igreja Católica tem mantido contra ele— vale a pena perguntar se o simples "serviço humanitário" proclamado pelo atual programa do Club (<https://www. rotary.org/pt/about-rotary>) não é uma fachada que esconda princípios (maçônicos, relativistas, portadores de um código moral independente dos ensinamentos cristãos etc.) incompatíveis com a fé católica e se, consequentemente, a filiação não implicaria em um afastamento da Igreja.

155　Embora vozes de denúncia tenham se levantado de dentro da própria Igreja Católica contra gestos de falso ecumenismo oriundos de pontificados anteriores, a verdade é que o que aconteceu com Mons. Bergoglio antes de sua "eleição" como "Romano Pontífice" não se refere simplesmente a gestos, mas também a declarações, a respeito das quais a relevância do adjetivo "herege" é inquestionável. Neste sentido, os gestos referidos a seguir constituem o contexto que nos permitirá compreender o significado e a seriedade destas declarações, que por sua vez seguiram tendo curso com as posteriores declarações já como "Papa".

156　*Noche de los Cristales Rotos*. [ndt]

157　Antonio Quarracino foi quem, em junho de 1992, consagrou JMB como bispo, e foi também seu antecessor imediato no cargo de Arcebispo de Buenos Aires. Ao morrer, em fevereiro de 1998, Quarracino foi imediatamente sucedido por Mons. Bergoglio, dado que era, até então (e desde 1997), bispo-coadjutor (ou seja, com direito à sucessão, segundo o cânon 403 § 3 do CDC) de Buenos Aires. Cf. **IVEREIGH, Austen**. *El Gran Reformador*: Francisco, relato de un Papa radical. Buenos Aires: Ediciones B, 2015, págs. 302. 313-314.

158　<https://www.youtube.com/watch?v=YgZ8ba74mmg>. Esta afirmação, que, por seu contexto, é dirigida especificamente aos judeus, é claramente herética: a verdadeira "fraternidade" entre os homens deriva de sua condição comum de "filhos (adotivos) de Deus", que por sua vez só se pode adquirir através do sacramento do batismo, que incorpora o batizado ao Corpo Místico de Cristo (o único Filho de Deus). <u>Afirmar uma irmandade sem paternidade comum, entre judeus e católicos, é contrário à doutrina da Igreja</u>, e mais concretamente, ao ensino do número 1243 do Catecismo da Igreja Católica: "O novo batizado é agora filho de Deus no Filho Único. E assim, já pode pronunciar a oração dos filhos de Deus: o *Pai Nosso*".

159　Devemos lembrar que em 2006 (mais especificamente, desde 2001),

Mons. Bergoglio já havia sido nomeado cardeal.

160   **IVEREIGH**, *El gran...*, Op. Cit., págs. 393-394. Neste ponto surgem as questões: Não está a noção de "povo de Deus" vinculada precisamente à incorporação à Igreja Católica, o Corpo Místico de Cristo? De fato, o número 782 do Catecismo da Igreja Católica recorda que para "A Igreja, Povo de Deus", "se chega a ser membro [...] não pelo nascimento físico, mas pelo "nascimento de cima", "da água e do Espírito" (Jo 3, 3-5), isto é, pela fé em Cristo e o Batismo". Como entender então que, num contexto religioso, o cardeal Bergoglio fale de "povo" para se referir a pessoas que professam credos diferentes? Como aceitar, além disso, que essas pessoas possam "caminhar juntas por um caminho comum", se o único Caminho, que é Cristo, é inseparável de Seu (único) cônjuge, a Igreja Católica, sem que uma boa parte dessas pessoas a ela adiram? Por outro lado, a (ambígua) afirmação de que "ninguém deve deixar de ser o que é" não leva a fechar as portas da conversão, e, portanto, da salvação, aos não-católicos?

161   Ivereigh diz que os pastores viam tais reuniões periódicas "como um cumprimento das palavras de Jesus em Mateus 18: que quando dois ou três estivessem reunidos em Seu nome, Ele estaria entre eles. Nesse caso, eram duas ou três igrejas, tradições, rivais há quinhentos anos, que agora oravam juntas, unidas pelo mesmo Espírito Santo". Ibidem, p. 395.

162   Ibidem, p. 395.

163   Ibidem, p. 395-396.

164   Ibidem, págs. 435-437.

165   Ibidem, págs. 437-438. Ivereigh assegura que "O comentário do bispo Venables se publicou sem seu consentimento na página web da Comunhão Anglicana após a eleição de Francisco, mas ele mesmo confirmou sua veracidade". Ibidem, p. 543.

166   <https://www.youtube.com/watch?v=5qAXW5Bsmqc&feature=emb_title>;   <https://www.google.com/search?q=bergoglio+presenta+el+libro+de+sergio+bergman&rlz=1C1CHBD_esCO812CO812&sxsrf=ACYBGNRULyASI3RipXD41mJfKJzVPIC-3g:1579657637625&tbm=isch&source=iu&ictx=1&fir=Eu-U_SwGxCpvPM%253A%252CF8e5j_BOmSfGIM%252C_&vet=1&usg=AI4_-kQa8m0hhhZEs36TyXb1AghUwfeAGg&sa=X&ved=2ahUKEwjCyO2ii5bnAhWSjVkKHeXdA8IQ9QEwCXoECAkQCQ#imgrc=Eu-U_SwGxCpvPM>; <https://www.google.com/search?q=sergio+bergman+%2B+foto+%2B+simbolos+masonicos&rlz=1C1CHBD_esCO812CO812&sxsrf=ACYBGNTj5QoN8JwZ3ILMKRpl7je0prKd3Q:1579657955234&tbm=isch&source=iu&ictx=1&fir=mlXric8uOkOFsM%253A%252CioCk8sAdKCLHTM%252C_&vet=1&usg=AI4_-kQHmxmGCIYDCf

LvHvtOyHzruN9YA&sa=X&ved=2ahUKEwjs6a6jJbnAhXjtlkKHStwAqYQ9QEwA
HoECAoQBQ#imgrc=mlXric8uOkOFsM>.   Observemos, ao fundo da primeira
fotografia em exposição, o símbolo maçônico típico do compasso e o esquadro;
com o "G", significando, ao mesmo tempo, *GAU* ou *GADU* (Grande Arquiteto do
Universo, no lugar do Deus Uno e Trino) e *Gnose*, a base "filosófico-teológica"
maçônica.

167   <https://www.youtube.com/watch?time_continue=1&v=yBcjoNnv1xc&feat
u- re=emb_title>.

168   <https://www.youtube.com/watch?v=LExvKbDMxp0>.

169   <https://www.youtube.com/watch?time_continue=2&v=hOyLzrOSBug
&-feature=emb_title>; <https://www.youtube.com/watch?time_continue=530&v=L-
P-aCA6TB70&feature=emb_title>;   <http://pagina-catolica.blogspot.com/2012/11/
fue-profanada-la-catedral-de-buenos.html>.

170   <https://agenciaajn.com/noticia/bergoglio-va-a-una-sinagoga-para-
rezar-por-la-paz-en-medio-oriente-29397>; <https://itongadol.com/noticias/67530-
bergoglio-va-a-una-sinagoga-para-rezar-por-la-paz-en-medio-oriente>;   <http://
www.catolicosalerta. com.ar/bergoglio/actividades.html>.

171   <https://agenciaajn.com/noticia/bergoglio-destaco-los-lazos-que-unen-
januca-con-la-navidad-al-encabeçar-un-oficio-religioso-en-una-sinagoga-28915>;
<http://hermanos-de-nazareth.over-blog.es/article-las-herejias-de-jorge-mario-
bergoglio-anti-papa-francisco-por-cardenal-fr-gustavo-de-jesus-osb-123545135
.html>;   <https://www.youtube.com/watch?time_continue=115&v=R40FqFbHnQ8
&feature=emb_titl>.

172   Comportamentos   e   afirmações   que,   além   do   mais,   estão
ostensivamente em desacordo com a ordem dirigida a nós pelo Espírito Santo através
de São Paulo: *"Não vos prendais desigualmente aos incrédulos! Que relação existe
entre justiça e iniquidade? Que união entre a luz e as trevas? Que harmonia entre
Cristo e Belial? Que partilha entre fiéis e descrentes? Que conformidade entre o
santuário de Deus e o dos ídolos? Porque nós somos um santuário do Deus vivo,
como Deus disse, habitarei no meio deles e caminharei entre eles, e eu serei o seu
Deus, e eles serão o meu povo. Portanto, saí do meio deles e separai-vos, diz o
Senhor"* (2 Cor 6, 14-17).

173 Nesta linha há outros episódios e histórias referentes à vida pessoal do
cardeal Bergoglio, que merecem uma referência ainda que superficial, por mostrar-
se curiosos ou estranhos, não digamos em um ministro sagrado, mas em quem quer
que se considere católico. Assim, por exemplo, cabe mencionar a "ajuda" oferecida

pelo então "Padre Jorge", durante a onda de violência de Estado suscitada na Argentina dos anos 70, a sua antiga chefe e amiga comunista Esther Ballestrino de Careaga: "Em meio a tanto horror, Bergoglio tenta atuar como um pai protetor. [...] Tenta ajudar a sua ex-chefe no laboratório de química, Esther Ballestrino de Careaga, depois do desaparecimento de sua filha, Ana Maria, e de seu genro. Não titubeia em esconder alguns livros sobre marxismo de sua biblioteca, que a mulher teme que os militares possam usar contra ela". **PIQUÉ**, *Francisco*: Vida..., Op. Cit., p. 75. Por outro lado, tem-se o relato dos tratamentos recebidos pelo cardeal da parte de "um praticante de medicina chinesa, um monge taoísta que um sacerdote lhe havia recomendado"[!], com os quais buscava curar "uma doença cardíaca para a qual os médicos lhe tinham receitado grande quantidade de comprimidos". "O monge disse [ao cardeal Bergoglio] que pretendia usar a acupuntura convencional para que o sangue voltasse a fluir e se revertesse o entupimento: entretanto, pediu a ele que não tomasse os comprimidos. O cardeal aceitou". Este tratamento é por si só sintomático; não menos as conversas que tinham tido lugar durante seu desenvolvimento: "O cardeal [...] presenteou [o monge] com livros: o *I Ching* em espanhol [!], a Bíblia e outro chamado *Razões para crer*. Lui Ming [assim se chamava o monge] contava a ele que o corpo possui em si mesmo a capacidade de curar-se, que a medicina ocidental tem em conta apenas o exterior, não o interior, que com a medicina chinesa se pode chegar a viver cento e quarenta anos [...], e lhe falava do Tao e de Deus; o cardeal sempre o escutava com atenção". **IVEREIGH**, *El Gran...*, Op. Cit., págs. 369-370.

174   Uma recopilação das circunstâncias referidas nas subseções **(IV-A)** e **(IV-B)** pode ver-se em: <https://www.youtube.com/watch?v=Z0IJ0-ka-hs>.

175   Neste ponto, importa fazer um duplo esclarecimento sobre a distinção entre o jurídico/burocrático/político e o sacramental. Por um lado, deve-se levar em conta que alguns são os requisitos aplicáveis para a válida provisão de um ofício eclesiástico (isto é, os requisitos necessários para que uma pessoa seja validamente "designada" a um ofício dentro da estrutura administrativa ou governamental da Igreja, e assim assumir certas competências), e outros são os requisitos necessários para a válida celebração do sacramento da Ordem, em qualquer dos seus três graus (diaconato, presbiterato, episcopado); e, por outro lado, que a recepção do sacramento da Ordem não necessariamente coincide com ou leva à ocupação de um ofício eclesiástico (assim, pode muito bem haver sacerdotes que não ocupem o ofício de pároco, ou bispos que não assumam a direção de uma determinada diocese). Neste sentido, o fato de JMB, como apóstata ou herege, não ter sido validamente nomeado para o cargo de Romano Pontífice (situação de

natureza jurídica/burocrática/política) não significa, *per se*, que sua ordenação como sacerdote e, posteriormente, como bispo (questão de natureza sacramental), também não seja válida. O fato é que a apostasia e a heresia, ao romperem o vínculo de plena comunhão com a Igreja Católica, impedem a válida provisão de um ofício eclesiástico segundo o cânon 149 § 1 do CDC, mas não invalidam a celebração do sacramento da Ordem, uma vez que os requisitos para a validade deste último —a saber, o caráter de "bispo consagrado" naquele que confere a ordenação (Cân. 1012 do CDC), a condição de "homem batizado" no ordenando (Cân. 1024 do CDC), a liberdade do ato (Cân. 1026 do CDC) e o cumprimento dos ritos correspondentes (imposição de mãos e oração consecratória, Cân. 1009 §1 do CDC)— não incluem a verificação da "fé completa" por parte da pessoa consagrada — embora, em conformidade com o Cân. 1029 do CDC, o bispo competente para conferir a ordenação deva examinar e ponderar esta última circunstância ("fé completa" por parte da pessoa consagrada), juntamente com outras relativas à situação pessoal do consagrado ("reta intenção", "devido conhecimento", "boa reputação" etc.), o fato é que sua ausência não determina a invalidade da ordenação. Por todas as razões acima, **afirmar** que **JMB não é um "Papa" validamente eleito não equivale de forma alguma a afirmar** que **ele não seja um autêntico ministro consagrado (sacerdote, bispo)** —esta última condição, não é demais esclarecer, é "indelével" (para a vida), razão pela qual não é "cancelada" diante de pecados como heresia, blasfêmia etc. (Cân. 1008 do CDC).

176   **IVEREIGH**, *El Gran...*, Op. Cit., págs. 480-481.

177   Ibid., p. 345.

178   Ibid., págs. 348-349.

179   Ibid., p. 350.

180   <https://www.lifesitenews.com/news/cardinal-danneels-admits-being-par-t-of-clerical-mafia-that-plotted-francis>; <https://www.hispantv.com /noticias/ europa/58849/iglesia-catolica-mafia-cardenal-danneels-papa-francisco-bene dicto-xvi>; <https://www.infocatolica.com/?t=noticia&cod= 24945>. Aludimos a estas fontes secundárias em razão de que a própria biografia, fonte primária e de relevância incomparável, foi de todo impossível sua aquisição e consulta à elaboração da presente investigação. Não obstante, o dito nas referências utilizadas é tão credível como o próprio Danneels neste fragmento de um vídeo ainda disponível na web, em que admite a existência da referida "máfia" e sua participação nela: <https://www.youtube.com/watch?v=NuzV4zdA-gpU> [legendado em português: <https://www.youtube.com/watch?v=05U03XGD8eY>].

181   **IVEREIGH**, *El Gran...*, Op. Cit., págs. 381-383.

182   <https://www.limesonline.com/cosi-eleggemmo-papa-ratzinger/5959 ?refresh_ce>. Em livre tradução do italiano. Adiante, o texto entre aspas externas ("") deve ser entendido como narração própria do autor do artigo jornalístico (Brunelli), enquanto o marcado por aspas internas («») corresponde às palavras do cardeal (anônimo) autor do diário.

183   <https://www2.senado.leg.br/bdsf/bitstream/handle/id/395771/ noticia.htm?sequence=1&isAllowed=y>.

184   <https://www.lastampa.it/vatican-insider/it/2013/03/10/news/ecco-come-ando-davvero-il-conclave-del-2005-1.36110928?refresh_ce>. Em livre tradução do italiano.

185   **PIQUÉ**, *Francisco*: Vida..., Op. Cit., págs. 2 e 127-128. Cabe ressaltar que a obra de Piqué está absolutamente desprovida de citações e referências. A respeito do conclave de 2005, se encontram apenas umas quantas alusões genéricas a "informações confirmadas por vários participantes" no conclave e a "postais, emoções e dados concretos" filtrados dali.

186   **IVEREIGH**, *El Gran...*, Op. Cit., p. 385.

187   Ivereigh (*El Gran...*, Op. Cit., p. 540) precisa que estas declarações foram emitidas pelo cardeal Bergoglio para *L'independente*, e reproduzidas por *Catholic World News* («Argentine cardinal refuses to discuss conclave support», 13 de outubro de 2005). Em nosso caso, a versão (em inglês) destes comentários do cardeal foi encontrada em: <https://www.catholicforum.com/forums/ showthread.php?3625-Argentine-Cardinal-Refuses-To-Discuss-Conclave-Support>, onde se lê: "O cardeal argentino que foi, segundo se informa, o principal contendente do cardeal Joseph Ratzinger na eleição papal de abril não quer comentar sobre os relatórios vazados do conclave. O cardeal Bergoglio, que se encontra em Roma para o Sínodo de Bispos, acrescentou que a especulação pública sobre o padrão de votação dos cardeais cria uma impressão enganosa. 'Não somos nós, os cardeais, mas a divina providência que guia a eleição do sucessor de Pedro', disse. 'Contar relatos ou fatos sobre o conclave conduz à crença de que são os homens que estão decidindo. Mas esse não é o caso', disse o cardeal argentino. 'Só posso dizer que lembro de um clima de intenso recolhimento —quase místico— presente nessas sessões. Todos nós estávamos conscientes de não ser mais que instrumentos, para servir à divina providência na eleição de um sucessor adequado a João Paulo II. Isto é o que ocorreu'. O cardeal Bergoglio expressou sua confiança em que o conclave fez a seleção correta. 'Bento XVI mostra cada dia que tem

qualidades excepcionais', disse". Em livre tradução do inglês.

188   IVEREIGH, *El Gran...*, Op. Cit., págs. 377 e ss.

189   **PIQUÉ,** *Francisco:* Vida..., Op. Cit., p. 2.

190   <https://es.gaudiumpress.org/content/79367#ixzz5GRVBlq3N>;<https://www.clarin.com/mundo/teoria-Papas-inquieta-Bergoglio_0_ryyysmLq.   html>; <http://www.ncregister.com/blog/edward-pentin/archbishop-gaenswein-recalls-dramatic-struggle-of-2005-conclave>;   <https://aleteia.org/2016/05/30/ complete-english-text-archbishop-georg-gansweins-expanded-petrine-office-speech/>;   <http://chiesa.espresso.repubblica.it/articolo/1351317ffae.html ?sp=y>. Em livre tradução do inglês.

191 **IVEREIGH**, *El Gran...*, Op. Cit., págs. 355-358, 377 e 382.

192   <https://religionlavozlibre.blogspot.com/2020/05/la-verdad-sobre-el--conclave-de-2005.html?m=1>;   <https://www.marcotosatti.com/2020/05/02/martini-ratzinger-bergoglio-la-verita-sul-conclave-del-2005/>.

193   <https://www.lifesitenews.com/news/cardinal-danneels-admits-being--part-of-clerical-mafia-that-plotted-francis>;   <https://www.hispantv.com/noticias/europa/58849/iglesia-catolica-mafia-cardenal-danneels-papa-francisco-benedicto-xvi>;   <https://www.infocatolica.com/?t=noticia&cod=24945>.   Conta-se, inclusive ainda com o fragmento de um vídeo no qual o próprio Danneels admite a existência da "máfia" e sua participação nela: <https://www.youtube.com/watch?v=NuzV4zdAgpU>. Em livre tradução do inglês. [legendado em português: <https://www.youtube.com/ watch?v=05U03XGD8eY>]

194   **PIQUÉ**, *Francisco:* Vida..., Op. Cit., págs. 9 e 127.

195   IVEREIGH, *El Gran...*, Op. Cit., págs. 382-383 e 539.

196 **PIQUÉ**, *Francisco:* Vida..., Op. Cit., págs. 1-2 e 128.

197   IVEREIGH, *El Gran...*, Op. Cit., págs 480-483 e 547.

198   **PIQUÉ**, *Francisco:* Vida..., Op. Cit., págs. 19 e ss.

199   <https://www.nydailynews.com/news/world/papal-conclave-article-1.1288950>.

200   Autor do livro *"La elección del papa Francisco*: un relato íntimo del cónclave que cambió la Historia". Nesta investigação dispomos somente das referências feitas pelos meios a certos conteúdos do livro, assim como de algumas

declarações do autor. Cf. <https://www.bbc.com/mundo/noticias-48092717#:~:text=Gerard%20O'Connell%20releva%20en,representante%20de%20la%20iglesia%20Cat%C3%B3lica.>; <https://telesantander.com/el-nuevo-libro-de-gerard-oconnell-la-eleccion-del-papa-francisco-un-relato-intimo-del-conclave-que-cambio-la-historia/>; <https://www.efe.com/efe/espana/gente/la-intrahistoria-del-conclave-en-el-que-se-eligio-a-francisco-al-descubierto/10007-3956904>; <https://www.ideal.es/sociedad/conclave-des-velado-20190511084832-ntvo.html>; <https://www.lanacion.com.ar/el-mundo/cenas-confabulaciones-y-presion-como-se-tejio-la-eleccion-del-papa-nid2237913>.

201   **IVEREIGH**, *El Gran…*, Op. Cit., p. 472.

202   **PIQUÉ**, *Francisco:* Vida…, Op. Cit., págs. 15-16.

203   **IVEREIGH**, *El Gran…*, Op. Cit., págs. 355-358, 472-474, 478 e 488.

204   Ressaltemos que o transcrito é o texto literal da versão em castelhano do livro, consultada para o presente estudo. Não obstante, na edição original em inglês constava que os cardeais do grupo de São Galo "primeiro garantiram o assentimento de Bergoglio" ("they first secured Bergoglio's assent") e "então se puseram a trabalhar" ("then they got to work"). Do que existe evidência em vários meios (cf. <http://www.elpapaenlaprensa.com/2014/12/el-complot-que-no-era-de-cuatro. html>; <https://www.lastampa.it/blogs/2014/12/02/news/team-bergoglio-ivereigh-scrive-1.37276268>). Particularmente, *From Rome* informa que em 25 de novembro de 2014 Ivereigh expressou em sua conta de Twitter: "They secured his assent" (p. 355) shd have read "They believed he wd not oppose his election". Will amend in future eds. #TheGreatReformer" (<https://fromrome.info/2014/11/27/ivereigh-udg-81-a-radical-problem-for-the-pope/>).

205   Este cardeal foi o encarregado por Mons. Bergoglio de conduzir a Visita Apostólica que destituiria sumariamente o então bispo de Ciudad del Este, Mons. Rogelio Livieres (<http://jmvsalvacaovida.weebly.com/papa-francisco-afastou-bispo-que-fundou-o-maior-seminaacuterio-da-ameacuterica-latina.html>).

206   **IVEREIGH**, *El Gran…*, Op. Cit., p. 546.

207   O artigo se encontra originalmente em: <https://catholicherald. co.uk/pope-sent-greeting-to-queen-straight-after-his-election-says-cardinal/>; não obstante, para o acesso ao texto completo se requer subscrição —e carecemos dela—. Contudo, os extratos chaves do documento aparecem transcritos em: <https://fromrome.info/2014/12/06/cardinal-murphy-oconner-admits-pope-francis-recognized-his-leadership-of-team-bergoglio/>. Em livre tradução do inglês.

208 **IVEREIGH**, *El Gran…*, Op. Cit., p. 546.

209 <https://www.lastampa.it/vatican-insider/es/2013/03/15/news/operacion-santa-maria-mayor-1.36112599?refresh_ce>.

210 **IVEREIGH**, *El Gran…*, Op. Cit., p. 548.

211 <https://fromrome.info/2014/11/25/if-ivereigh-is-to-be-believed/>; <http://catholics-on-line.frmaria.org/index.php?option=com_content&view =article&id=3987%253Apapa&catid=37%253Acategoria-articulos&Itemid=28>; <http://www.elpapaenlaprensa.com/2014/12/el-complot-que-no-era-de-cuatro. html>.

212 <http://www.elpapaenlaprensa.com/2014/12/el-complot-que-no-era-de-cua- tro.html>; <https://www.lastampa.it/blogs/2014/12/02/news/team-bergoglio-iverei-gh-scrive-1.37276268>; <https://www.europapress.es/sociedad/noticia-vaticano-des-miente-estrategia-cardenales-ultimo-conclave-elegir-francisco-20141201190117.html>; <https://ansabrasil.com.br/brasil/notiatiano/notideais-negam-campanha-eleicao-Francisco_8219603.html>.

213 Cf. <https://www.youtube.com/watch?v=NuzV4zdAgpU>.

214 <https://www.abc.net.au/religion/setting-the-record-straight-on-pope-francis-a-reply-to-frank-bre/10098694>. Em livre tradução do inglês.

215 **PIQUÉ**, *Francisco*: Vida…, Op. Cit., págs. 9, 13-15 e 23.

216 As aspas externas ("") encerram o texto consultado na web; as internas («»), os fragmentos que este texto extrai da obra de O'Connell.

217 <https://diario7-archivos.blogspot.com/2019/05/nuevo-libro-sobre-la-eleccion-de.html>.

218 **IVEREIGH**, *El Gran…*, Op. Cit., p. 480.

219 **PIQUÉ**, *Francisco:* Vida…, Op. Cit., p. 25.

220 O ponto que suscita discrepâncias é o atinente ao número dos votos que os distintos candidatos haviam obtido nos escrutínios realizados no conclave de 2013 —salvo no primeiro deles (o que se realizou na tarde de 12 de março), sobre o qual os três autores citados (Ivereigh, Piqué e O'Connell) assinalam a cifra de 25-26 votos para JMB—. Não obstante, sobre este particular não é imprescindível dispor de dados exatos e, além disso, todas as versões coincidem quanto à identificação dos candidatos que mais votos receberam e à posição ocupada por eles em função do número de votos recebidos.

221   A Constituição Apostólica *Universi Dominici Gregis*, em seu artigo 70, estabelece que *"se ocorre que algum [dos candidatos] obteve os dois terços [dos votos], se produziu de maneira canonicamente válida a eleição do Romano Pontífice"*.

222   <http://www.conclave.it/leggevigente.php?id=partesecondacap6par81>. Em livre tradução do italiano.

223 O fato desses cardeais terem sido excomungados implica que seus votos foram nulos e, portanto, não podiam ser contabilizados? Se assim fosse, poderia ser que, descontados estes votos, JMB não tivesse realmente obtido a maioria necessária para se considerar validamente eleito? Há quem responda afirmativamente a primeira pergunta, baseando-se para isso no cânon 171 § 1 num. 3 e § 2 do CDC, que indica: *"São incapazes de votar: [...] 3º quem está excomungado por sentença judicial ou por decreto condenatório ou declaratório"*; *"Se algum dos mencionados for admitido, seu voto é nulo, mas a eleição é válida, salvo se constar que, excluído esse voto, o eleito não obteve o número exigido de votos"*. No entanto, perante esta posição, é possível formular várias reservas. Em primeiro lugar, notemos que a UDG contém regras particulares ou especiais a respeito dos cardeais que carecem do direito de votar nas eleições do Romano Pontífice, mencionando unicamente *"os Cardeais depostos canonicamente ou que tenham renunciado, com o consentimento do Romano Pontífice, à dignidade cardinalícia"* (cf. cânon 36). De acordo com o critério segundo o qual a regra especial prevalece sobre a regra geral, o cânon 171 § 1 num. 3 do CDC —que se refere, *em geral*, a qualquer tipo de votação— seria inaplicável tratando-se da hipótese *especial ou particular* das votações tendentes à eleição do Romano Pontífice —posição esta que de fato é defendida em: **MAJER, Piotr**. *Elección del Romano Pontífice*. Em: Thomson-Reuters-Aranzadi (eds.). Diccionario General de Derecho Canónico. Vol. 6 (2012); p. 574, e **CARDIA, Carlo**. *Elección del Romano Pontífice*. Em: Thomson-Reuters-Aranzadi (eds.). Diccionario General de Derecho Canónico. Vol. 6 (2012), p. 854. Contudo, foi sustentado que o cânon 171 § 1 num. 3 e § 2 do CDC não é verdadeiramente incompatível com o cânon 36 da UDG, por isso pode ser aplicado, por assim dizer, de forma "complementar". Esta afirmação foi sustentada em que ambos os cânones se ocupam de assuntos distintos: enquanto o cânon 171 § 1 num. 3 e § 2 do CDC refere-se a casos de nulidade das votações e não a quem têm direito ao voto, o cânon 36 da UDG refere-se a quem têm direito ao voto e não à hipótese de invalidade das votações (cf. <https://fromrome.info/2014/11/27/ivereigh-udg-81-a-radical-problem-for-the-pope/>; em livre tradução do inglês). No entanto, esta abordagem não faz muito sentido: em primeiro lugar, o cânon 171 § 1 num. 3 e § 2 do CDC se refere a quem "têm direito" ao voto, pois estabelece hipóteses de "inabilitação" para votar; além

disso, o direito de votar e a validade das votações são assuntos intimamente relacionados: não se poderia pensar na invalidade de uma votação em que a maioria dos que votaram tinham o direito de o fazer, nem na validade de uma votação em que a maioria dos que votaram não tinham o direito de o fazer. Mas é que, em ainda sendo aplicável esta norma geral do CDC, caberia a objeção de que a inabilitação ali prevista recai sobre aqueles que estão sujeitos a pena de excomunhão *"imposta por sentença judicial ou por decreto condenatório ou declaratório"*, este não é o caso dos cardeais de "São Galo". Novamente, neste ponto, afirmou-se que, dado que a pena de excomunhão para o caso de pactos entre cardeais eleitores está prevista no cânon 81 da UDG, e esta Constituição Apostólica é, por sua vez, um "decreto geral" segundo o cânon 20 do CDC, os membros de "São Galo" se encontrariam abrigados pelo cânon 171 § 1 num. 3 do CDC (cf. <https://fromrome.info/2015/01/06/from-ivereigh-to-abdication-the-canonical-steps-implied-by-the-team-bergoglio-scandal/>; em livre tradução do inglês). Mas também frente a esta afirmação há objeções: de um lado, o cânon 20 do CDC não assinala tal coisa —é mais, sua literalidade de nenhuma maneira pode vincular-se à categorização normativa adequada da UDG—; por outro lado, a UDG ostenta realmente categoria de "lei"; e por último, a pena de excomunhão estabelecida no cânon 81 da UDG é *"latae sententiae"*, isto é, **automática**, enquanto a prevista no cânon 171 § 1 num. 3 do CDC requer decisão formal da autoridade competente. Como consequência de tudo isto, parece que a "máfia de São Galo" não pode ser considerada como um defeito ou irregularidade formal do conclave de 2013, senão, eventualmente, como uma circunstância que provavelmente teria excluído JMB da plena comunhão com a Igreja e, portanto, o teria impedido de ser eleito Papa. Tudo, ressalte-se, *se* houvesse uma Sede vacante.

224   **PIQUÉ**, *Francisco*: Vida…, Op. Cit., p. 28. O texto entre colchetes pode ser entendido a partir do fato de que um total de seis votações ocorreu no conclave de 2013: a primeira ocorreu em 12 de março de 2013; a segunda e a terceira na manhã de 13 de março de 2013; a quarta, quinta e sexta na tarde de 13 de março de 2013. Ela falou sobre a quarta e quinta votações, que haviam sido contadas desde 12 de março de 2013. Se, no entanto, apenas as votações de 13 de março de 2013 fossem consideradas, seria a terceira e quarta votações no último dia.

225   <https://www.ultimostiempos.org/index.php?option=com_k2&view=item&id=81:el-conclave-del-antipapa-bergoglio&Itemid=177&lang=es>.

226 O relatado nos pontos 3.1 e 3.4 da Seção anterior **(IV-C)** poderiam pôr em dúvida que o cardeal Scola tivesse sido eleito na quinta votação do conclave (quarta votação de 13 de março de 2013) —aquela que finalmente foi anulada. Em particular, a eleição de Scola resultaria problemática à luz de três fatos (ou hipóteses) pontuais,

a saber: a suposta "marcha-ré" que Scola teria dado durante o almoço desse 13 de março, solicitando a seus companheiros cardeais que votassem no cardeal Bergoglio; o afirmado por Ivereigh e Piqué no sentido de que, na quarta votação do conclave (terceira de 13 de março), o cardeal Bergoglio ficou "bem próximo dos 77 votos"; e a dianteira que o mesmo cardeal havia assumido, quanto a votos recebidos, nos segundo, terceiro e quarto escrutínios do conclave (isto é, nos três primeiros escrutínios de 13 de março). Não obstante, pode-se responder assim a todas estas questões: em primeiro lugar, dando por certo que a "marcha-ré" de Scola realmente ocorreu, isso não produziria, necessária e automaticamente, a frustração de sua candidatura; em segundo lugar, que o cardeal Bergoglio tivesse se "aproximado" dos 77 votos na quarta votação do conclave (terceira de 13 de março) é uma afirmação vaga e subjetiva, carente de respaldo em uma cifra concreta, e incluso, frente a ela pode se opor o dado subministrado por O'Connell, consistente, segundo a fonte consultada, em que nessa votação Bergoglio obtivera 45 votos —número que se afasta significativamente dos 77 requeridos para ser eleito Papa—; e por fim, pareceria que de fato os eleitores desatenderam a suposta "marcha-ré" de Scola, pois, segundo a versão de O'Connell, à qual tivemos acesso indireto pela web, embora Bergoglio conservou a dianteira na quarta votação do conclave (terceira de 13 de março, ocorrida imediatamente depois do almoço), sua distância frente a Scola diminuiu em relação com a votação anterior (terceira votação do conclave, segunda de 13 de março, realizada imediatamente antes do almoço) —lembremos que, segundo a fonte consultada, O'Connell manifestou que, antes do almoço, Bergoglio e Scola obtiveram respectivamente 56 e 41 votos, enquanto que, depois do almoço, os resultados foram de 45 e 38 votos para cada um deles. A afirmação adicional, comum a Piqué e a O'Connell, segundo a qual, na quinta votação do conclave (quarta de 13 de março) —que foi anulada—, o cardeal Bergoglio havia se aproximado dos 77 votos, adoece também de imprecisão e, portanto, não constitui um dado suficientemente sério como para desvirtuar o conteúdo do comunicado emitido pela Conferência Episcopal Italiana.

Agora, por outra parte poderia formular-se a seguinte pergunta: que sentido tem que o comunicado proveniente da Conferência Episcopal Italiana (CEI), onde se felicitava a Angelo Scola por sua "eleição" ao pontificado, fosse publicado às 20:23 horas, depois de que Mons. Bergoglio se apresentasse na sacada de São Pedro? Bem, cabe a possibilidade de que a CEI tivesse filtrado o dado da eleição de Scola, mas não (oportunamente) a informação sobre a "mudança" no "Papa" eleito —isto é, sobre a posterior "eleição" de Bergoglio—; desta maneira, a CEI teria preparado antecipadamente seu comunicado de felicitação a Scola, e o teria publicado precipitadamente no momento em que Bergoglio saiu à sacada, porque, logicamente, em seu lugar esperavam o italiano —assim, ao corroborar a "mudança", a CEI se viu obrigada a retirar seu comunicado. Obviamente, se trata de meras hipóteses; o que em definitivo se quer ressaltar aqui é que a possível eleição de Scola na quinta votação do conclave de 2013 não se vê de todo descabida nem necessariamente contrária ao conjunto de dados que sobre a matéria se fizeram disponíveis; ao contrário, tal possibilidade é a "peça" que melhor "encaixa" no quebra-cabeças de tão intrincado processo eleitoral.

227   <https://www.ultimostiempos.org/es/blog/item/83-piden-un-nuevo-conclave-para-elegir-verdadero-papa.html>.

228   **PIQUÉ**, *Francisco*: Vida..., Op. Cit., p. 27.

229   **PIQUÉ**, *Francisco:* Vida..., Op. Cit., p. 31.

230   **IVEREIGH**, *El Gra*n..., Op. Cit., págs. 480-481.

231   Ibid., p. 485.

232   <https://www.antoniosocci.com/sullinvalidita-dellelezione-di-bergoglio/>.

233   <https://infovaticana.com/2014/10/07/es-nula-la-eleccion-del-papa-francisco/>.

234   <http://chiesa.espresso.repubblica.it/articolo/1350961bdc4.html?eng=y>; <http://chiesa.espresso.repubblica.it/articolo/1350960.html>. Em livre tradução do inglês.

235   <http://www.osservatoreromano.va/it/news/lo-scandalo-della-normalita>.

236   <https://www.youtube.com/watch?v=toU239Bg0LM&t=1399s>,   de 18:21 em diante.

237   <https://www.youtube.com/watch?v=toU239Bg0LM&t=1399s>,   minutos 19:59 e 21:31 e ss.

238   Este último cânon ordena *"aos Cardeais Eleitores,* graviter onerata ipsorata conscientia, *que guardem segredo destas coisas mesmo após a eleição do novo Pontífice, lembrando que ninguém está autorizado a violá-lo de forma alguma,* __*a menos que tenha recebido autorização específica e expressa do mesmo Pontífice*__". Se o Romano Pontífice pode dar autorização específica e expressa aos eleitores cardeais para quebrar o segredo sobre o que aconteceu no conclave, com maior razão pode o mesmo Pontífice quebrar esse segredo.

239   Poderia muito bem ter acontecido que, ao se descobrir que duas cédulas estavam presas juntas, elas foram contadas como uma só e assim a subfase de mistura e contagem foi esgotada sem que o Cardeal Escrutinador percebesse que havia uma cédula adicional em relação ao número de Cardeais eleitores. Poder-se-ia supor, então, que só na terceira fase do procedimento (*postscrutinium*), e provavelmente na segunda subfase (verificação dos votos), é que tal irregularidade foi notada —deve-se lembrar que, durante a verificação dos votos, é dever da comissão de revisores inspecionar, não só as anotações dos votos feitas pelos escrutinadores, como também as próprias cédulas.

240   Deve-se notar que a norma acima mencionada prevê a nulidade *imediata* de qualquer eleição papal realizada sem o pleno cumprimento das condições estabelecidas para esse fim na UDG. Isto implica que, se for corroborado que o conclave de 2013 se desviou desta Constituição Apostólica, os fiéis teriam de reconhecer, em honra à verdade, e sem qualquer pronunciamento oficial, que JMB não tem quaisquer direitos como Papa (isto, elementar, sempre na suposição de que o processo eleitoral fosse em si viável, isto é, de que a renúncia de BXVI fosse válida e, em consequência, a Sede estivesse vacante).

241   <https://infovaticana.com/2014/10/07/es-nula-la-eleccion-del-papa-francisco/>.

242   <http://chiesa.espresso.repubblica.it/articolo/1350961bdc4.html?eng=y>; <http://chiesa.espresso.repubblica.it/articolo/1350960.html>. Em livre tradução do inglês.

243   Por "instrumentalidade das formas", se quer aludir ao fato de que as regras que estabelecem as *formas* de condução de um determinado procedimento —seja ele uma votação, um processo judicial, uma investigação disciplinar etc.— só fazem sentido na medida em que garantam que tal procedimento será verdadeiramente um "__jogo limpo__" —ordenado, transparente, equitativo etc.— e que, portanto, seu resultado —seja eletivo, sentença judicial, decisão de pena ou absolvição etc.— será aceitável para todos os que nele participaram e, em geral, para os afetados por tal resultado. Nesse sentido, o princípio da "instrumentalidade das formas" sugere que o não cumprimento das *formas* irrelevantes para o resultado do processo em questão não deve resultar na nulidade desses processos —ou seja, que o processo correspondente só deve ser anulado pela violação das *formas* diretamente ligadas ao resultado. Para ser mais claro: em cada procedimento específico onde uma determinada *forma* é violada, a pergunta que deve ser feita é: se a *forma* violada tivesse sido cumprida, o resultado obtido poderia ter sido

diferente? À luz do princípio acima, apenas uma resposta afirmativa levaria à anulação do processo em questão (e seu respectivo resultado).

244   Em termos gerais, a "convalidação" de um determinado ato jurídico que tenha sido afetado por um vício de nulidade durante sua celebração implica que ele será "saneado" ou "superado" se certas circunstâncias se derem. No caso do ato de eleição do Romano Pontífice, o princípio da "convalidação" é chamado *"pacifica universalis ecclesiae adhaesio"*, por prescrever que, na circunstância da aceitação pacífica e universal pela Igreja da legitimidade canônica de um determinado pontificado, todos os vícios de nulidade que poderiam ter afetado o procedimento de eleição do respectivo pontífice serão "saneados". Nesse sentido, se se provar que a universalidade da Igreja aceitou pacificamente a legitimidade canônica do "pontificado" de JMB, deve-se concluir, segundo o princípio acima mencionado, que os possíveis vícios de nulidade presentes no conclave de 2013 foram saneados.

245   <https://infovaticana.com/2014/10/07/es-nula-la-eleccion-del-papa-francisco/>.

246   <http://chiesa.espresso.repubblica.it/articolo/1350961bdc4.html?eng=y>; <http://chiesa.espresso.repubblica.it/articolo/1350960.html>. Em livre tradução do inglês.

247   <http://www.conclave.it/leggevigente.php?id=partesecondacap5par76>.

248   <https://www.antoniosocci.com/sullinvalidita-dellelezione-di-bergoglio/#_ftn-ref29>.

249   De fato, há quem defenda que a *"universalis Ecclesiae adhaesio"* não é juridicamente aplicável ao caso de JMB. Cf. <https://comovaradealmendro.es/2020/03/25/por-que-no-cabe-aplicar-a-francisco-la-doctrina-de-la-adhesion-de-la-iglesia-universala-un-papa-respuesta-a-mons-schneider-roberto-de-mattei-edward-penti obert-siscoe-john-salza-y-otros/>; **STEENBERGEN**, *¡Es la…*, Op. Cit., págs. 9-12.

250   <https://www.youtube.com/watch?v=A4BgAaaHI24>; <https://gloria.tv/post/ bPvprEp8mMLm3zuark2xaDQ1F>.

251   Cf. Anexo II. [ndt]

252   <https://infovaticana.com/2014/10/07/es-nula-la-eleccion-del-papa-francisco/>.

253   <http://chiesa.espresso.repubblica.it/articolo/1350961bdc4.html?eng
=y>;   <http://chiesa.espresso.repubblica.it/articolo/1350960.html>.   Em   livre
tradução do inglês.

254   Neste ponto é da maior relevância precisarmos o seguinte: tanto na
compilação normativa digital consultada para a elaboração do presente Estudo
(supra, nota 11), como no site do Vaticano (<http://www.vatican.va/content/john-
paul-ii/la/apost_cons-titutions/documents/hf_jp-ii_apc_22021996_universi-
dominici-gregis.html> [em português: <http://www.vatican.va/content/john-paul-
ii/pt/apost_constitutions/documents/hf_jp-ii_apc_22021996_universi-dominici-
gregis.html>]), a redação da seção pertinente   ao cânon 68 da UDG, em latim, é a
seguinte: *"Quodsi schedularum numerus non respondet numero electorum, omnes
comburendae sunt, et iterum, id est altera vice, ad suffragia ferenda procedatur"*.
Todavia, ambas as fontes diferem na tradução ao castelhano —idioma original do
presente trabalho— assim, enquanto a primeira delas reza: *"Si el* número de *las
papeletas no corresponde al número de los electores, hay que quemarlas todas y
proceder de nuevo, es decir, por segunda vez, a emitir los votos"* (*Se o número das
cédulas não corresponde ao número dos eleitores, todas devem ser queimadas e
proceder de novo, isto é, pela segunda vez, a emissão dos votos*), na segunda se lê:
"Si el número de *las papeletas no corresponde al número de los electores, hay que
quemarlas todas y proceder inmediatamente a una segunda votación"* (*Se o número
das cédulas não corresponde ao número dos eleitores, todas devem ser queimadas
e proceder imediatamente a uma segunda votação*) (<http://www.vatican.va
/content/john-paul-ii/ es/apost_constituti nts/hf_jp-ii_apc_22021996_universi-
dominici-gregis.html>). Como é evidente, a disparidade se encontra justo na palavra
"imediatamente", a qual está ausente na primeira das fontes citadas e presente na
segunda. [Esta disparidade valerá também para o português, uma vez que a palavra
em questão —*"imediatamente"*— igual se encontra na tradução ao nosso idioma:
*"Se porventura o número das fichas não corresponder ao número dos eleitores, é
preciso queimá-las todas e proceder imediatamente a uma segunda votação"*
(<http://www.vatican.va/content/john-paul-ii/pt/apost_constitutions/documents
/hf_jp-ii_apc_22021996_universi-dominici-gregis.html>)].   Agora,   examinemos
com atenção o texto em latim —frente ao qual, como se disse, não há nenhuma
discrepância   entre   as   fontes—:   *"Omnes   comburendae   sunt"*/*"todas   sean
quemadas"*, *"et iterum, id est altera vice"*/*"e de novo, isto é, outra vez —ou pela
segunda vez—"*, *"ad suffragia ferenda procedatur"*/*"proceda-se ao sufrágio"*. De
fato, não parece que o texto original em latim incluísse o (polêmico e decisivo)
advérbio *"imediatamente"*.

255   <https://www.antoniosocci.com/sullinvalidita-dellelezione-di-

bergoglio/#_ftn- ref4>.

256   Isto pode ser mais facilmente entendido a partir do exemplo a seguir: Se X e Y pretendessem celebrar um contrato de compra e venda em seus respectivos status de comprador e vendedor, e estipulassem o preço a ser pago por X, mas não determinassem o imóvel a ser transferido por Y, tal "venda" seria inexistente por falta de objeto e não teria o efeito que é próprio de todas as vendas, que é operar um intercâmbio econômico formalmente reconhecido pelo Estado; contudo, isso não impediria, como resultado desse "ato jurídico" inexistente, que outros efeitos jurídicos se produzissem (alheios aos   patrimoniais, de tipo civil ou comercial), como, por exemplo, efeitos penais se algum ato criminoso (uma fraude, por exemplo) se materializasse em torno ao "negócio".

REFERÊNCIAS

BENTO XVI. *Angelus*, 24 de fevereiro de 2013 [acesso em: 21 set. 2020]. Disponível em: <http://www.vatican.va/content/benedict-xvi/es/angelus/2013/documents/hf_ben-xvi_ang_20130224.html>.

________. *Audiência Geral*, 11 de março de 2009 [acesso em: 21 set. 2020]. Disponível em: <http://w2.vatican.va/content/benedict-xvi/es/audiences/2009/documents/hf_ben-xvi_aud_20090311.html>.

________. *Audiência Geral*, 27 de fevereiro de 2013 [acesso em: 21 set. 2020]. Disponível em: <https://w2.vatican.va/content/benedict-xvi/es/audiences/2013/documents/hf_ben-xvi_aud_20130227.html >.

________. *Declaratio*, 10 de fevereiro de 2013 [acesso em: 21 set. 2020]. Disponível em: <http://www.vatican.va/content/benedict-xvi/es/speeches/2013/february/documents/hf_ben-xvi_spe_20130211_declaratio. html>.

________. *Encontro com os párocos e o clero de Roma*, Discurso do Santo Padre Bento XVI, 14 de fevereiro de 2013 [acesso em: 21 set. 2020]. Disponível em: <http://w2.vatican.va/content/benedict-xvi/es/speeches/2013/february/documents/hf_ben-xvi_spe_20130214_clero-roma.html>.

________. *Santa Missa Crismal*, Homilia do Santo Padre Bento XVI, 05 de abril de 2012 [acesso em: 21 set. 2020]. Disponível em: <http://www.vatican.va/content/benedict-xvi/es/homilies/2012/documents/hf_ben-xvi_hom_20120405_messa-crismale.html>.

________. *Santa Missa de imposição do pálio e entrega do anel do pescador no solene início do ministério petrino do Bispo de Roma*, Homilia de Sua Santidade Bento XVI, 24 de abril de 2005 [acesso em: 21 set. 2020]. Disponível em: <http://www.vatican.va/content/benedict-xvi/es/homilies/2005/documents/hf_ben-xvi_hom_20050424_inizio-pontificato.html>.

BONI, Geraldina. *On the election of Pope Francis.* [acesso em: 21 set. 2020]. Disponível em: <http://chiesa.espresso.repubblica.it /articolo/1350961bdc4.html?eng=y>.

BUGNOLO, Alexis. *Clamorous errors in the Latin of the renunciation* [acesso em: 21 jun. 2020]. Disponível em: <https://fromrome. info/2020/06/10/clamorous-errors-in-the-latin-of-the-renunciation-2>.

__________. *From Ivereigh to abdication,* the canonical steps implied by the "team Bergoglio" scandal [acesso em: 21 set. 2020]. Disponível em: <https://fromrome.info/2015/01/06/from-ivereigh-to-abdication-the-canonical-steps-implied-by-the-team-bergoglio-scandal/>.

__________. *Investigating the causes of Pope Benedict's invalid abdication* [acesso em: 21 set. 2020]. Disponível em: <https://fromrome. info/2019/04/11/investigating-the-causes-of-pope-benedicts-invalid -abdication/>.

__________. *Ivereigh + UDG 81 = A radical problem for the Pope* [acesso em: 21 set. 2020]. Disponível em: <https://fromrome.info/2014/11/27/ivereigh-udg-81-a-radical-problem-for-the-pope/>.

__________. *Munus and Ministerium*: A Textual Study of their Usage in the Code of Canon Law of 1983 [acesso em: 21 set. 2020]. Disponível em: <https://fromrome.info/2019/10/31/munus-and-ministerium-a-canonical-study/>.

__________. *The validity of Pope Benedict XVI's resignation must be questioned* — Part I. [acesso em: 21 set. 2020]. Disponível em: <https://fromrome.info/2018/11/19/the-validity-of-pope-benedict-vxis-resignation-must-be-questioned/>.

CARDIA, Carlo. *Elección del Romano Pontífice.* Em: Thomson-Reuters-Aranzadi (eds.). Diccionario General de Derecho Canónico. Vol. 6 (2012), págs. 852-855.

CERRELLI, Giancarlo e INTROVIGNE, Massimo. *"Es Francisco"*: palavra de canonista [acesso em: 21 set. 2020]. Disponível em: <https://infovaticana.com/2014/10/07/es-nula-la-eleccion-del-papa-francisco/>.

CÓDIGO DE DERECHO CANÓNICO. 6ª ed. Pamplona: Ediciones Universidad de Navarra S.A., 2001.

II CONCÍLIO DE LYON, Profissão de fé de Miguel VIII Paleólogo., Bula *Ubi Periculum.*

CONCÍLIO ECUMÊNICO DE FLORENÇA, Bula *Laetentur Caeli* (*Bulla Unionis Graecorum*).

CONCÍLIO VATICANO I, Constituição Dogmática *Pastor Aeternus.*

CONCÍLIO VATICANO II, Constituição Dogmática *Lumen Gentium.*

CONGREGAÇÃO PARA A DOUTRINA DA FÉ. *Declaração sobre a maçonaria,* 26 de novembro de 1983 [acesso em: 21 set. 2020]. Disponível em: <https://www.vatican.va/roman_curia/congregations/cfaith/documents/rc_con_cfaith_doc_19831126_decla ration-masonic_sp.html>.

__________. *O primado do Sucessor de Pedro no mistério da Igreja,* 31 de outubro de 1998 [acesso em: 21 set. 2020]. Disponível em: <http://www.vatican.va/roman_curia/congregations/cfaith/documents/rc_co n_cfaith_doc_19981031_primato-successore-pietro_it.html>.

DE LA HERA, Alberto. *La suprema autoridad de la Iglesia en la codificación canónica latina.* Em: *Ius Canonicum.* Vol. 33, No. 66 (1993), pp. 515-540.

DICCIONARIO DE DERECHO CANÓNICO ARREGLADO A LA JURISPRUDENCIA ECLESIÁSTICA ESPAÑOLA ANTIGUA Y MODERNA. París: Librería de Rosa y Bouret, 1854. 1124p.

ERDO, Peter. *Elementos de un sistema de las funciones públicas en la iglesia según el código de derecho canónico.* Em: *Ius Canonicum.* Vol. 33, No. 66 (1993), pp. 541-552.

FERRO CANALE, Guido. *Sull'invalidità dell'elezione di Bergoglio*: Dissertazione in punta di diritto canonico sulla tesi di Socci e la replica di Boni [acesso em: 21 set. 2020]. Disponível em:

<https://www.antoniosocci.com/sullinvalidita-dellelezione-di-bergoglio/>.

GONZÁLEZ DE LA PEÑA, María del Mar. *Masonería y rotarismo en España*. Em: FERRER BENIMELI, José Antonio (coord.). La masonería en la España del siglo XX. Vol. 1. Toledo: Universidad de Castilla-La Mancha, 1996. pp. 37-48.

IVEREIGH, Austen. *El Gran Reformador*: Francisco, relato de un Papa radical. Buenos Aires: Ediciones B, 2015. 567p.

JOSEPHMARYAM. *Análisis de la renuncia del Papa Benedicto XVI*. [acesso em: 28 fev. 2020]. Disponível em: https://josephmaryam.files.wor-dpress.com/2016/01/analisis.pdf ; p. 5.

JOÃO PAULO II. *Audiência Geral*, 24 de setembro de 1980 [acesso em: 21 set. 2020]. Disponível em: <http://w2.vatican.va/content/john-paul-ii/es/audiences/1980/documents/hf_jp-ii_aud_19800924.html >.

__________. *Discurso del Santo Padre Juan Pablo II a los miembros del "Rotary International"*, 14 de junho de 1979 [acesso em: 21 set. 2020]. Disponível em: <http://w2.vatican.va/content/john-paul-ii/es/speeches/1979/june/documents/hf_jp-ii_spe_19790614_ rotary-international.html>.

__________. *Discurso del Santo Padre Juan Pablo II con motivo de las peregrinaciones jubilares del "Rotary International", de la diócesis de Pitigliano-Sovana-Orbetello, del Colegio Arzobispal Pío XI de Desio, y de varias parroquias de Rieti, Bolonia y Urbania*, 11 de março de 2000 [acesso em: 21 set. 2020]. Disponível em: <http://w2.vatican.va/content/john-paul-ii/es/speeches/2000/jan--mar/documents/hf_jp-ii_spe_20000311_rotary-italian-dioceses.html>.

__________. *Regina Caeli*, 31 de maio de 1987 [acesso em: 21 set. 2020]. Disponível em: <http://w2.vatican.va/content/john-paul-ii/es/angelus/1987/documents/hf_jp-ii_reg_19870531.html>.

__________. *Visita a la parroquia romana de San Lino, Papa*, Homilia de Su Santidad Juan Pablo II, 25 de maio de 1997 [acesso em: 21 set. 2020]. Disponível em: <http://w2.vatican.va/content/john-paul-ii/es/homilies/1997/documents/hf_jp-ii_hom_19970525.html>.

MAJER, Piotr. *Elección del Romano Pontífice*. Em: Thomson-Reuters-Aranzadi (eds.). Diccionario General de Derecho Canónico. Vol. 6 (2012); págs. 573-578.

__________. *Renuncia del Romano Pontífice*. Em: Thomson-Reuters-Aranzadi (eds.). Diccionario General de Derecho Canónico. Vol. 6 (2012).

MAZZA, Edmund J. *Pope Emeritus Enigma*: An Explanation at Last [acesso em 11 out. 2020] Disponível em: <https://www.barnhardt. biz/2020/05/27/guest-post-dr-edmund-mazzas-position-paper-on-the-invalidity-of-pope-benedicts-resignation/>.

__________. *Resigned to the papacy*: does Benedict still claim he is Pope? [acesso em: 21 set. 2020]. Disponível em: <https://fromrome. info/2020/03/08/resigned-to-the-papacy-does-benedict-still-claim-he -is-pope/>.

O'REILLY, Steven. *A Response to Dr. Mazza's BiP Theory*. Discussion with Dr. Taylor Marshall [acesso em: 21 set. 2020]. Disponível em: <https://romalocutaest.com/2020/05/29/a-response-to-dr-mazzas-bip-theory-discussion-with-dr-taylor-marshall-part-1/>.

__________. *Addendum: Normas Nonnullas explodes Dr. Mazza's BiP theory* [acesso em: 21 set. 2020]. Disponível em: <https:// romalocutaest.com/2020/06/11/addendum-normas-nonnullas-explodes-dr-mazzas-bip-theory/>.

__________. *Summa Contra the BiP Theory* (Why Benedict XVI is NOT the pope) [acesso em: 21 set. 2020]. Disponível em: <https://romalocutaest.com/2020/02/11/summa-contra-the-bip-theory-why-benedict-xvi-is-not-the-pope/>.

__________. *Thoughts on Free Will and Hypothetical Papal Plots* [acesso em: 21 set. 2020]. Disponível em: <https://romalocutaest.com/ 2017/07/23/thoughts-on-free-will-and-hypothetical-papal-plots/>.

PAULO IV, Bula *Cum Ex Apostolatus Officio*, 15 de fevereiro de 1559.

PAULO VI. *Discorso del Santo Padre Paolo VI ai membri del Rotary*

Club in occasione dell'viii Congresso Regionale dell'istituzione, 14 de novembro de 1970 [acesso em: 21 set. 2020]. Disponível em: <http://w2.vatican.va/content/paul-vi/it/speeches/1970/documents/hf_p-vi_spe_19701114_rotary-club.html>.

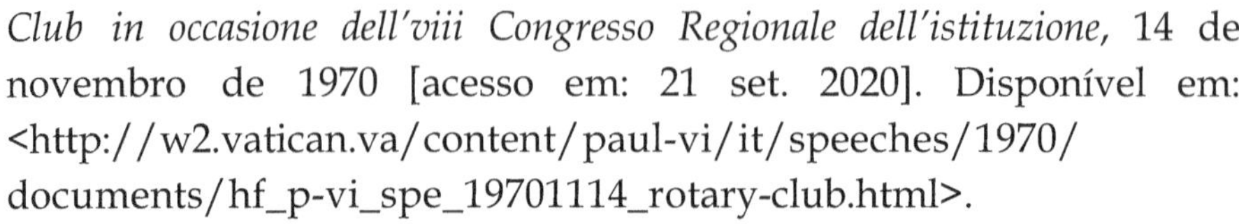

__________. *Discorso di Paolo VI ai partecipanti al congresso del 188° distretto del Rotary Internazionale*, 10 de maio de 1975 [acesso em: 21 set. 2020]. Disponível em: <https://w2.vatican.va/content/paul-vi/it/speeches/1975/documents/hf_p-vi_spe_19750510_congresso-rotary.html>.

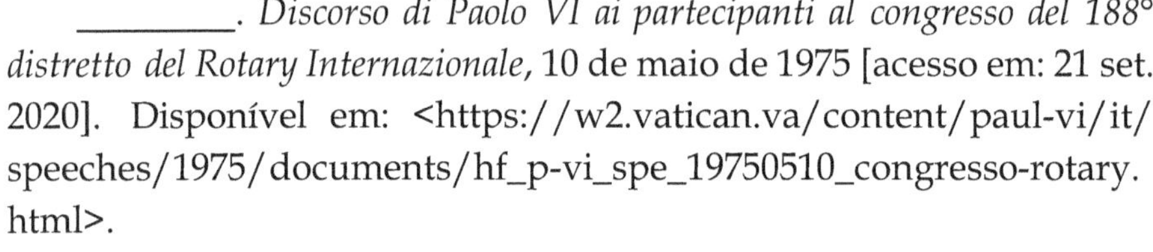

__________. *Discorso del Santo Padre Paolo VI in occasione del 50° di fondazione del «Rotary Club» in Italia*, 16 de fevereiro de 1974 [acesso em: 21 set. 2020]. Disponível em: <http://w2.vatican.va/content/paul-vi/it/speeches/1974/documents/hf_p-vi_spe_19740216_rotary-club.html>.

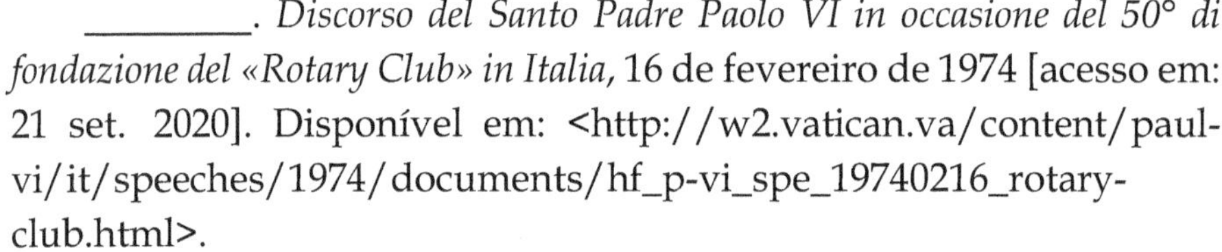

__________. *Discorso di Paolo VI ai soci italiani del «Rotary Club»*, 20 de março de 1965 [acesso em: 21 set. 2020]. Disponível em: <https://w2.vatican.va/content/paul-vi/it/speeches/1965/documents/hf_p-vi_ spe_19650320_rotary-club.html>.

__________. *Discurso do Papa Paulo VI aos membros do Rotary Club*, 19 de maio de 1973 [acesso em: 21 set. 2020]. Disponível em: <https://w2.vatican.va/content/paul-vi/pt/speeches/1973/may/documents/hf_p-vi_ spe_19730519_rotariani-brasile.html>.

PIQUÉ, Elisabetta. *Francisco*: Vida y Revolución. Una biografía de Jorge Bergoglio. Chicago: Loyola Press, 2013, pp. 212-213.

SÁNCHEZ SÁEZ, Antonio José. *Por qué no cabe aplicar a Francisco la doctrina de la adhesión de la Iglesia Universal a un Papa*: Respuesta a Mons. Schneider, Roberto De Mattei, Edward Pentin, Robert Siscoe, John Salza y otros [acesso em: 21 set. 2020]. Disponível em: <https://comovaradealmendro.es/2020/03/29/por-que-no-cabe-aplicar-a-francisco-la-doctrina-de-la-adhesion-de-la-iglesia-universal-a-un-papa-respuesta-a-mons-schnei-der-roberto-de-mattei-edward-pentin-robert-siscoe-john-salza-y-otros/>.

SISCOE, Robert. *Dogmatic Fact:* The One Doctrine that Proves Francis Is Pope [acesso em: 11 out. 2020]. Disponível em:

<https://onepeterfive. com/dogmatic-fact-francis-pope/>.

__________. *For Each Objection, an Answer:* Why Francis Is Pope [acesso em: 11 out. 2020]. Disponível em: <https://onepeterfive.com/objection-answer-francis-pope/>.

__________. *Peaceful and Universal Acceptance of a Pope* [acesso em: 11 out. 2020]. Disponível em: <http://www.trueorfalsepope.com/p/peaceful-and-universal-acceptance-of.html>.

SISCOE, Robert e SALZA JOHN. *Is Francis or Benedict the True Pope?* [acesso em: 11 out. 2020]. Disponível em: <http://www.trueorfalsepope.com/p/is-francis-or-benedict-true-pope. html>.

__________. *True or false Pope?* Refuting Sedevacantism and Other Modern Errors. Winona: St. Thomas Aquinas Seminary, 2015. 710p.

SOCCI, Antonio. *El secreto de Benedicto XVI.* Por qué sigue siendo Papa. Trad. Pablo Boccanera e Isabel Matarazzo. Milán: Mondadori, 2018. 195 p.

__________. *Non è Francesco*: La Chiesa nella grande tempesta. Milán: Mondadori, 2014. 282p.

STEENBERGEN, Michaël. *¡Es la hora!* [acesso em: 24 fev. 2020]. Disponível em: <https://comovaradealmendro.es/wp-content/uploads/2019/04/%C2%A1ES-LA-HORA-2.pdf>.

SUÁREZ FALCÓ, Juan. *Breve crónica de un golpe de estado masónico en la Iglesia*: estudio jurídico-teológico de la renuncia de Benedicto XVI [acesso em: 21 set. 2020]. Disponível em: <https://comovaradealmendro.es/2018/12/02/breve-cronica-de-un-golpe-de-estado-masonico-en-la-iglesia-estudio-juridico-teologico-de-la-renuncia-de-Bento-xvi/>.

__________. *Dos graves razones de derecho canónico que confirman que BXVI sigue siendo Papa* [acesso em: 21 set. 2020]. Disponível em: <http://comovaradealmendro.com/2018/05/dos-graves-razones-de-derecho-canonico-que-confirman-que-bxvi-sigue-siendo-papa/>.

__________. *Hay un solo Papa en la Iglesia Católica*: Benedicto XVI [acesso em: 21 set. 2020]. Disponível em: <https://

comovaradealmendro.es/2018/12/20/hay-un-solo-papa-en-la-iglesia-catolica-Bento-xvi/>.

__________. *La supuesta renuncia de BXVI y la pasión de la Iglesia* [acesso em: 21 set. 2020]. Disponível em: <https://comovaradealmendro.es/2019/04/12/la-supuesta-renuncia-de-bxvi-y-la-pasion-de-la-iglesia/>.

TEDESCO, Vincenzo. *Il Romano Pontefice*: poteri primaziali e rinuncia all'ufficio. Trabajo de Grado, Doctorado en Derecho Romano. Roma: Universidad de Roma La Sapienza, 2016-2017, 328p.

VIOLI, Stefano. *La rinuncia di Benedetto XVI*: Tra storia, diritto e coscienza [acesso em: 21 set. 2020]. Disponível em: <http://chiesa.espresso. repubblica.it/articolo/1350913.html>.

REFERÊNCIAS COMPLEMENTARES

BELLO, Omar. *El verdadero Francisco*: Intimidad, psicología, grandezas, secretos y dudas del Papa argentino. Por el filósofo que más lo conoce. Buenos Aires: Noticias, 2013. 200p.

BERGOGLIO, Jorge e SKORKA, Abraham. *Sobre el cielo y la tierra*: Las opiniones del Papa Francisco sobre la familia, la fe y el papel de la Iglesia en el siglo XXI. Buenos Aires: Sudamericana, 2010. 220p.

CAPONNETTO, Antonio. *De Perón a Bergoglio*: El "catolicismo" excomulgable. La Plata: Bellavista, 2019. 210p.

CHAMORRO JIMÉNEZ, Juan Carlos. *El Fin de los Tiempos en las revelaciones privadas católicas (2 vl)* [acesso em: 21 set. 2020] Disponível em: <https://comovaradealmendro.es/2020/03/22/el-fin-de-los-tiempos-en-las-revelaciones-privadas-catolicas/>.

COLEÇÃO PATRÍSTICA. *Padres Apostólicos*. São Paulo: Paulus, 1995. 301p.

DOLAN, Timothy. *Praying in Rome*: Reflections on the Conclave and Electing Pope Francis. New York: Image, 2013. 40p.

LANÚS, Santiago. *Mãe de Deus e nossa Mãe* – Fátima, Amsterdam e Garabandal. São Paulo: Ed. Imaculada, 2020. 259p.

METTEPENNINGEN, Jürgen e SCHELKENS, Karim. *Godfried Danneels*: biographie. Anvers: Polis, 2015. 539p.

O'CONNELL, Gerard. *The Election of Pope Francis*: An Inside Account of the Conclave That Changed History. Maryknoll: Orbis Books, 2019. 272p.

RUBIN, Sergio e AMBROGETTI, Francesca. *El Papa Francisco*: Conversaciones con Jorge Bergoglio. Barcelona: Ediciones B, 2013. 200p.

SEEWALD, Peter. *Benedicto XVI*: Luz del mundo: El Papa, la Iglesia y los signos de los tiempos. Barcelona: Herder, 2010. 228p.

__________. *Benedicto XVI*: Últimas conversaciones con Peter Seewald. Bilbao: Mensajero, 2016. 309p.

__________. *La sal de la tierra*: Quién es y cómo piensa Benedicto XVI. Madrid: Palabra, 1997. 320p.

SOCCI, Antonio. *El cuarto secreto de Fátima*. Madrid: La esfera de los libros, 2012. 408p.

ANEXO I
Profecias sobre a Igreja e o Papado

Como dito a princípio, a citação destas profecias, de caráter secundário, se faz "marginalmente neste trabalho, quer para reforçar os seus argumentos centrais, quer como um apêndice." (nota 16). Com isso esclarecemos, uma vez mais, que à Igreja compete manifestar-se a favor de ou contra a autenticidade das mesmas, e mesmo sua correta aplicação na história. A consideração da pertinência destas citações ao presente estudo, não obstante, dá-se, primeiro, por parecer coincidir em muitos aspectos com os eventos atuais, em especial com relação ao Papado, e em segundo, por se tratar, as que ainda não receberam aprovação oficial da autoridade eclesiástica competente, de manifestações não reprovadas pela mesma. Assim, o fazemos respaldados no decreto emitido por S.S o Papa Paulo VI, ainda vigente[1].

Por questões de praticidade buscamos extrair em três fontes principais a maior parte das citações aqui contidas, fazendo nossas as palavras do moralista espanhol Pe. Lucio Rodrigo, S.J., com relação ao tema das revelações privadas, às quais se deve: "aproximar-se seriamente aos fatos, estudá-los com toda imparcialidade, sem precipitações e sem prevenções, na busca da verdade, que é buscar a DEUS, acima de tudo"[2]. Disso depreende que nos limitaremos à sua pura e simples citação. Que nos sirvam de lâmpada a iluminar o lugar escuro[3].

"Antes da vinda do Cristo, a Igreja deve passar por uma prova final, que abalará a fé de numerosos crentes. A perseguição, que acompanha a sua peregrinação na Terra, porá a nu o "mistério da iniquidade", sob a forma duma impostura religiosa, que trará aos homens uma solução aparente para os seus problemas, à custa da apostasia da verdade. A suprema impostura religiosa é a do Anticristo, isto é, dum pseudomessianismo em que o homem se glorifica a si mesmo, substituindo-se a Deus e ao Messias Encarnado."

Catecismo da Igreja Católica (675)

†

---

[1] Cf. Decreto aprovado em 14.10.1966, e em A.A.S. 58/16 a 29.12.1966.

[2] **LANÚS**, *Mãe de...*, Op. Cit., págs. 14-15.

[3] Todas as notas deste Anexo de responsabilidade deste tradutor.

Mensagens extraídas de *El Fin de los Tiempos en las revelaciones privadas católicas* (2 vl), de *Juan Carlos Chamorro Jiménez*[4]

São Malaquias (1094-1148) – p. 50

"A mais famosa das profecias atribuídas a São Malaquias, composta de lemas para cada um dos 112 papas a partir de Celestino II eleito no ano 1130, até o fim dos tempos".

112: «"Petrus Romanus" (Pedro Romano). Que será o último Papa: Na perseguição final da Santa Igreja Romana reinará Petrus Romanus, que alimentará o seu rebanho em meio a muitas tribulações. Depois disso a cidade das sete colinas será destruída e o temido juiz julgará seu povo».

São Francisco de Assis (1182-1226) – págs. 51-2

"Pouco antes de morrer, São Francisco de Assis reuniu os seus seguidores e advertiu-os dos problemas vindouros dizendo-lhes:"

«Sejam fortes, meus irmãos, cobrem ânimo e creiam no Senhor. Aproximase rapidamente o tempo em que haverá grandes provações e tribulações; abundam perplexidades e dissensões, tanto espirituais como temporais; a caridade de muitos esfriará, e a maldade dos ímpios aumentará.

Os demônios terão um poder incomum; a pureza imaculada de nossa Ordem e de outras, muito se obscurecerá, já que haverá poucos cristãos que obedecerão ao verdadeiro Sumo Pontífice e à Igreja Romana com corações leais e caridade perfeita. No momento desta tribulação, um homem, eleito não canonicamente, elevar-se-á ao Pontificado, e com a sua astúcia esforçar-se-á por levar muitos ao erro e à morte.

Então, os escândalos se multiplicarão, nossa Ordem se dividirá, e muitas outras serão destruídas por completo, porque se aceitará o erro em lugar de opor-se a ele.

---

[4] Extraído de: <https://comovaradealmendro.es/2020/03/22/el-fin-de-los-tiempos-en-las-revelaciones-privadas-catolicas/>. Em 01 jul. 2020. Em livre tradução do espanhol.

Haverá tal diversidade de opiniões e cismas entre o povo, entre os religiosos e entre o clero, que, se esses dias não fossem abreviados, conforme as palavras do Evangelho, mesmo os escolhidos seriam induzidos em erro, se não fossem especialmente auxiliados, em meio a tão grande confusão, pela imensa misericórdia de Deus.

(...) Aqueles que preservarem seu fervor e aderirem à virtude com amor e zelo pela verdade, hão de sofrer injúrias e perseguições; serão considerados como rebeldes e cismáticos, porque seus perseguidores, impelidos pelos maus espíritos, dirão que estão prestando um grande serviço a Deus pela erradicação da face da terra de homens tão pestilentos. Mas o Senhor há de ser o refúgio dos aflitos, e salvará a todos os que confiam n'Ele. E para serem como a sua Cabeça, estes, os eleitos, agirão com esperança, e por sua morte comprarão para si mesmos a vida eterna; escolhendo obedecer a Deus antes que aos homens, eles não temerão nada, e hão de preferir perecer que consentir na falsidade e na perfídia.

Alguns pregadores manterão silêncio sobre a verdade, e outros a pisarão sob seus pés e a negarão. A santidade de vida se realizará em meio de zombarias, proferidas inclusive por aqueles que a professarão exteriormente, pois naqueles dias Nosso Senhor Jesus Cristo não enviará a estes um verdadeiro Pastor, mas um exterminador».

Soeur de la Nativité (1731-1798) – págs. 80-1

"Eu vi uma grande potência erguer-se contra a Santa Igreja. Ela arrancou, pilhou, devastou a vinha do Senhor; fê-la servir como escabelo aos transeuntes, e a expôs aos insultos de todas as nações. Depois de ter injuriado o celibato e oprimido o estado religioso, esta soberba audaz, ai, se há como que revestido dos poderes de nosso Santo Padre o Papa, do qual ela tem menosprezado a pessoa e a autoridade... Vi balançar as colunas da Igreja, vi inclusive cair um grande número dos quais se tinha motivo para esperar mais estabilidade... Sim, Pai, entre aqueles que a deviam sustentar, encontraram-se covardes, indignos, falsos pastores, lobos vestidos com pele de cordeiros, que entraram no rebanho para seduzir as almas simples, degolar o aprisco de Jesus Cristo, e liberar a herança do Senhor à depredação dos ladrões, os templos e os santos altares à profanação...".

Beata Anna Catarina Emmerich (1774-1824) – págs. 94-101

Os Demolidores

—A demolição da Igreja.

«Vi pessoas da seita secreta [maçonaria] minar sem descanso a grande Igreja...

...e vi perto deles uma horrível besta que havia surgido do mar... Estava pintada como um tigre e se mostrava muito familiar com os demolidores...

Durante esse tempo, vi por um lado e por outro, no mundo inteiro, muitas pessoas boas e piedosas, sobretudo eclesiásticos, humilhados, prisioneiros e oprimidos, e tive o pressentimento de que eles chegariam a ser mártires um dia.

Como a Igreja já estava em grande parte demolida, não ficando em pé mais que o coro com o altar, vi estes demolidores penetrar na igreja com a besta.

Vi a igreja de São Pedro e uma enorme quantidade de homens que trabalhavam em investir contra ela, mas vi ali também outros que faziam reparações... Os demolidores extraíam grandes fragmentos; eram particularmente sectários em grande número e com eles os apóstatas. Estas pessoas, fazendo seu trabalho de destruição, pareciam seguir certas prescrições e uma certa regra: usavam aventais brancos rodeados de uma fita azul e providos de bolsos, com colher de pedreiro na cintura. Tinham também vestes de todo tipo: havia entre eles homens distintos, altos e robustos, com uniformes e cruzes, os quais no entanto não trabalhavam diretamente na tarefa, mas marcavam nos muros com a colher os lugares onde era preciso demolir. Vi com horror que também havia entre eles sacerdotes católicos.

Já toda a parte anterior da Igreja estava destruída: não restava em pé mais que o santuário com o Santíssimo Sacramento.

Tive de novo a visão da seita secreta minando por toda parte a igreja de São Pedro. Eles trabalhavam com instrumentos de toda classe e corriam por aqui e por ali, levando pedras que tinham arrancado. Foram obrigados a deixar o altar, não puderam removê-lo. Vi profanar e tirar uma imagem de Maria».

—O obscurecimento da Igreja.

«Vós sacerdotes, que não se movem! Vós estais dormindo e o redil arde em

todos os lugares! Não fazeis nada! Como chorarão por isso um dia! Se tivésseis dito apenas um Pater! ... Vejo tantos traidores! Eles não suportam que se diga: "isso está errado". Tudo está bem a seus olhos contanto que possam glorificar-se com o mundo!

Os servidores da Igreja são tão frouxos! Já não fazem uso da força que possuem no sacerdócio.

Se algum dia as almas reclamem o que o clero lhes deve, causando-lhes tantas perdas por sua injúria e sua indiferença, seria algo terrível!

Vi muitos bons e piedosos bispos, mas estavam mudos e fracos e o mau partido tomava frequentemente a força.

Vejo uma quantidade de eclesiásticos castigados de excomunhão, que não parecem inquietar-se nem sequer sabê-lo.

(...) Vi quão funestas seriam as consequências desta falsificação da Igreja. Eu a vi crescer, vi os heréticos de todas as condições virem à cidade (Roma).

Vi a tibieza do clero local aumentar, vi uma grande escuridão.

(...) Vi todas as comunidades católicas oprimidas, humilhadas, encarceradas e privadas de liberdade.

Vi muitas igrejas fechadas. Vi grandes misérias ocorrerem por toda parte. Vi guerras e sangue derramado. Vi o povo selvagem e ignorante, intervir com violência.

... isso não durará muito tempo...».

—A Igreja dos apóstatas.

«Vi a Igreja dos apóstatas crescer grandemente. Vi as trevas que partiam dela, repartindo-se ao redor e vi muitas pessoas abandonar a Igreja legítima e dirigir-se para a outra dizendo: "Ali tudo é mais bonito, mais natural e mais ordenado. Os sacerdotes deixavam que se fizesse qualquer coisa e diziam a missa com muita irreverência".

Vi no futuro a religião bastante decaída e conservando-se unicamente em alguns lugares, em alguns lares e em algumas famílias que Deus tem protegido também dos desastres da guerra.

Vi construir uma igreja estranha e oposta a todas as regras... No entanto, a

Igreja tradicional era como uma árvore cheia de seiva em comparação com a outra que parecia um baú cheio de objetos inanimados».

—A falsa Igreja.

«Viajava através de uma comarca sombria e fria e cheguei à grande cidade (Roma). Ali vi de novo a grande e singular igreja que se estava construindo; não havia nada de santo nela;

Havia em tudo isto, algo de orgulhoso, de presunçoso, de violento e tudo parecia ter êxito...

Tudo se fazia segundo a razão humana.

Vi que a religião é minada e sufocada tão habilmente que não resta mais que um pequeno número de sacerdotes que não são seduzidos... Não obstante, existem três igrejas em que eles não podem ornar para si: são as de São Pedro, a de Santa Maria Maior e a de São Miguel... Uma grande devastação está próxima.

(...) Eles querem ser um só corpo em algo distinto do Senhor.

Formou-se um corpo, uma comunidade fora do corpo de Jesus que é a Igreja: uma falsa Igreja sem Redentor, na qual o mistério é não ter mistério.

Quando a ciência se separar da fé será quando nascerá esta Igreja sem Salvador, as pretensas boas obras sem a fé, a comunhão dos incrédulos tendo a aparência de virtude, numa palavra a anti-Igreja cujo centro está ocupado pela maldade, o erro, a mentira, a hipocrisia, a frouxidão, os artifícios de todos os demônios da época».

—A comunhão dos profanos.

«(...) (A falsa igreja) está cheia de orgulho e de presunção, e com isso destrói e conduz ao mal com toda classe de boas aparências. O perigo está na sua inocência aparente.

Vi tantos traidores! Eles não suportam que lhes digam: "isto está mal" (...)».

—O Papa traído.

«Vi o Papa em oração; estava rodeado de falsos amigos que muitas vezes

faziam o contrário do que dizia.

Vi o Santo Padre numa grande tribulação e numa grande angústia que atingia a Igreja. Vi-o muito rodeado de traições.

Eles querem tirar do pastor o prado que lhe é próprio! Eles querem impor outro que deixa tudo nas mãos dos inimigos! – Então, tomada pela cólera, ela levantou o punho fechado dizendo: Alemães Embusteiros! Escutem! Não conseguirão! O pastor está em uma rocha! Vós, sacerdotes, não vos moveis! Dormis e o aprisco arde por todos os lados! Não fazeis nada! Como chorarão por isso um dia!

Vi que, em certos casos de extrema miséria, o Papa tem visões e aparições».

—O falso ecumenismo.

«Vi, pelo que creio, quase todos os bispos do mundo, mas um pequeno número somente perfeitamente são.

(...) Havia em Roma, mesmo entre os prelados, muitas pessoas de sentimentos pouco católicos que trabalhavam para o sucesso deste assunto (a fusão das igrejas).

Vi também na Alemanha eclesiásticos mundanos e protestantes iluminados [maçons iluminatis] manifestar desejos e formar um plano para a fusão das confissões religiosas e para a supressão da autoridade papal.

E este plano tinha, em Roma mesma, seus promotores entre os prelados!

Eles construíam uma grande igreja, estranha e extravagante; todo mundo tinha que adentrá-la para unir-se e possuir ali os mesmos direitos; evangélicos, católicos, seitas de todo tipo: o que devia ser uma verdadeira comunhão dos profanos onde não haveria mais que um pastor e um rebanho. Deveria haver também um Papa que não possuísse nada e fosse remunerado. Tudo estava preparado de antemão e muitas coisas já estavam feitas: mas no lugar do altar, não havia mais que desolação e abominação».

—Profanação da Eucaristia.

«(...) Vejo os inimigos do Santíssimo Sacramento que fecham as Igrejas e impedem que se lhe adore, aproximar-se a um terrível castigo. Eu os vejo doentes

e no leito de morte sem sacerdote e sem sacramento».

—O traslado da Igreja.

«Cheguei à casa de São Pedro e São Paulo (Roma) e vi um mundo tenebroso cheio de angústia, de confusão e de corrupção.

Vi o Santo Padre em grande tribulação e grande angústia em relação à Igreja. (...) Eles levam a Igreja para outro lugar e me parece que vários Palácios caíam diante deles como campos de trigo que se colhem.

... Então vi diante de mim meu esposo celeste sob a forma de um homem jovem e me falou durante muito tempo. Ele disse, entre outras coisas, que este traslado da Igreja de um lugar a outro significava que ela estava em completa decadência, mas que repousava sobre esses portadores e se revelaria com sua ajuda. Ainda que houvesse apenas um cristão católico, a Igreja poderia novamente triunfar, já que ela não tem seu fundamento na inteligência e nos conselhos dos homens».

São João Bosco (1815-1888) – págs. 118-124

"São João Bosco informou ao Papa Pio IX de que:"

«Chegará o dia em que uma luz brilhante resplandecerá no céu, em pleno fragor de uma batalha. Nesse instante, o Papa e seus servos abandonarão o Vaticano passando por uma praça coberta de mortos e feridos. Todo o país sofrerá uma grande perda de população e a terra se agitará como arrasada por um furacão e cairá um forte pedrisco. Durante duzentos amanheceres, o Papa e seu séquito vagarão por terras estrangeiras».

O sonho das duas colunas

Em 26 de maio de 1862, Dom Bosco havia prometido a seus jovens que lhes narraria algo muito agradável nos últimos dias do mês. No dia 30 de maio à noite, contou-lhes uma parábola ou algo parecido, como quis chamar-lhe.

«Quero contar-vos um sonho. É verdade que aquele que sonha não

raciocina; contudo, eu que contaria a Vós até meus pecados se não temesse que saíssem assustados, ou que a casa caísse, vou contá-lo para seu bem espiritual.

Tive este sonho há alguns dias. Imaginem que estão comigo às margens do mar, ou melhor, sobre um rochedo isolado, do qual não veem mais terra do que a que têm debaixo dos pés. Em toda aquela superfície líquida vê-se uma multidão incontável de embarcações dispostas em ordem de batalha, cujas proas terminam em um afiado esporão de ferro como lança que fere e atravessa tudo aquilo contra o qual chega a chocar. Essas embarcações estão armadas de canhões, carregadas de fuzis e de armas de diferentes classes; de material incendiário e também de livros, e se dirigem contra outra embarcação muito maior e mais alta, tentando cravar-lhe o esporão, queimá-la ou ao menos fazer-lhe o maior dano possível.

A este majestoso navio, provido de tudo, fazem escolta numerosas embarcações que dele recebem as ordens, realizando as oportunas manobras para defender-se da frota inimiga. O vento lhe é adverso e a agitação do mar favorece os inimigos.

No meio da vastidão do mar se elevam, sobre as ondas, duas robustas colunas, muito altas, pouco distante uma da outra. Sobre uma delas campea a estátua da Virgem Imaculada, a cujos pés se vê um amplo cartaz com esta inscrição: Auxilium Christianorum [Auxílio dos cristãos].

Sobre a outra coluna, muito mais alta e encorpada, há uma Hóstia de tamanho proporcional ao pedestal e abaixo dela um outro cartaz com estas palavras: Salus credentium [Salvação dos fiéis].

O comandante supremo da barca maior, que é o Romano Pontífice, ao sopesar o furor dos inimigos e a situação apremiante em que se encontram seus leais, pensa em convocar os pilotos das embarcações subalternas para reunir-se e decidir a conduta a seguir. Todos os pilotos sobem à nau capitã e se reúnem ao redor do Papa. Realizam a reunião; mas, ao verificarem que o vento aumenta cada vez mais e que a tempestade é cada vez mais violenta, são enviados a assumir novamente o comando de suas respectivas embarcações.

Restabelecida temporariamente a calma, o Papa reúne pela segunda vez os pilotos, enquanto a nau capitã continua seu curso; mas a tempestade se torna novamente espantosa. O Pontífice maneja o leme e todos os seus esforços visam direcionar o navio para o espaço entre aquelas duas colunas, de cuja parte superior, ao redor, pendem numerosas âncoras e grossos anéis presos a robustas correntes.

As embarcações inimigas preparam-se todas para atacá-lo, fazendo o possível para deter sua marcha e assim afundá-lo. Umas com escritos, outras com livros, com materiais incendiários dos quais contam grande abundância, materiais que tentam lançar a bordo; outras com canhões, com fuzis, com esporões: o combate se toma cada vez mais encarniçado.

As proas inimigas chocam contra ele violentamente, mas seus esforços e seu ímpeto são inúteis. Em vão retomam o ataque e gastam energias e munições: o gigantesco navio continua impávido e sereno seu caminho. Às vezes acontece que por efeito das arremetidas contra ele, mostra em seus flancos uma longa e profunda fenda; mas apenas produzido o dano, sopra um vento suave das duas colunas e os veios de água se fecham e as brechas desaparecem. Disparam, entretanto os canhões dos assaltantes, e ao fazê-lo rebentam, quebram-se os fuzis, o mesmo que as demais armas e esporas. Muitos barcos se partem e afundam no mar. Então, os inimigos, inflamados de furor começam a lutar empregando armas brancas, mãos, punhos, injúrias, blasfêmias, maldições, e assim continua o combate.

Quando eis que o Papa cai gravemente ferido. Imediatamente aqueles que o acompanham vão ajudá-lo e o levantam. O Pontífice é ferido uma segunda vez, cai novamente e morre. Um grito de vitória e de alegria ressoa entre os inimigos; sobre suas embarcações reina um júbilo indescritível.

Mas apenas morto o Pontífice, outro ocupa o seu lugar. Os pilotos reunidos o elegem imediatamente; de sorte que a notícia da morte do Papa chega quase com a da eleição de seu sucessor. Os inimigos começam a esmorecer.

O novo Pontífice, vencendo e superando todos os obstáculos, guia o navio para as duas colunas, e ao chegar ao espaço compreendido entre ambas, amarra-o com uma corrente que pende da proa a uma âncora da coluna que ostenta a Hóstia; e com outra corrente que pende da popa a sujeita pela parte oposta a outra âncora pendurada da coluna que serve de pedestal à Virgem Imaculada. Então há uma grande confusão.

Todas as embarcações que até então haviam lutado contra a nau capitaneada pelo Papa, fogem, se dispersam, chocam entre si e se destroem *mutuamente. Umas ao afundarem procuram afundar as outras. Outros navios que lutaram valentemente às ordens do Papa são os primeiros a chegar às colunas onde estão amarradas.*

Outras naves, que por medo do combate haviam se retirado e se encontram muito distantes, continuam a observar prudentemente os acontecimentos, até que, ao desaparecer nos abismos do mar os restos das naves destruídas, remam aceleradamente para as duas colunas, onde, ao chegar, prendem-se aos ganchos pendentes das mesmas e ali permanecem tranquilas e seguras, em companhia da nau capitã ocupada pelo Papa. No mar reina uma grande calmaria».

Nesse ponto da história, São João Bosco pergunta ao Beato Miguel Rúa:

–Que pensas desta narração?

O Beato Miguel Rúa responde:

«Parece-me que o navio do Papa é a Igreja de que é Cabeça: as outras embarcações representam os homens e o mar ao mundo. Os que defendem o navio do Pontífice são os leais à Santa Sé; os outros, seus inimigos, que com toda sorte de armas procuram aniquilá-la. As duas colunas salvadoras me parecem ser a devoção a Maria Santíssima e ao Santíssimo Sacramento da Eucaristia».

O Beato Miguel Rúa não fez referência ao Papa caído e morto e São João Bosco nada disse também sobre este particular, apenas acrescentou:

«Disseste bem. Somente haveria que corrigir uma expressão. As embarcações inimigas são as perseguições. Preparam-se dias difíceis para a Igreja. O que até agora aconteceu é quase nada em comparação ao que tem de acontecer. Os inimigos da Igreja estão representados pelas embarcações que tentam afundar o navio principal e aniquilá-lo se pudessem. Só restam dois meios para salvar-se em meio a tanto desconcerto! Devoção a Maria Santíssima. Frequência dos Sacramentos: Comunhão frequente, empregando todos os recursos para praticá-los nós e para fazê-los praticar os outros sempre e em todos os momentos. Boa noite!».

O Papa do segundo Pentecostes

Na profecia do abandono do Vaticano pelo Papa por 200 dias, Dom Bosco indicou o que significaria a vitória do Papa ancorado nas duas colunas.

«Era uma noite escura, e os homens já não podiam encontrar seu caminho de volta a seus próprios países. De repente uma luz resplandecente brilhou no céu, iluminando seu caminho como ao meio-dia. Nesse momento saiu do Vaticano, como em procissão, uma multidão de homens e mulheres, crianças pequenas, monges, freiras e sacerdotes, e à sua cabeça o Papa. Mas uma furiosa tempestade irrompeu, algo obscurecendo essa luz, como se a luz e a escuridão estivessem encerradas na batalha.

Enquanto isso, a longa procissão chegou a uma pequena praça cheia de mortos e feridos, muitos dos quais choravam pedindo ajuda. As fileiras da procissão se afinavam consideravelmente.

Depois de uma marcha de duzentos dias, todos se deram conta de que já não estavam em Roma. Desalentados, cercaram o Pontífice para protegê-lo e atender-lhe em suas necessidades. Nesse momento apareceram dois anjos, com um estandarte que apresentavam ao Sumo Pontífice, dizendo:

"Tomai a bandeira daquela que luta e derrota os mais poderosos exércitos da terra: vossos inimigos desapareceram: com lágrimas e suspiros seus filhos suplicam por Seu retorno".

Um lado do estandarte levava a inscrição: Regina sine Labe Concepta [Rainha concebida sem pecado], e o outro lado dizia: Auxilium Christianorum.

O Pontífice recebeu a bandeira alegremente, mas se angustiou ao ver quão poucos eram seus seguidores. Mas os dois anjos continuaram dizendo:

"Ide, confortai os vossos filhos, escrevei aos vossos irmãos espalhados pelo mundo que os homens devem reformar as suas vidas, e isto não pode ser alcançado se o pão do Verbo Divino não for dividido entre os povos. O catecismo e a pregação do desapego das coisas terrenas.

Chegou o momento, concluíram os dois anjos, quando os pobres evangelizarão o mundo".

Os sacerdotes serão procurados entre os que manejam a enxada, a pá e o *martelo, como profetizou Davi:*

"Deus elevou o pobre dos campos para colocá-lo no trono de seu povo".

Ao ouvir isso, o Pontífice continuou, e as fileiras começaram a tomar corpo. Ao chegar à Cidade Santa, o Pontífice chorou ao ver seus cidadãos desolados, posto que muitos já não estavam. Depois entrou em São Pedro e entoou o Te Deum, ao qual um coro de anjos respondeu, cantando: Gloria in Excelsis Deo et en terra pax hominibus bonae voluntatis.

Ao terminar o canto, toda as trevas se desfizeram e brilhou um sol abrasador.

A população havia diminuído muito nas cidades e no campo. A terra foi destruída como por um furacão e tempestade de granizo, e as pessoas procuraram umas às outras, profundamente abaladas, e dizendo: Est Deus em (sic) Israel [Há um Deus em Israel].

Desde o início do exílio até a entonação do Te Deum, o sol se elevou 200 vezes.

Todos os eventos descritos cobrem um período de 400 dias».

Ao Papa

«Agora a voz do Céu dirige-se ao Pastor dos pastores. Tu estás na grande conferência com teus conselheiros; mas o inimigo do bem não se dá um momento de repouso; estuda e põe em prática contra ti todas as artes. Semeará discórdia entre os teus conselheiros; suscitará inimigos entre os meus filhos. As potências do século vomitarão fogo e quererão que as palavras sejam sufocadas na garganta dos defensores da minha Lei. Isto não se verá; farão o mal a si mesmos. Tu, apressa-te; se as dificuldades não se resolvem corta-as. Se te encontrares em apuros, não pares; continua até que se tenha cortado a cabeça à hidra do erro. Este golpe fará tremer a terra e o inferno, mas o mundo estará a salvo e todos os bons se alegrarão.

Portanto, reúne contigo, mesmo que não sejam mais do que dois, os conselheiros; mas onde quer que fores, continua e termina a obra que te foi confiada.

Os dias correm velozes; teus anos se aproximam do número determinado, mas a Grande Rainha será sempre tua ajuda e como em tempos passados, assim no porvir será "magnum et singulare in Ecclesia praesidium..." [grande e única na proteção da Igreja]».

Nossa Senhora de La Salette (França, 1846) – págs. 130, 136, 137 e 147

"Texto escrito por Mélanie Calvat em 6 de julho de 1851 e entregue a Pio IX em 18 de julho do mesmo ano, encontrado casualmente em Roma:"

«Segredo que a Santíssima Virgem da Montanha de La Salette deu-me em 19 de setembro de 1846:

Mélanie, te direi algo, mas não digas a ninguém: o tempo da ira de Deus chegou! (...) O Papa será perseguido de todas as partes: dispararão sobre ele (on lui tirera dessus) querendo matá-lo, mas não poderão, o Vigário de Deus triunfará de novo uma vez mais.

Os sacerdotes e as religiosas, e os verdadeiros servos do meu filho serão perseguidos, e muitos morrerão pela fé em Jesus Cristo.

(...)

13. O Vigário do Meu Filho terá muito que sofrer, pois, por um tempo, a Igreja será liberada a grandes perseguições; isto será o tempo das trevas; a Igreja terá uma crise terrível.

14. Esquecida a santa fé de Deus, cada indivíduo quererá guiar-se por si mesmo e ser superior a seus semelhantes. Abolir-se-ão os poderes civis e eclesiásticos, toda ordem e toda justiça serão pisoteadas; só se verão homicídios, ódio, ciúme, mentira e discórdia, sem amor pela pátria nem pela família.

15. O Santo Padre sofrerá muito. Estarei com ele até o final para receber seu sacrifício.

16. Os ímpios muitas vezes atentarão contra sua vida sem poder feri-lo; mas nem ele nem seu sucessor verão o triunfo da Igreja de Deus.

17. Os governos civis terão todos, um mesmo desígnio, que será abolir e fazer desaparecer todo princípio religioso para dar lugar ao materialismo, ao ateísmo, ao espiritismo e a todo tipo de vícios».

"Aqui o segredo de Maximino em 1851 que nunca foi revelado completo:"

«Depois que as nações se converterem, a fé iluminará tudo. Um grande país do norte da Europa, agora protestante, se converterá: Com este apoio, todas as outras partes do mundo se converterão. Antes que tudo isso aconteça, grandes transtornos chegarão à Igreja, e em todo o lado.

Depois, nosso Santo Padre, o Papa, será perseguido. Seu sucessor será um pontífice que ninguém esperará. Depois virá uma grande paz, mas não durará muito tempo. Um monstro virá perturbá-la».

Nossa Senhora de Fátima (Fátima, 1917) – págs. 189-90

"—Aqui começa a Segunda parte do Segredo.

— *«Vistes o inferno, para onde vão as almas dos pobres pecadores; para as salvar, Deus quer estabelecer no mundo a devoção a Meu Imaculado Coração. Se fizerem o que Eu vos disser, salvar-se-ão muitas almas e terão paz. A guerra vai acabar. Mas, se não deixarem de ofender a Deus, no reinado de Pio XI começará outra pior. Quando virdes uma noite, alumiada por uma luz desconhecida, sabei que é o grande sinal que Deus vos dá de que vai a punir o mundo de seus crimes, por meio da guerra, da fome e de perseguições à Igreja e ao Santo Padre. Para a impedir, virei pedir a consagração da Rússia a Meu Imaculado Coração e a comunhão reparadora nos primeiros sábados. Se atenderem a Meus pedidos, a Rússia se converterá e terão paz; se não, espalhará seus erros pelo mundo, promovendo guerras e perseguições à Igreja; os bons serão martirizados, o Santo Padre terá muito que sofrer, várias nações serão aniquiladas.*

Por fim o Meu Imaculado Coração triunfará. O Santo Padre consagrar-Me-á a Rússia, que se converterá, e será concedido ao mundo algum tempo de paz».

—Terceira parte do Segredo.

«Depois das duas partes que já expus, vimos ao lado esquerdo de Nossa Senhora um pouco mais alto um Anjo com uma espada de fogo na mão esquerda; ao cintilar, despedia chamas que parecia que iam incendiar o mundo; mas apagavam-se com o contato do brilho que da mão direita expedia Nossa Senhora

ao seu encontro: O Anjo apontando com a mão direita para a terra, com voz forte disse: Penitência, Penitência, Penitência! E vimos numa luz imensa que é Deus: "algo semelhante a como se veem as pessoas num espelho quando lhe passam por diante" um Bispo vestido de branco; "tivemos o pressentimento de que era o Santo Padre". Também a outros bispos, sacerdotes, religiosos e religiosas subir uma escabrosa montanha, no cimo da qual estava uma grande Cruz de troncos toscos como se fora de sobreiro com a casca; o Santo Padre, antes de chegar aí, atravessou uma grande cidade meio em ruínas, e meio trêmulo com andar vacilante, acabrunhado de dor e pena, ia orando pelas almas dos cadáveres que encontrava pelo caminho; chegado ao cimo do monte, prostrado de joelhos aos pés da grande Cruz foi morto por um grupo de soldados que lhe dispararam vários tiros e setas, e assim mesmo foram morrendo uns após outros os bispos, sacerdotes, religiosos e religiosas e várias pessoas seculares, cavalheiros e senhoras de várias classes e posições. Sob os dois braços da Cruz estavam dois Anjos cada um com um regador de cristal na mão, neles recolhiam o sangue dos Mártires e com ele regavam as almas que se aproximavam de Deus».

Marie-Julie Jahenny de La Fraudais (1850-1941) – págs. 165-67

Invenção do novo ritual

"Em 27 de novembro de 1902 e 10 de maio de 1904, Nosso Senhor Jesus Cristo e a Santíssima Virgem Maria anunciaram a conspiração do Novo Ritual da Missa."

«Anunciamos a seguinte advertência: Os discípulos que não são do Meu Evangelho estão trabalhando intensamente para estruturar, de acordo com suas próprias ideias e sob a influência do inimigo das almas, uma nova Missa que contenha conceitos odiosos aos Meus desígnios. Quando esta fatal hora chegar, a fé de meus sacerdotes será posta à prova; estes textos serão celebrados [e] nele HAVERÁ DOIS PERÍODOS:

–O PRIMEIRO PERÍODO será quando meus sacerdotes existam sem Mim...»

Já em junho de 1881, Marie-Julie havia revelado que:

«(...) Um terrível castigo foi preparado para aqueles que ascendem todas as manhãs aos degraus do Santíssimo Sacramento, porque não venho aos seus altares para ser torturado. Eu sofro cem vezes mais por esses corações do que por qualquer outro. Eu vos absolvo por vossos grandes pecados, Meus filhos, mas não garanto perdão algum para esses sacerdotes».

Em 27 de novembro de 1902 e 10 de maio de 1904, Nosso Senhor advertiu sobre a nova liturgia que um dia seria instituída.

«Eu os previno; os inimigos da Fé e da Sagrada Religião imporão suas fórmulas no livro da Sagrada Celebração. Alguns de Meus santos sacerdotes rejeitarão este livro selado com as palavras do Abismo. Tristemente, haverá muitos que o aceitarão».

Em 10 de maio de 1904, Nossa Senhora a Virgem Maria descreveu o novo clero e a nova liturgia:

«(...) A Virgem Maria anunciou:

'a dispersão de pastores pela própria Igreja, de verdadeiros pastores substituídos por outros formados por Satanás:... novos dispensadores de novos sacramentos, novos templos, novos batismos, novas confrarias'».

Em 7 de julho de 1880 Jesus disse:

«Uma Igreja será privada do Chefe Supremo que agora a guia... O Chefe Supremo da Igreja será brutalmente ofendido».

Em êxtase a 4 de novembro de 1880, nos descreve o martírio do Papa:

A voz da Igreja sob uma visão velada quebra minha alma com o eco do som de sua voz moribunda. O Sumo Pontífice entrega seu discurso agonizante a seu povo, a seus filhos dos quais ele é seu Pai. É uma espada em minha alma... Vejo alguns pássaros brancos carregando em seus bicos, farrapos de sua carne pingando sangue, vejo as mãos de Pedro perfuradas pelos pregos como se fossem as de Deus. Vejo suas vestes cerimoniais arranhadas, vejo as roupas usadas com dignidade para fazer baixar Nosso Senhor sobre o altar. Vi tudo isso. Oh, como sofro!».

Ir. Maria Natália Magdolna (1901-1992) – p. 255

Mensagem ao Papa Pio XII[5]

«Um dia, durante a Segunda Guerra Mundial, Jesus expressou Suas preocupações por Roma. Disse-me:

É Minha Vontade que leve a seguinte Mensagem ao Meu bendito filho, o Papa: "Não deixe o Vaticano! Se sair, o inimigo o destruirá imediatamente!"».

Nossa Senhora de Todos os Povos (Amsterdam, 1945-1959) – p. 293
—Em 9 de junho de 1946.

«Vejo de repente um capelo cardinalício diante de mim; ao redor penduram umas fitas. Sobre ele cai um X, como se esse capelo fosse riscado. Ouço a Senhora dizer:

"Em Roma virá uma luta contra o Papa".

Vejo em torno ao Papa muitos Bispos sentados e depois ouço:

"Catastrófico". Então a Senhora se vai».

Bruno Cornacchiola (1913-2001) – *Tre Fontane* – págs. 306-07
—Na noite de 31 de dezembro de 1984.

«Sinto-me transportado ao centro de Roma, exatamente à Praça Veneza. Há uma multidão reunida gritando: vingança! Corria grande quantidade de sangue por toda parte, todo mundo manchado de sangue. De repente toda essa gente começa a gritar: Todos a São Pedro! E seguiram gritando: vingança! Na praça interior da colunata estavam o Papa, Cardeais, Bispos e Sacerdotes. Todo mundo estava chorando. Maravilha: estão descalços e a Virgem grita: Arrependam-se!».

—Em 11 de março de 1970.

---

[5] Esta mensagem a inserimos basicamente por duas razões: por saber que muitas vezes o conselho dado a um Sumo Pontífice pode, em circunstâncias semelhantes, ser aplicado a outro; e pelo Papa em questão ter sido utilizado por Bento XVI à ocasião de sua missiva em resposta ao cardeal Brandmüller [vide 3.6 (ii), p. 69].

«Que mal passei a noite. Um sonho deixou-me preocupado toda a noite. O Papa rodeado de cardeais e bispos que gritavam dizendo palavras revolucionárias... O Papa foi preso e jogado em um poço».

—Em 21 de setembro de 1988.

«Que nunca se realize o que sonhei, é muito doloroso, e espero que o Senhor não permita que o Papa negue qualquer verdade da fé e se ponha no lugar de Deus. Quanta dor senti à noite passada, minhas pernas estavam paralisadas e não podiam se mover, pela dor que se experimenta ao ver a Igreja reduzida a um monte de ruínas».

—Em 4 de janeiro de 1992.

«Os cristãos estão lutando porque já não têm um líder que os guie».

—Em 26 de janeiro de 1996.

«Ontem pela noite vi a basílica de São Pedro em chamas».

—Em 31 de dezembro de 1990 Maria lhe confia.

«Os falsos profetas, que buscam por todos os meios envenenar as almas, mudam a doutrina de Jesus em doutrinas satânicas; e tirarão o contínuo sacrifício da cruz que se repete nos altares do mundo».

Teresa Musco (1943-1976) – págs. 311-12

—A Virgem lhe diz em 20 de maio de 1951.

«Teresa, filha de Meu Coração, aqui estou para confiar-te uma coisa que deves ter só para ti até que Eu queira. VERÁS MUITAS MUDANÇAS NA IGREJA. Serão poucos os cristãos que rezam, muitas almas vão para o inferno.

Pudor, vergonha já não haverá para as mulheres: Satanás se veste delas para fazer cair muitos Sacerdotes. Crises comuns haverá no mundo. Os Sacerdotes, Bispos, Cardeais estão desorientados, tratam de agarrar-se à política para ajudar-se, mas uma vez mais se equivocam.

O governo cairá, o Papa passa horas de agonia, ao final Eu estarei para conduzi-lo ao Paraíso».

Beata Elena Aiello (1895-1961) – p. 326

–Revelação de 22 de agosto de 1960.

«A hora terrível avança sobre o mundo; muitas nações serão castigadas, especialmente a Itália por revoluções sangrentas [...] A Rússia preparou suas armas secretas contra a América, contra a França e contra a Alemanha. A guerra está próxima. O Reno Alemanha-Suíça estará cheio de cadáveres e de sangue. O Papa deverá sofrer muito. O leão rugente avançará para a cátedra de Pedro a fim de difundir seus erros. O fel da Rússia envenenará todas as nações, especialmente a Itália».

Mari Loli Mazón (1949-2009) – p. 358

Entrevista de 19 de outubro de 1982.

Pergunta: –Disse a Santíssima Virgem que o Santo Padre seria obrigado a deixar Roma quando o Aviso ocorrer?

Resposta: –Não, mas o que me pareceu –talvez naquele momento confundisse em minha mente o que eu via e o que dizia a Santa Mãe, porque passaram tantos anos– foi que o Papa tampouco poderia estar em Roma abertamente, me entende? Ele também seria perseguido e teria que esconder-se como todos os demais.

Pe. Stefano Gobbi (1930-2011) – págs. 462 e 364

–13 de março de 1990.

«(...) As causas da perda da fé são:

(...) A rebelião aberta e pública contra o Magistério autêntico da Igreja, sobretudo o Magistério do Papa, que recebeu de Cristo a Missão de preservar a Igreja inteira na verdade da fé Católica.

3) O mau exemplo dado por aqueles Pastores que deixaram que o espírito do mundo se apodere completamente deles e se converteram em propagadores de ideologias políticas e sociais, em vez de serem anunciadores de Cristo e de seu Evangelho, esquecendo assim o mandato dEle recebido:

Ide ao mundo inteiro e pregai o Evangelho a todas as criaturas. Assim, nestes dias, estende-se cada vez mais a apostasia por parte de tantos pobres filhos Meus».

—4 de janeiro de 1975.

«Quando vier o momento do terrível encontro com os Sacerdotes portadores do erro, que se interponham contra o Papa e a minha Igreja, arrastando para a perdição um imenso número dos meus pobres filhos, vós sereis meus sacerdotes fiéis. Na obscuridade, que o espírito do mal abra em toda parte, entre as muitas ideias erradas que, espalhadas pelo espírito da soberba, se estabelecerão por toda parte e serão seguidas por quase todos, no momento em que na Igreja tudo será posto em discussão e o mesmo Evangelho de meu Filho será anunciado por alguns como lenda, vós, sacerdotes a Mim consagrados, sereis meus filhos fiéis».

Luz Amparo Cuevas Arteseros (1931-2012) – *El Escorial* – p. 488

—A Virgem, em 24 de fevereiro de 1983.

«Filha minha, conta o que vês: "Esse é São Pedro; quando chegar este momento, escolherá um novo Papa. Se viverá o Evangelho. Os ímpios irão ao fundo do abismo. [...]".

[...] "Eu vejo como as montanhas desmoronam. Em Roma haverá grandes terremotos e será quase destruída. Eu vejo o Vaticano afundar. Tudo isto está próximo [...]».

Mensagens extraídas de *Mãe de Deus e nossa Mãe – Fátima, Amsterdam e Garabandal,* de *Santiago Lanús*[6]

São Sebastião de Garabandal-ES (1961-1965) – págs. 157-58

"O escrito de Weber transcreve a conversa entre a vidente e sua mãe ao chegar ao povoado a notícia da morte do Papa João XXIII. Quando os sinos da Igreja anunciam a morte do Papa com um tom fúnebre, Conchita vai com sua mãe Aniceta e a Sra. Ortiz (esposa do Doutor

---

[6] São Paulo: Ed. Imaculada, 2020. 226 p.

Celestino Ortiz, de Santander), para a Igreja. Surge então a seguinte conversa:"

– *"O Papa morreu", disse sua mãe.*

Respondeu Conchita:

– *"Ah, o Papa morreu. Então faltam três Papas"* [para o fim dos tempos – ndt]. Até aqui tudo muito bem. Contudo, uma vez de volta à casa Aniceta, intranquila, quis conhecer mais profundamente os pensamentos de sua filha, que parecia reservar-se na presença da Sra. Ortiz. Em casa, a sós, temendo um possível erro da menina, lhe pergunta:

– *"De onde sabes que faltam somente três Papas?".*

Conchita respondeu:

– *"Da Santíssima Virgem. Na realidade me disse que ainda viriam quatro Papas, mas que Ela não contava um deles".*

Diz Aniceta:

– *"Mas então, por que não ter em conta um?".*

Responde Conchita:

– *"Ela não me disse, só me disse que um não o tinha em conta. E também que governaria a Igreja mui pouco tempo".*

À pergunta de se não o contava por esse motivo, Conchita diz:

– *"Isso não o sei".*

Sua mãe:

– *"E que vem depois?".*

Conchita:

– *"Ela não me disse".*

(...)

Em dada ocasião a Sra. Ortiz, aproveitando a ocasião de encontrar-se a sós com Conchita, lhe perguntou sobre os três Papas. A jovem se limitou a dizer o que a Virgem Santíssima lhe dissera. Ao insistir a Sra. Ortiz se isso quer dizer que vem o fim do mundo, lhe respondeu: "Não sei o que vai acontecer, só sei que sucederão três Papas". E em seguida exclamou: "Agora, sem Papa é que não pode estar a Igreja!".

Nossa Senhora de Akita (Japão, 1973-1975) – p. 304

"(...) A cada dia recita as orações do rosário. Com ele, reza pelo Papa, os bispos e os sacerdotes. A obra do demônio se infiltrará mesmo dentro da Igreja de tal maneira que se verão cardeais contra cardeais, bispos contra bispos. Os sacerdotes que me veneram serão desprezados e encontrarão oposição de seus companheiros..., igrejas e altares (serão) saqueados; a Igreja estará cheia daqueles que aceitam negociações e o demônio pressionará a muitos sacerdotes e almas consagradas a deixar o serviço do Senhor. O demônio será especialmente implacável contra as almas consagradas a DEUS. Pensar na perda de tantas almas é a causa de minha tristeza. Se os pecados aumentam em número e gravidade, não haverá mais perdão para eles".

Anguera-BR (desde 1987)[7]

"Queridos filhos, quando o rei for tirado do seu trono começará a grande batalha e a luz perderá seu brilho. Convido-vos a viverdes voltados para o Senhor que é a vossa Única Esperança nestes tempos de tribulações..." (08.01.2005)

"Queridos filhos, uma grande embarcação estará em alto mar e todos ali presentes serão surpreendidos com o Cristo a sua frente. Um reino dividido e uma cadeira vazia. A existência de dois reis (dois papas) espalhará grande confusão pelo mundo, mas Deus virá em socorro do Seu Povo. Os Seus Eleitos não serão desamparados. Confiai no Senhor. Sem Ele nada sois e nada podeis fazer. Avante com coragem. Eu estou ao vosso lado..." (19.03.2005)

"(...) Dizei a todos que ainda há tempo para uma sincera e verdadeira conversão. Quando o rei for tirado do seu trono começará a grande batalha. A humanidade viverá momentos de grandes tribulações. Rezai. Rezai. Rezai..." (20.09.2007)

"(...) A Igreja do Meu Jesus carregará pesada cruz. Chegará o dia em que haverá dois tronos, mas somente em um estará o verdadeiro sucessor de Pedro. Será este o tempo da grande confusão espiritual para a Igreja. Ficai com a verdade..." (23.12.2008)

"Queridos filhos, todo aquele que governa na justiça ama e defende a verdade. Viveis no tempo em que o joio cresce no meio do trigo, mas o Senhor

---

[7] Extraídas de: <www.apelosurgentes.com.br>.

irá separar os Seus Escolhidos e estes serão recompensados. Baasa foi infiel porque governou sem Deus e não foi escolhido pelo Senhor. Aquilo que se constrói na falsidade cairá por terra. Em Deus não há meia-verdade. Estai atentos. Dobrai vossos joelhos em oração..." (12.07.2017)

"Queridos filhos, o Caminho do Senhor é perfeito. Aqueles que o Senhor escolheu para conduzir Seu Povo serão sempre fiéis. Os Escolhidos do Senhor não semeiam confusão. Lembrai-vos de Manaém, que tornou-se infiel a Deus e ocupou o trono que não lhe pertencia. Não foi escolhido pelo Senhor e governou perseguindo o Povo de Deus. Ainda tereis longos anos de duras provações. Dobrai vossos joelhos em oração. Os que amam a verdade beberão o cálice amargo do sofrimento. Serão perseguidos e lançados fora. Sede fiéis..." (22.07.2017)

Mensagens extraídas de *El libro del Cielo*, de *Luísa Piccarreta*[8]

Março de 1900 – p. 161

(1) *Esta manhã o bendito Jesus me fazia ver o Santo Padre com as asas abertas, que ia em busca de seus filhos para recolhê-los sob suas asas, e ouvia seus lamentos que diziam: "Meus filhos, meus filhos, quantas vezes busquei reunir-vos sob minhas asas e vocês me fogem! Ah, ouçam meus lamentos e tenham compaixão de minhador!" E enquanto dizia isto chorava amargamente, e parecia que não eram só os leigos que se afastavam do Papa, mas também os sacerdotes, e estes davam mais dor ao Santo Padre. Quão triste era ver o Papa nesta posição! Depois disto vi Jesus que fazia eco aos lamentos do Santo Padre e acrescentava:*

(2) *"Poucos são os que permaneceram fiéis, e estes poucos vivem como raposas escondidas em suas próprias cavernas, têm medo de expor-se para arrancar seus próprios filhos da boca dos lobos; falam, propõem, mas todas são palavras ditas ao vento, jamais chegam aos atos".*

---

[8] De: <https://972776e4-0fc7-4420-b8cd-ca364e1ab5a.filesusr.com/ugd/0f0b15_350a027761cb4f39bab3abe7c62aa907.pdf>. Em livre tradução.

OS PAPAS

S.S. Pio X (1835-1914)[9]

Um Papa fugindo do Vaticano

"Foi visto no decorrer de uma audiência muito pálido, como ausente. Depois Ele mesmo explicou ao seu secretário:

«que teve a visão de um Papa futuro fugindo do Vaticano, sobre os cadáveres de seus Cardeais.

—*O que eu vejo é horrível. Serei eu? Será meu sucessor? O que é certo é que o Papa deixará Roma, e para sair do Vaticano, lhe será necessário passar sobre os cadáveres de seus sacerdotes».*

São Pio X disse ao cônego Thellier de Poncheville:

«*Todo o mal depende de nós, sacerdotes... Se todos estivéssemos inflamados de um zelo de amor, logo a terra inteira seria Católica».*

†

S.S. Pio XII (1876-1948)[10]

"*(...) Estou obcecado pelas confidências da Virgem à pequena Lúcia de Fátima.*

Essa obstinação de Nossa Senhora diante do perigo que ameaça a Igreja é um aviso divino contra o suicídio que representaria a alteração da fé, em sua liturgia, sua teologia e sua alma (...)

Ouço ao redor de mim os inovadores que querem desmantelar a Capela Sagrada, destruir a chama universal da Igreja, rejeitar seus ornamentos, fazê-la ter remorso do seu passado histórico (...) Estou convicto de que a Igreja de Pedro deve assumir o seu passado ou então cavará sua sepultura (...)

---

[9] **JIMÉNEZ,** *El fin...,* Op. Cit. págs. 161-62.

[10] Em 1936, quando ainda card. Eugênio Pacceli, Secretário de Estado do Papa Pio XI, em carta ao Conde Enrico Pietro Galleazzi. (**Monsenhor Georges Roche e Philippe St. Germain.** *'Pie XII Devant l'Histoire'.* Edit. Laffont, Paris, 1972, pp., 52-53).

Dia virá em que o mundo civilizado renegará seu Deus; em que a Igreja duvidará como Pedro duvidou.

Ela será tentada a crer que o homem se tornou Deus, que seu Filho é apenas um símbolo, uma filosofia como tantas outras; e, nas igrejas, os cristãos procurarão em vão a lâmpada vermelha em que Deus os espera. Como Maria Madalena, chorando perante o túmulo vazio, perguntarão: "Para onde O levaram?"

†

S.S. João Paulo II (1920-2005)[11]

"A edição de outubro da revista alemã «Stimme des Glaubens» relatou sobre uma palestra que o Papa João Paulo II teve com um grupo de católicos alemães, em novembro de 1980. O que segue é a reprodução literal do texto publicado:"

«Foi perguntado ao Papa:

"E o Terceiro Segredo de Fátima? Não deveria já ter sido publicado em 1960?".

O Papa João Paulo II respondeu:

"Dada a gravidade do conteúdo, meus predecessores na Cátedra de Pedro preferiram diplomaticamente adiar a publicação para não encorajar o poder mundial do Comunismo a tomar certas medidas. Por outro lado, deveria ser suficiente para todos os católicos saber isto: se há uma mensagem na qual está escrito que os oceanos inundarão todas as áreas da Terra, e que em um momento milhões de pessoas perecerão, verdadeiramente a publicação de tal mensagem já não é algo tão desejado".

O Papa continuou:

"Muitos querem saber simplesmente por curiosidade e pelo gosto do sensacional, mas eles esquecem que o conhecimento também implica responsabilidade. Eles procuram apenas a satisfação de sua curiosidade, e é perigoso se eles não estão dispostos a fazer algo, e se eles estão convencidos de que é impossível fazer algo contra o mal".

Nesse instante o Papa segura um Rosário e diz:

"Eis o remédio contra esse mal. Rezai, rezai e não peçais por nada mais. Deixai

---

[11] **JIMÉNEZ**, *El fin...*, Op. Cit. págs. 199-200.

tudo o resto nas mãos da Mãe de Deus".

Em seguida foi perguntado ao Santo Padre:

¿Que vai ocorrer com a Igreja?

Ele respondeu:

"Nós devemos nos preparar para sofrer grandes provações em breve, tais que exigirão de nós uma disposição a perder a vida, e uma total dedicação a Cristo e por Cristo... Com as vossas orações e as minhas é possível mitigar essa tribulação, mas já não é possível afastá-la, porque só assim a Igreja pode ser efetivamente renovada. Quanto tempo levará a renovação da Igreja surgida do sangue? Esse tempo, muito longo, não será de outra forma. Nós devemos ser fortes e estar preparados, e confiar em Cristo e em sua Mãe, e ser muito, muito assíduos na oração do Rosário"».

†

S.S. Bento XVI (1927-)

"Em breve teremos padres reduzidos ao papel de assistentes sociais e a mensagem de fé reduzida a uma visão política. Tudo parecerá perdido, mas no momento certo, apenas na fase mais dramática da crise, a Igreja renascerá. Será menor, mais pobre, quase catacumbal, mas também mais santa. Porque não será mais a Igreja daqueles que procuram agradar o mundo, mas a Igreja dos fiéis a Deus e sua Lei Eterna. O renascimento será obra de um pequeno remanescente, aparentemente insignificante, mas indomável, passado por um processo de purificação. Porque é assim que Deus trabalha. Um pequeno rebanho resiste ao mal"[12].

"Se equivocaria quem pensasse que a missão profética de Fátima está concluída"[13].

†

---

[12] Série de homilias proferidas pelo então Padre Joseph Ratzinger em 1969/70, reunidas em um livro chamado *Fé e Futuro*, (Principia, Portugal, 1ª ed. 2008).

[13] BENTO XVI, homilia no Santuário de Fátima: <www.zenit.org>, de 13.05.2010.

ANEXO II
Relação de Clérigos e Leigos em comunhão com Bento XVI

Este Anexo tem como finalidade, por um lado, comprovar que a questão da "adesão universal" (*pacifica universalis ecclesiae adhaesio*) em nenhum momento se poderia aplicar a Mons. Jorge Mario Bergoglio, e por outro, auxiliar a que mais vozes possam se alçar em defesa da verdade e a justiça, que ainda esperam ser restabelecidas.

A presente relação, podemos afirmar com segurança e verdade, não se esgota nos poucos, mas significativos nomes abaixo. Ela cresce a cada dia, como o grão de mostarda e o levedo, à medida que mais vozes se apercebem de que no reconhecimento público do verdadeiro Pontífice está em jogo, de modo especial no presente momento, em última instância a salvação das almas. A título de comprovação do que vai dito, temos o testemunho de um sacerdote que, ao receber a encomenda de Missas com o pedido de que as pudesse rezar em comunhão com o Papa legítimo, nos deu a seguinte resposta, aqui transcrita com sua permissão (destaques nossos): "Bom dia, Prof. Airton. Salve Maria Puríssima. Posso rezá-la sim. **Nunca rezo por outro "Papa"**, *sempre o fiz* por Sua Santidade *Benedictus XVI* e por todos os Bispos... incluindo Dom Bergoglio... <u>vejo que não estou sozinho</u> a rezar em união com o **verdadeiro Papa**... *Benedictus XVI*. Vida longa ao Papa!".

Muito embora naturalmente não endossemos todas as opiniões e enfoques dos autores, associações e sites abaixo citados, a eles, e a todos os que, "remando contra a maré", se ancoraram à Barca de Pedro cujo capitão (ainda) chama-se **Bento XVI**, nossas preces, agradecimentos e encorajamento:

CLÉRIGOS

1. **R.E. Arcebispo Jan Paul Lenga** (Polônia)
2. **R.E. Bispo René Henry Gracida** (EUA)
3. **R.P. Alessandro Minutella** (Sicília)
4. **R.P. David R. Belland** (EUA)
5. **R. P. Eduardo Achata Vargas** (Peru)
6. **R.P. Enrico Bernasconi** (Itália)
7. **R.P. Enrico Roncaglia** (Itália)
8. **R.P. Francesco D'Erasmo** (Itália)
9. **R.P. Jeremy Leatherby** (EUA)
10. **R.P. José Isabel Macias** (México)
11. **R.P. Nicholas Gruner** (EUA — + Abril 2015)
12. **R.P. Paul Kramer** (EUA)
13. **R.P. Ruben Eduardo Martínez-Cordero** (Equador)
14. **R.P. Walter Covens** (Martinica)
15. **Diác. Perm. Jorge Sonnante** (Argentina)

LEIGOS

1. **Aldo Maria Valli** (Escritor) – Itália
2. **Alexandre Bellei** (Mestre em Filosofia. Professor e apresentador) – Brasil
3. **Alexis Bugnollo** (Religioso, antropólogo e latinista) – Itália
4. **Ana Beatriz Becerra** (Jornalista e apresentadora) – Colômbia
5. **Ana Cecilia Osorio** (Decana de Pós-Graduação da Universidad Gran Colombia) – Colômbia
6. **Ángela Sánchez Aréchaga** (Escritora e conferencista) – Argentina
7. **Angélica Ware** (Médica) – Colômbia
8. **Ann Barnhardt** (Empresária e jornalista) – EUA
9. **Antonio Caponneto** (Professor, escritor, intelectual e conferencista) – Argentina
10. **Antonio José Sánchez Sáez** (Professor titular de Direito

Administrativo da Universidad de Sevilla) – Espanha

11. Antonio Socci (Jornalista e escritor) — Itália

12. Arturo Picatoste (Jornalista) – Espanha

13. Brian Murphy (PhD. Presidente de God's Plan For Life, Califórnia) – EUA

14. Carlos Rodriguez (Engenheiro e escritor) – Colômbia

15. César Sánchez (Licenciado em Humanidades, professor de Filosofia e apresentador**)** – Espanha

16. Damián Galleron (Teólogo e historiador) – Espanha

17. Edmund J. Mazza (Ph.D. História Medieval. Professor de História na Azusa Pacific University em Los Angeles) – EUA

18. Eduardo García Serrano (Jornalista) – Espanha

19. Emilio Carlos (Professor e apresentador) – Brasil

20. Enrico Maria Radaelli (Catedrático. Membro da Associação Internacional da Ciência e do Senso Comum (ISCA) -Departamento de Metafísica da Beleza e Filosofia das Artes, Diretor de Pesquisa e Professor de Gnoseologia Formal. Principal discípulo vivo do teólogo Romano Amerio) – Itália

21. Fred Martinez (Escritor, militante pró-vida e conferencista) – EUA

22. Henry Gómez Casas (Jornalista e apresentador) – Colômbia

23. José Alberto Villasana (Jornalista, teólogo, escritor e conferencista) – México

24. José Gallat (+ março 2019) – (Catedrático, ex candidato a presidente da Colômbia e presidente da Universidad Gran Colombia) – Colômbia

25. Laramie Hirsch (Escritor) – EUA

26. Marco Nisida (Escritor e apresentador) – Itália

27. Mauricio Ozaeta (Escritor e pesquisador) – Colômbia

28. Michaël Steenbergen (Doutor em Filosofia da Universidade de Tecnologia de Delft) – Holanda

29. Montserrat Sanmartí Fernández (Escritora) – Espanha

30. Olavo de Carvalho (Pensador, escritor e conferencista) – Brasil

31. Rafael Arango Rodriguez (Escritor e conferencista) – Colômbia

32. Samuel Colombo (Cantor, compositor e empresário) — Itália

33. Vicente Montesinos (Advogado e apresentador) – Espanha

34. Victor Bordoli Cordero (Analista político, advogado, e secretário geral do Centro de Bioética Rioplatense) – Uruguai

ASSOCIAÇÕES

1.   **Corporación Belén** (Colômbia) – https://www.corbelen.com/

2. **Eremitas Servas da Sagrada Face** (Brasil) – https://www.servasdasagradaface.org/

3. **Mission God's plan for life** (EUA) – https://www.godsplanforlife.org/general/mission.html/

4. **Ordo Militaris Catholicus** (Internacional) – https://www.ordo-militaris.us/

5.   **PP Benedictus XVI** (Internacional) – https://www.ppbxvi.og/

6. **Veri Catholici Internacional Association of Faithful promoting the Eternal Faith** (Internacional) – https://vericatholici.wordpress.com/

WEB's

1.   **Abyssum** – https://www.abyssum.org/

2.   **Adoración y Liberación** – https://adoracionyliberacion.com/

3.   **Almas de Cristo** — http://almasdecristo.esy.es/

4. **Ana Beatriz Becerra** – https://www.youtube.com/channel/UCvc_XGmdPL-yPxOZYCx9taw

5.   **Antonio Socci** – https://www.antoniosocci.com/

6. **Arturo Periodista Católico** – https://www.youtube.com/c/ArturoPeriodistaCatólico

7. **Canal Professor Bellei** – https://www.youtube.com/c/AlexandreBellei/videos?view_as=subscriber

8.   **Barnhardt** – https://www.barnhardt.biz

9.   **Canon 22.3** – https://www.youtube.com/channel/UCvKhT9pkaApMdFDgEWJ3xDw

10. **Catholic Monitor** – http://catholicmonitor.blogspot.com/

11. **Catholik-blog** – https://catholikblog.blogspot.com/

12. **César para Jesucristo** – https://www.youtube.com/channel/UCYxixhfkXxp2Rtpnz1WqJyg/

13. **Chiesa Romana** – https://www.chiesaromana.info/

14. **Christe eleison** – https://christeeleyson.blogspot.com/?m=1

15. **Como Vara de Almendro** – https://comovaradealmendro.es/

16. **Diario de un naufragio** – http://diariodeunnaufrago-bate.blogs-pot.com/?m=1

17. **Duc in Altum** – https://www.aldomariavalli.it/

18. **Enraizados en Cristo** – https://enraizadosencristo.wordpress.com/

19. **Fidei Catholica** – https://www.youtube.com/channel/UCV-ozFbwkDC9i329NQFdh0Q

20. **Firmes en Cristo** – http://nazareusrex.blogspot.com/?m=1

21. **From Rome** – https://fromrome.info/

22. **Katejon** – https://katejon.com.br/

23. **Laicos Unidos en Cristo** – https://laicosunidosencristo.wordpress.com/

24. **Lumen Marie** – https://josephmaryam.wordpress.com/

25. **Mater Salutis** – https://maedasalvacao.wordpress.com/

26. **Miguel Sánchez "el Patriota español"** – https://miguelsanchezelpatriota.es/

27. **Non Veni Pacem — The Splendor of Truth** – https://nonvenipacem.com/

28. **Producciones BJM** – https://www.youtube.com/user/SMBsixtyeight/featured

29. **Rádio Domina Nostra** – https://www.youtube.com/channel/UCzu-HxEny_ACGiCMJJcVc1A

30. **Rádio Rosa Mística** – https://www.radiorosamistica.com/

31. **Religión, la voz libre** – https://religionlavozlibre.blogspot.com/

32. **Remanente fiel de México con Benedicto** – https://www.facebook.com/groups/3110086635883850/about

33. **Rivelazione** – https://rivelazione.net/

34. **Sinais do Reino** – https://sinaisdoreino.com.br/

35. **The Forge and Anvil** – https://www.forge-and-anvil.com/

36. **TV Nossa Senhora de Fátima** – https://www.youtube.com/channel/UCo16emSTM5xiukNqWIUXHGw/

37. **Últimos Tiempos** – https://www.ultimostiempos.org/

38. **Ya llega nuestra liberación** – http://yalleganuestraliberacion. com/

Esta obra foi composta em Goudy Old Style, Book Antiqua, Myriad Pro, Calibri e Marcellus SC e impressa por sobre papel blanco book 90g.

* 9 7 8 6 5 5 8 7 2 0 3 8 6 *